深 圳 大 学 当 代 中 国 政 治 研 究 所 学 术 文 库

丛书主编／黄卫平

中国特色社会主义的制度文化分析

张西山／著

AN ANALYSIS OF INSTITUTIONAL CULTURE OF SOCIALISM WITH CHINESE CHARACTERISTICS

社会科学文献出版社
SOCIAL SCIENCES ACADEMIC PRESS (CHINA)

深圳大学当代中国政治研究所学术文库

总　序

黄卫平

深圳大学当代中国政治研究所是1998年筹建、1999年末由深圳大学管理学院建立的非法人研究机构。2000年初，深圳大学组建中国经济特区研究中心，成功申报教育部人文社会科学重点研究基地时，研究所成为特区研究中心的直属研究机构之一。2003年，深圳大学整合全校政治学学科资源，重新组建研究所为直属学校的科研机构；同年底，研究所被遴选为广东省高校人文社会科学重点研究基地。

当代中国政治研究所地处中国市场化改革的先行地区和“一国两制”的结合部。虽远离高校学术主流圈和国家的政治中心，却深深地植根于充满生机和活力的经济特区，直面深刻的社会转型。多年来我们一直在努力开拓新世纪当代中国政治研究的新空间，积极响应中共中央关于“建设社会主义法治国家”，“坚持和完善社会主义民主制度”，“加强党的执政能力建设”和“构建和谐社会”的号召，在政治学研究中努力贯彻为“治党治国和建设有中国特色社会主义事业”服务的精神，“贴近实际、贴近生活、贴近群众”，主动为党和政府的改革决策提供咨询服务，本着高度的政治责任感和历史使命感，专以研究重大且敏感的现实政治问题为己任。几年来，我们充分利用中国改革开放的“天时”、深圳经济特区的“地利”和深圳大学中青年政治学者的“人和”主动创造相对优势，积极探索在社会主义市场经济条件下发展社会科学研究的新路子。

我们努力将“市场”理念引入研究所的发展，本着“不求圆满，但求卓越”的精神，遵循“合适的才是最好的”原则，主动开发四个“细分市场”，尽可能使我们的研究“产品”适销对路：其一，是为党和政府提供决策咨询的“高端市场”，主要指承担党和政府有关部门委托的调研课题，也包括承担国家、省、市社科规划项目；其二，是让世界各国政府、人民了解中国政治发展的“国际市场”，包括发表解读当代中国政治发展的研究报告，承担国际合作研究项目，接待外国使（领）馆、学术界和媒体的来访等；其三，是向社会公众普及政治学知识和传播现代政治理念，弘扬政治文明的“大众市场”，包括为社会提供有关政治问题的学术讲座，在报纸上发表时政评论，接受媒体采访等；其四，是学者们相互交流的传统“学术市场”，即发表专业论文、出版学术专著等。

我们努力探索高校社会科学研究机构的管理体制改革，研究所的运行实行“小核心、大网络”，即管理机构精简，人员精干，追求高效率、低成本运作，而研究活动则推行校内外、省内外、国内外、多层次的合作与交流，建立广泛的学术网络和专兼职研究团队。我们通过不断与学术、政治中心的沟通与协作，以主动承揽和积极应标等方式，全方位开拓课题源。我们精心策划研究选题，以研究人员的自由、自愿组合为基本形式，以研究对象的“本土化”特点和争取研究成果的“全球化”意义为奋斗目标。经过多年努力，研究所初步形成了如下特色。

（1）研究问题的前沿性。我们先后在国内率先展开了社会利益集团的产生及其政治影响研究、乡镇长选举方式改革的跟踪与比较研究、基层人大代表竞选现象研究、省部级现职领导干部家庭财产申报制度问题的研究等，积极探索我国现实政治发展中的敏感前沿问题，努力开拓政治学研究的现实领域。

（2）研究方法的实证性。我们长期对全国的乡镇长选举方式改革和基层人大代表的竞选现象进行跟踪和比较研究，坚持采取现场观摩、实地考察、问卷调查、当面访谈等实证研究方法，先后深入许多省市的基层选区，搜集第一手资料，出版了一些纪实性案例分析类著作，如《乡镇长选举方式改革：案例研究》《2003 年深圳竞选实录》《2003 年北京市区县人大代表竞选实录》等，具有特定的史料价值。

（3）研究重点的本土性。我们充分利用地处深圳经济特区的地缘优势，首先将研究的焦点锁定在我国市场化改革的先行地区——深圳本土出现的最新微观政治现象，由此而见微知著，去宏观地思考市场经济条件下中国政治发展的大趋势，努力为党和政府的高端决策提供咨询意见，由此打造我们在当代中国政治研究中的“核心竞争力”。

（4）研究活动的开放性。我们在党和政府有关部门的指导下，长期广泛地与中央编译局当代马克思主义研究所、北京大学政治发展与政府管理研究所、华中师范大学中国农村问题研究中心等国内学术主流圈合作，开放地吸收校内外的学者共同开展课题研究和举办学术研究会，有效地提升了研究所的学术品位，并在国内外主流媒体的良性互动中，初步形成了一定的社会显示度。

在研究所的发展中，我们已先后推出了《当代中国政治研究报告》《政治学与公共管理译丛》等系列丛书，这些著作的出版发行有效地推动了我们所的学术交流与合作，现在我们又推出这一套《深圳大学当代中国政治研究所学术文库》，其功能定位是专门出版我们所的专、兼职研究人员的学术研究性专著，由所学术委员会组成编委会，实行双向匿名评审，我们将与多家出版社合作，努力使这套文库成为研究所的长期系列出版物之一，并希望能够继续不断地得到学术界同仁的关注与批评，恳请国内外专家学者不吝赐教。

作者系深圳大学当代中国政治研究所所长、教授

摘要

SUMMARY

政治学者安德鲁·海伍德认为：“政治问题的争论往往归结为关于‘术语’真正意义的争辩。”如今，“中国特色社会主义”成为最流行、最热议的词语之一，坚持和发展中国特色社会主义，建设富强民主文明和谐的社会主义现代化国家，成为我党新时期新阶段制度文化建设的主线。改革开放以来我们在探索中国特色社会主义道路的过程中，一直面临着关于什么是社会主义的反思和追问。这一反思和追问不仅表明这30多年当中在对什么是社会主义的认识上始终存在着不同的解读，而且也表明中国特色社会主义的探索始终伴随着社会主义合法性论证的问题。人类文明的进步，本质上是制度文化变迁的过程。“中国模式”不只是物质力量、政治大国、军事强国的兴起，而且是文明中国的崛起，意味着一种新的制度文明之路在开拓。在探寻“中国模式”之谜和中华民族伟大复兴的深层动因时，我们不能不承认“中国特色社会主义”模式的文化魅力和制度活力。

文化是制度之母。一个繁荣昌明的现代化，必蕴涵着强大的政制文明和醇厚的精神文化源流。制度文化既是一个生长的问题，也是一个选择与创制的问题。“中国特色社会主义”的制度选择和文化源流之间存在着内在的逻辑联系。制度变迁有其自身的逻辑，而制度文化常常成为一种政治经济社会变革的“路径依赖”。制度文明内在地蕴涵着价值理念、制度设计、机制程序。制度文化则是制度文明建设的基本价值维度，是制度的理念、灵魂和生命，它决定民主政治制度的最终确立与良序运作。民主社会的实现有赖于适合的制度保障，有赖于正确的路径选择。政治文明的最终标准是现代政治制度的文明，建设社会主义制度文明，就是要建立一个以现代核心价值理念为灵魂，以市场经济、民主政制、公民社会、先进文化、和谐理念为基本支撑的现代制度文明秩序。大力加强中国特色社会主义制度文化研究，建构制度文化的价值理念，对于拓宽社会主义政治文明建设的视野，创新中国特色社会主义制度文明发展道路，具有重要的理论、实践和学术意义。

国家之间的竞争，归根结底是制度文化的竞争。一个国家的落后，其背后和实质的根源是制度的落后和文化的守旧。“社会主义三个三十年”中国制度文化的全部理论和实践，可以归结为制度文化模式之争。中国共产党的执政史，就是一部上下求索中国特色社会主义道路的历史，也是中国制度文化现代化的过程。如何实现从传统到现代、从西方到中国的现代转换，成为中国现代化的历史诉求和理论逻辑。九死一生的中国现代化实现了从传统向现代、从革命到改革、从计划到市场、从富强到文明、从封闭到开放、从斗争到和谐的社会转型和制度变迁。这是一个思想文化影响制度变迁、制度创新冲破观念束缚的进程，是一条突破观念藩篱和体制桎梏重围的探索之路。百余年来的梦寻与抗争，六十年的共和国岁月，三十载的改革开放风云，奠定了社会主义辉煌伟业和制度基石，形成了中国特色社会主义理论体系，留下了丰厚的制度文化经验和教训。

从世界社会主义运动历程及全局看，制度文化建设是社会主义社会与时俱进、永远保持生机和活力的重要课题。从经典社会主义到传统社会主义，从苏联模式到中国特色，社会主义制度文化的演进给我们留下了深刻的经验教训。近代中国历史的发展使中国选择了社会主义，而社会主义初级阶段的基本国情则使中国选择了中国特色社会主义。只有中国特色社会主义，才能真正使中国实现制度文化现代化。中国特色社会主义制度文化建设的成就和经验都反复证明，只有社会主义才能救中国，只有中国特色社会主义才能发展中国、富强中国、繁荣中国；只有改革开放才能发展中国、发展社会主义、发展马克思主义；在当代中国，坚持中国特色社会主义制度模式就是真正坚持社会主义，坚持中国特色社会主义价值理念就是真正坚持马克思主义。“中国模式”的成功进一步凸显了中国的制度文化优势。中国特色社会主义的成功实践，以雄辩的事实证明了社会主义制度具有无比的优越性。世界上没有放之四海而皆准的发展道路和发展模式，也没有一成不变的发展道路和发展模式。“中国特色社会主义”发展道路就是一种具有优势和活力的中国制度模式，具有强大的生机和活力。它是一条不同于经典社会主义与传统社会主义的制度模式，是人类制度文明的重大创新，代表了当代中国制度文化现代化的科学路向。

“中国特色社会主义”是一种“政治驱动型的后发现代化模式”，作为执政精英的中国共产党的政治整合和动员能力非常重要，这也是独特的制度文化遗产。新时期中国制度文化的转型变迁，在创新社会主义的实践中实现了在结合中创路，在特色上挖掘，在模式上拓新，在后发中超越。这些制度文化的基本经验是：中国共产党的执政领导是核心，解放思想是先导，改革开放是动力，改善民生是重点，制度创新是关键，社会和谐是本质，走以人为本的科学发展道路是主题。中国特色社会主义制度的优越性，是我们战胜一切艰难险阻、夺取全面建设小康社会新胜利的最大政治优势。我们取得一切成绩和进步的根本原因就在于，建立和巩固了社会主义基本制度，开辟了中国特色社会主义道路，形成了中国特色社会主义理论体系。

中国特色社会主义蕴涵着如何建立一种新的现代性来代替传统现代性的新探索，中国特色社会主义之路就是中国的现代性生成过程。建设有中国特色社会主义，包括现代性（制度）和民族性（文化）的双重变奏，就是一个“未完成的现代性”。在改革开放的新时期中，我们已探索和塑造出中国特色社会主义的市场经济体制、民主政治体制、先进文化体制与和谐社会体制，走出了一条有中国特色的社会主义康庄大道。从制度文化的视阈看，作为旗帜、道路和理论体系的中国特色社会主义是传统社会主义观的模式突破，中国式现代化道路的制度设计，人类制度文明的重大创新，标志着中国共产党执政意识的新觉醒。科学发展观与和谐社会建设体现了我党制度文化理念的与时俱进。

中国模式研究或中国特色社会主义的解读有西方马克思主义、哲学诠释学、中苏模式比较、制度经济学、国家社会理论、现代化历史、思想文化学、制度主义方法论等不同视角，本书在中国文化传统和世界制度文明的双重视阈下探讨了中国特色社会主义制度模式的文化源流、制度逻辑和思想条件，发掘并吸收了中外传统制度文明的智慧活水，创新和发展了中国特色社会主义制度文明。主要内容如下。

第一，从科学社会主义和国际比较的视阈看，中国特色社会主义就是“中国模式”“中国道路”“中国经验”（导论、第一章）。“中国特色社会主义”包括旗帜、道路、理念、制度、模式等不同维度和层面。它既是价值理念，又是制度模式。中国特色社会主义形态有三种：一是实践形态，就是开辟了中国特色社会主义道路；二是理论形态，就是创立了中国特色社会主义理论体系；三是制度形态，就是建立了中国特色社会主义制度。“中国特色社会主义”包含现代性和民族性的内在张力和外在冲突。中国特色社会主义是科学社会主义基本原则与中国具体实际和时代特征相结合的社会主义，是扎根于当代中国的科学社会主义。中国特色社会主义道路之所以完全正确、之所以能够引领中国发展进步，关键在于我们既坚持了科学社会主义的基本原则，又根据我国实际和时代特征赋予其鲜明的中国特色。现代化与社会主义、现代性与民族性的统一是中国特色社会主义发展的客观要求。民族性与现代性的和谐统一是中国制度模式对世界制度文明的重大贡献。中国特色社会主义是人类追求文明进步的一条新路，即科学发展、和谐发展、和平发展之路。

第二，社会主义运动视野下中国特色社会主义模式或道路选择的制度文化逻辑特点及其意义（第二、三、四章）。“中国模式”“中国道路”的关键是发展问题，而发展问题的实质是制度创新与思想文化传统的创造性转化问题。中国特色社会主义体现了普遍性和特殊性、现代性和民族性、继承性和创新性、普世性和自主性的统一，实现了西方制度文明成果与中华文化传统的有机整合，表现了中华民族的文化精神和政治智慧。中国特色社会主义道路与中华文明具有内在的契合性与一致性。任何国家的现代化道路都不能完全摆脱传统的规约，也不能以彻底否定其赖以生存的文明传统作为代价。中国特色社会主义道路，把社会主义制度的政治优势与市场经济的活力结合在一起，把优秀的中华文明与优秀的世界文明融合在一起。实践理性、大同理想、民本思想、变革意识、和谐文化等是社会主义中国化的思想基础和文化源流。中国制度文化变迁需要社会主义，而以中国特色社会主义为旗帜的制度文化创新的成功则意味着科学社会主义中国化的胜利。从邓小平理论到科学发展观，我们党不断深化了对中国特色社会主义的认识，邓小平理论、“三个代表”重要思想与科学发展观是“中国特色”的一脉相承与发展。在改革开放 30 多年空前伟大的社会变革中，中国共产党体现了可贵的制度理性和文化自觉。

第三，中国特色社会主义制度文化建设的基本经验及现代性思考（第五、六章）。中国特色社会主义现代化必须走政党推动制度创新科学发展社会和谐之路，“制度是决定因素”。制度文化建设是当代中国政治文明建设的核心。中国特色社会主义制度文化建设的关键是要保证社会制度公平正义。和谐社会、科学发展观的核心就是要解决制度公平正义问题，以人为本，改善民生，进行社会管理创新。我们要坚持加强制度文化建设，在实践中实现制度文化的和谐，实现制度文化传统的现代转换和制度创新，着力构建有利于科学发展社会和谐的体制机制，积极建立更加健全、充满活力的制度文化体系。文化制造社会和谐，制度促进科学发展。构建市场伦理、政制文明、法治国家、公民社会、和谐理念蕴涵着与时俱进、继承创新、不断超越的制度文化精神，凝聚着中国特色社会主义制度文化建设的现代性思考。

人类制度文化变迁的规律表明，世界上没有放之四海而皆准的发展道路和模式。人类制度文明是制度和文化的统一，民族性文化和现代性制度的协调互动成为未来中国社会政治发展的历史图景。建设中国特色社会主义，一定要走自己的路，坚持并创新自己的制度文明，创造更加优越和有效的制度文明。“中国模式”的成功实践，证明了文化与制度和谐的中国特色社会主义制度模式的价值合理性和制度优越性，这也是我们坚定道路自信、理论自信、制度自信的历史逻辑。

Abstract

Andrew Heywood, a scholar of political science, argues that controversy of political issues is eventually the controversy of the true meaning of "terms". Currently, the term of building socialism with Chinese characteristics is one of the most popular and most heatedly discussed terms. Moreover, upholding and developing socialist construction with Chinese characteristics, constructing a well-off, democratic, civilized and harmonious socialist country has become a guideline for building institutional culture of our party in the new era. During the process of exploring the path of Building socialism with chinese characteristics, we have been reconsidering and challenging the concept of socialism. We have had different views on the concept of socialism and the legitimacy of socialism has also been further discussed. Advancement of human civilization is virtually evolution of institutional culture. The "rise of China" not only means material, political and military rise, but the rise of Chinese civilization, namely, the advancement of a new institutional culture. In the process of probing into the in-depth motivations of rejuvenation of Chinese people, we have to admit the spiritual strength and institutional power of socialist construction with Chinese characteristics.

Culture is the mother of institution. A modern nation of prosperity and enlightenment always embodies powerful political institution and rich cultural sources. The intuitional choice and cultural sources of building socialism with Chinese characteristics are logically independent. Institutional evolution has its intrinsic logic and institutional culture also serves as a dependent path to political and economic restructuring. Institutional culture embodies value mentality, institutional design and regime process. Institutional culture serves as the basis and soul of institutional construction, determining the good operation of political system of democracy. The ultimate goal of political civilization is to establish modern political system. The construction of socialist institutional civilization is to construct modern institutional civilization built on modern values, market economy, democratic politics, civil society and the idea of harmony. To further our studies of institutional culture concerning building socialism with Chinese characteristics and to constitute value mentality for institutional culture is of great theoretical, practical and academic significance for broadening our horizon of building socialist political civilization and exploring new paths to institutional civilization with Chinese characteristics.

In the word, it is the contending of institutional culture. The backwardness of a nation can be attributed to institutional backwardness and cultural conservation. To sum up, all the theories and practice of three "three decades" can be attributed to controversy of institutional culture. The history of power-exercising of CPC is a history of exploring a socialist path with Chinese characteristics, also a process of modernizing China's intuitional culture. How to make a transformation from tradition to modernization, from the Western Mode to Chinese Mode, is a historical and logical starting-point of China's modernization drive. China's modernization drive, though fraught with twists and turns, has realized its social transformation and institutional evolution from revolution to reformation, from planned economy to market economy, from prosperity to civilization, from isolation to opening-up and from struggling to harmony. This is a process in which ideological culture has influenced institutional evolution and institutional innovation has broken through ideological fetters, also a process in which a path has been explored to break through institutional barriers. A hundred years' dream seeking and struggling and six decades' efforts of the Republic together with thirty years' reform and opening-up has jointly laid a solid foundation for the great cause of building socialism with Chinese characteristics, also accumulated rich experiences and lessons concerning institutional culture. contending between nations.

As far as the whole process of world socialism movements is concerned, construction of institutional culture can maintain progressiveness and vitality of socialism. The institutional cultures of the classic socialism, the traditional socialism, the socialism of Soviet Mode as well as socialism with Chinese characteristics have left us profound lessons and experiences. The modern history of China had made choose socialism, and the basic national conditions of Chinese socialism at elementary stage have made china choose socialism with Chinese characteristics. Only socialism with Chinese characteristics can make China realize modernization of institutional culture. The achievements and experiences of institutional cultural construction has proved that only socialism can save China, only socialism with Chinese characteristics can develop China and make China become well-off, strong and prosperous, only reform and opening-up can develop China, socialism and Marxism. In today's China, to maintain socialism with Chinese characteristics is maintain socialism in deed, to maintain values of socialism with Chinese characteristics is to maintain Marxism in deed. The success of socialism of Chinese Mode has further demonstrated superiority of China's institutional culture. The success of socialism with Chinese characteristics has proved the matchless superiority of socialism. There is no universally accepted mode and path of development, also there is no unalterable mode and path of development. The developmental path of socialism with Chinese characteristics is a typical Chinese developmental mode full of vitality. Socialism of Chinese characteristics is an institutional mode different from that of classic socialism and traditional socialism. It is a great innovation of institutional civilization of human race, representing the scientific pathway of modernization of institutional culture in China.

Socialism of Chinese characteristics is sort of a politically-driven and post-modernization mode. It is very important for CPC, the ruling party of China to integrate and mobilize political resources, which is a very special legacy of institutional culture. The transformation and evolution of china's institutional culture at new era has witnessed its innovation of mode, its further development of features. It has also transcended others by making efforts after others. The success of socialism with Chinese characteristics has strongly proved the unmatched superiority of socialism and it has also demonstrated institutional superiority of China. The basic experiences of institutional culture of socialism with Chinese characteristics are: CPC is at the core of ruling, ideological liberation plays a pioneering role, reform and opening-up severs as the driving force, institutional innovation is the key factor, social harmony is the ultimate goal and scientific developmental path oriented to people is the theme. The superiority of socialism with Chinese characteristics is the greatest superiority with which we can surmount all the difficulties and win the new victories of building a well-off society in all respects. All the achievements and advancements we have made lies in fundamental system of socialism, the path of socialism with Chinese characteristics, the theoretic framework of socialism with Chinese characteristics.

Socialism with Chinese characteristics is meant to how to establish a sort of modernity to replace traditional modernity. The path of socialism with Chinese characteristics is a process of formation of China's modernity. The construction of socialism with Chinese characteristics comprises institutional modernity and cultural nationality. In this sense, it is assort of unfinished modernity. In the new era of reform and opening-up, we have already explored and modeled a market economy with Chinese characteristics, a democratic political system, a system of advanced culture and a harmonious social system. We have ushered in a spacious path of socialism with Chinese characteristics. From the perspectives of institutional culture, socialism with Chinese characteristics as a oriflamme, path and theoretic system is a breakthrough of mode of traditional socialism, a brand-new institutional design of China's modernization, a major innovation of human institutional civilization, also a signal of great awakening of CPC's awareness of power-exercising. The outlook on scientific development and the construction of a harmonious society is a reflection of the progressiveness of our party's cultural mentality. The studies of Chinese Mode or socialism with Chinese characteristics always comprise the following respects: Marxism of west, philosophical hermeneutics, the contrastive studies of Chinese mode and Soviet Mode, institutional economics, the theory of state and society, the history of modernization, the ideological cultural studies and institutional studies. This present dissertation, from the perspectives of Chinese traditional culture and world institutional civilization, is to discuss cultural origins, historical source and ideological conditions of the institutional mode of socialism with Chinese characteristics so as to innovate and develop the institutional civilization of socialism with Chinese characteristics by absorbing the wisdom of traditional institutional civilizations at home and abroad. It main contents are the following:

Firstly, In terms of scientific socialism and international comparison, socialism with Chinese characteristics equals Chinese Mode, Chinese path or Chinese experiences (introduction, Chapter 1). Socialism with Chinese characteristics comprises various dimensions like oriflamme, path, mentality, institution and mode. It is a sort value and also a sort of institutional mode. It is a theoretic system and also an innovated institutional mode. Socialism with Chinese characteristics is a sort of socialism which integrates basic principles of scientific socialism with basic national conditions and features of times in today's China. The exactitude of the path of socialism with Chinese characteristics which have successfully led China's development can be explained by the fact that we have maintained the basic principles of scientific socialism and have endowed socialism with distinctive Chinese characteristics. Socialism with Chinese characteristics also includes the intrinsic tension and external conflict of modernity and nationality. The harmony of modernity and nationality is the very contribution of China's institutional mode to the world institutional civilization. Socialism with Chinese characteristics is new path for man to pursue advancement and civilization, namely, the path to scientific development, harmonious development and peaceful development.

Secondly, from the point of socialism movement, the mode of socialism with Chinese characteristics has demonstrated institutional cultural reason logic characteristics and significance (Chapter 2, 3, 4) The crux of Chinese path or Chinese experience is the problem of development. But the essence of development is institutional innovation and creative transformation of ideological and cultural tradition. Socialism with Chinese characteristics embodies the unification of universality and particularity, modernity and nationality, inheritance and innovation, and universality and self-independence. Socialism with Chinese characteristics has realized organic integration of the western institutional civilization and traditional Chinese culture, demonstrating the cultural spirit and political wisdom of Chinese people. Pragmatism reason, the ideal of great harmony, the people-oriented thought, the consciousness of innovation and the idea of harmonious culture serve as the culture origin and ideological foundation of sinicization of socialism. It is a great innovation of human institutional innovation. The evolution of institutional culture is in the need of socialism, while the success of institutional culture with Chinese characteristics means the victory of sinicization of scientific socialism in China. Our party has furthered her understanding of socialism with Chinese characteristics by putting forth Deng-xiaoping Theory, the important thought of "Three represents" and the Scientific outlook on development, which are of the same source of "Chinese characteristics" and its development. In the unprecedented social change, CPC has shown her estimable institutional reason and cultural self-consciousness.

Finally, the basic experience and thought of modernity to construct of institutional culture of socialism with Chinese characteristics (Chapter 5, 6). We must take the path of party push institutional innovation so as to promote scientific development and social harmony. Institution is the determining factor, so institutional construction is at the core of political civilization construction. To construct institutional culture of socialism with Chinese characteristics, we must ensure the fairness and justice of social system. The crux of harmonious society and scientific outlook on development is to ensure institutional fairness and justice. For the people, reform the people's life and innovation of social management. We will construct a system or a regime favorable for scientific development and social harmony and finally, set up an healthy institution full of vitality. Culture brings about social harmony, while institution bring along scientific development. The ever-advancing, creative and ever-transcending institutional culture can be embodied and reflected by market ethics, the institution of political system, state ruled by law, civil society, the spirit of reason and mentality of harmony.

The objective laws governing the evolution of human institutional culture have shown that there is no universally accepted developmental path and mode. The human institutional civilization means the unification of institution and culture. The coordination and interaction between national culture and modern institution constitute the prospect of social-political development of China in the future. The Chinese Mode and Beijing Consensus has remarkably the value rationality of Chinese institutional mode with characterized with harmony between culture and institution.

目录

CONTENTS

导 论

十一届三中全会以来，我国改革开放和社会主义现代化进入新阶段。邓小平同志第一次明确提出了“中国特色社会主义”这个重大命题，强调“把马克思主义的普遍真理同我国的具体实际结合起来，走自己的道路，建设有中国特色的社会主义，这就是我们总结长期历史经验得出的基本结论。”① 从此，奏响了走自己的路，建设中国特色社会主义的时代强音。坚持和发展中国特色社会主义，建设富强民主文明和谐的社会主义现代化国家，成为我党新时期新阶段制度文化建设的主线。世界社会主义在当代的发展，改革是一个主旋律。20 世纪 80 年代以来，中国社会最大的特征就是改革开放。中国改革开放是“千年未有之大变局”，标志着社会主义制度文化的重大转型、探索和发展。改革开放是通过全面而深刻的改革，实现从体制改革到制度创新，完成第二次革命。中国共产党人和中国人民以一往无前的进取精神和波澜壮阔的创新实践，谱写了中华民族自强不息、顽强奋进新的壮丽史诗，使中国人民的面貌、社会主义中国的面貌、中国共产党的面貌发生了历史性变化。市场经济、民主政治、法制国家、公民社会、和谐文化成了制度文化发展的主旋律。这是对 1978 年以前的社会常态计划经济、威权政治、人治色彩、封闭社会、单一文化的扬弃和超越。中国现代化实现了从传统向现代、从革命到改革、从计划到市场、从温饱到小康、从生存到发展、从封闭到开放的社会转型和制度变迁。

改革开放以来，我国在国家与社会转型、国家制度建设、政治文明普世价值认同、公民有序政治参与、执政党现代化、公民文明等制度文明建设方面取得巨大社会进步，后革命政治文化形成。社会转型伴随着文化自觉，这是一个从一元到多维、从礼俗到法理、从崇圣到祛魅、从迷信到理性、从富强到文明、从斗争到和谐的制度文化现代性过程。

---

① 《邓小平文选》第 3 卷，人民出版社，1993，第 2 ~ 3 页。

埃通加·曼格尔说："文化是制度之母。"[①] 一个繁荣昌明的现代化，都蕴涵着强大的政制文明和醇厚的精神文化源流。制度既是一种规则体系，也是一种意义体系。正如制度学派的代表人物道格拉斯·诺斯所言："历史是至关重要的。它的重要性不仅仅在于我们可以向过去取经，而且还因为现在和未来是通过一个社会制度的连续性与过去连接起来的。""制度是一个社会的游戏规则……制度构成了人们在政治、社会或经济方面发生交换的激励结构，制度变迁决定了社会演进的方式，因此它是理解历史变迁的关键。"[②] 一部中国共产党的执政史，也是一部上下求索中国特色社会主义道路的历史。新中国 60 多年特别是改革开放 30 多年以来我们取得的一切成就，归根结底是中国特色社会主义制度的产物；中国特色社会主义制度的优越性，是我们战胜一切艰难险阻、夺取全面建设小康社会新胜利的最大政治优势。当前的世界金融和经济危机暴露了新自由主义模式的不可持续性。我们取得的一切成绩和进步的根本原因就在于，开辟了中国特色社会主义道路，形成了中国特色社会主义理论体系，确立了中国特色社会主义制度。中国特色社会主义制度，是中国共产党人和中国人民的伟大创造，是马克思主义基本原理与中国建设、改革具体实际相结合的产物。这一制度既遵循科学社会主义的基本原则，集中体现了科学社会主义的根本精髓，又切合中国的发展实际，具有鲜明的中国特色，符合历史发展规律，符合中国最广大人民的根本利益，因而具有强大的生命力。从制度文化的视阈看，作为旗帜、道路和理论体系的中国特色社会主义是传统社会主义观的历史突破，中国式现代化模式的制度设计，人类制度文明理论的创新发展，标志着中国共产党执政意识的新觉醒。

一　选题的理论意义、实践意义和学术价值

2008 年是《共产党宣言》发表 160 周年、改革开放 30 周年；2009 年迎来了中华人民共和国成立 60 周年；2011 年是辛亥革命 100 周年、我们喜迎中国共产党 90 周年华诞，又是苏共亡党和苏联解体 20 周年；2012 年，中共十八大胜利召开。百年梦寻与抗争，六十年共和国风云，三十载改革开

① 劳伦斯·哈里森主编《文化的重要作用》，新华出版社，2002，第 16 页。

② 道格拉斯·C. 诺斯：《制度、制度变迁与经济绩效》，刘守英译，上海三联书店，1994，第 1~6 页。

放岁月，奠定社会主义辉煌伟业和制度基石，留下了丰厚的制度文化经验和教训[①]。“30 年”和“60 年”，不单单是一个时间标识。这是较长的一段突破观念和体制重围的探索之路，是实现中华民族伟大复兴的新长征，也是中国社会主义制度自我发展、不断探索的伟大革命，是一个思想文化影响制度变迁、制度创新冲破观念束缚的变革时代和辉煌岁月。歌德说过：“我所以得天独厚，是因为我出生在世界大事纷至沓来、方兴未艾的时代，我一生躬逢其盛……”[②] 当今，经济全球化、政治多极化、文化多元化、社会世俗化不可逆转，社会主义和资本主义在“一球两制”中竞争发展，中国特色社会主义一枝独秀、凯歌行进。同时理论思潮风云激荡、创新实践日新月异。每一个理论工作者没有理由不积极回应时代风云的激荡和召唤。国家之间的竞争，结根结底是制度文化的竞争。一个国家的落后，其背后实质的根源是制度的落后和文化的守旧。英国政治学家萨托利曾经说过：“文字不但有历史，而且有着可以大书特书的历史。忽视它们形成的原因、它们的变化和最终脱离原义的过程，等于是在危险的航行中放弃了罗盘。”[③] 弗雷德里克·詹姆斯也有精彩的评论：“理论的更为深刻的含义不在于其自成体系，而在于它所揭示、所叙述的问题。”[④] 如今，“中国特色社会主义”成为最流行、最热议的词语之一，成为新时期党的历次全国代表大会的主题词、核心词、关键词和高频词。坚持和发展中国特色社会主义，也成为党在社会主义现代化新时期全部工作的主题。十八大报告就是一篇中国特色社会主义宏论。[⑤]

英国学者安德鲁·海伍德在所著《政治学核心概念》中论述道：“政治问题的争论往往归结为关于‘术语’真正意义的争辩。”[⑥] 实际上，政治争论就是关于如何正确理解和使用政治术语的争论。政治概念是整个政治理论的基石，是我们思考、批判、争论、解释和分析所必需的工具。术语负

---

① 金一南：《苦难辉煌》，华艺出版社，2010。

② 〔德〕《歌德和埃克尔谈话录》，莱比锡，英泽尔出版社，1920，第 101 页。

③ 乔·萨托利：《民主新论》，冯克利、阎克文译，东方出版社，1998，第 23 页。

④ 弗雷德里克·詹姆斯：《晚期资本主义的文化逻辑》，生活·读书·新知三联书店，1997，第 3 页。

⑤ 胡锦涛：《坚定不移沿着中国特色社会主义道路前进　为全面建成小康社会而奋斗》，人民出版社，2012。

⑥ 〔英〕安德鲁·海伍德：《政治学核心概念》，天津人民出版社，2008，第 3 页。

载着价值，隐藏着意识形态策略。“中国特色社会主义”既是一个理论命题，也是一个思想范式；既是一条发展道路，又是一个制度模式。经过30多年的改革开放，我们成功实现了从“以阶级斗争为纲”到以经济建设为中心、从高度集中的计划经济体制到充满活力的社会主义市场经济体制、从僵化半僵化到全面改革、从封闭半封闭到全方位开放的伟大历史转折，今天的中国是一个面向现代化、面向世界、面向未来的充满生机和活力的社会主义中国。中国特色社会主义具有无可比拟的优越性，中国制度模式显示出强大生机与活力①。中国共产党执政60多年，“中国模式”已经初现端倪。共和国60多年的辉煌成就，就是中国特色社会主义制度优势的生动体现。我们之所以取得这样的成就，归结起来就是确立和不断完善了中国特色社会主义制度。我国制度文化建设的经验告诉我们：只有社会主义才能救中国，只有中国特色社会主义才能发展中国。中国特色社会主义道路之所以完全正确、之所以能够引领中国发展进步，关键在于我们既坚持了科学社会主义的基本原则，又根据我国实际和时代特征赋予其鲜明的中国特色。我国取得制度文化现代化的巨大成就的历史启示是，要坚持高举中国特色社会主义伟大旗帜不动摇，坚持中国特色社会主义理论体系不动摇，坚持走中国特色社会主义政治发展道路不动摇。

制度文化建设与中国式政治文明发展道路有内在的逻辑联系。制度文明立国是进入现代化国家的标志。任何一个社会，一旦开始确立制度规则体系，就标志着进入了重要制度建构的层面，这不仅将保证社会的有序发展，而且将逐渐形成全新的制度体系和运作机制，形成不同于以往的价值体系、精神状态和行为方式，进而实现国家和民族的现代化转型。如果从这个角度审视中华人民共和国60年特别是改革开放30年，我们是不是可以得出这样的结论：中国过去之失误显然是制度文化政策之误，而制度文化的成功决定了改革开放与中国特色社会主义道路的成功。人类生存和社会生活的普遍公正，其首要条件是制度文化公正。人类的进步，从来就表现为制度或规则的进步，人类社会的竞争，也从来就表现为制度或规则的竞争。对一个社会来说，制度文化既是一个生长的问题，也是一个选择与创制的问题。制度文明内在地蕴涵着价值理念、制度设计、机制程序。政治文明的核心是政治制度文明，制度和谐是政治和谐和社会和谐的前提和基

---

① 刘云山：《2008年不平凡经历的启示与思考》，新华网，2008-10-06。

础，现代制度文明一定需要完善的制度保障和相应的文化基础。政治体制改革能否成功取决于制度文化建设能否成功。

政治体制改革的目的是建设社会主义民主法治文明和谐国家，这是一个庞大的系统工程，即包括制度文明、政党文明、公民文明三部分，其中关键是制度文明建设。制度文明是现代国家建设的最终目标，制度文化是政治文明建设的基础，是政治文明建设的基本价值取向。现代社会的政治文明建设是个制度设计或制度安排的问题，一个制度的存在、构建、运行、维护、修正、纠偏和改革，众多的环节都需要文化的支撑，只有这样才能避免制度悖论、制度缺失、制度僵化、制度失灵，这就是制度文化。制度和文化（主要指价值观、思想信念、伦理道德等，下同）是一个国家政治发展的变量，文化孕育制度，制度选择文化。人类制度文明包括制度和文化的统一，制度是文化的载体和衍生。制度是骨骼，文化是血肉；文化是无形的制度，制度则是有形的文化；文化是制度的内化，制度是文化的凝结。一方面文化为制度提供生成的社会环境和思想之源，另一方面制度也选择文化，决定着不同的文化样式，影响文化的变迁。这是一个连续和动态的过程。二者相互依存和相互促进。特定的制度总是以特定的文化作为基础，特定的文化必然要求特定的制度作保障，没有文化的制度和没有制度的文化都是不可想象的。制度的背后是文化，文化影响着制度的制定、实施和效用。以赛亚·伯林相信观念起着非凡的作用，它不仅仅是知识分子头脑里的产物，而且是制度的制造者、治国的指南、政策的制定者，是文化的灵感和历史的引擎①。制度规范人、约束人、强制人；文化激励人、教化人、引导人。人们要过制度文化公正的生活，这是文明进步的标尺。大力加强中国特色社会主义制度文化研究，树立制度文化的理念，拓宽社会主义民主政治建设的视野，对于创新中国特色社会主义制度文明发展道路，开创我国改革开放和社会主义制度文化现代化建设新局面，无疑具有非常重要的意义。新时期我国的改革是全面的改革，包括国家各种制度建设和软实力提升，制度建设中蕴涵着丰富的思想文化内涵。这也要求我们在进行制度体制改革、创新完善制度的同时，不断培育有中国特色的社会主义制度文化。因此，通过对现实制度反思和理念诉求，可以为我国的制

① 〔英〕以赛亚·伯林：《苏联的心灵——共产主义时代的俄国文化》，译林出版社，2010，第1页。

度文化建设提供理论支持，为社会经济科学发展和构建社会主义和谐社会提供理论基础。而对我们自己的发展道路和模式从制度文化的角度进行认真、冷静的反思，加深认识，更可以克服有法律无法治、有制度无制度治理的状况，更好地创新和发展社会主义，构建与完善社会主义和谐社会的制度文化理论体系。

“中国特色社会主义”的关键是发展问题，而发展问题的实质是制度创新和中国思想文化传统的创造性转化问题。是制度选择文化还是文化产生制度，曾是人们一直争论不休的问题，大量实践使人们越来越认识到，各国发展程度和改革路径上的差异根源于国家和地区之间在文化上的差异，而如何利用制度和文化的互动和重塑来促进中国社会转型和政治良性发展是一个亟待解决的课题。只有协调制度改革和思想变革，一个国家才能在政治、经济、社会发展上步入良性循环的轨道。不论是唐德刚所说的“历史三峡”也好，“身份焦虑”也罢，还是当今“三个社会主义三十年”的讨论，我们相信：“中国崛起”不只是物质力量的崛起，而且是文明的崛起。在探寻“中国崛起”或“中华民族伟大复兴”的深层动因时，我们不能不承认“中国特色社会主义”制度模式的精神魅力和实践威力。近年来，世界从关注中国在追赶现代化进程中创造的“中国奇迹”，转为探究推动这一发展巨变的“中国模式”①。他们认定在“中国奇迹”“中国模式”的背后，必然有着与之相适应的“制度逻辑”和“价值基础”“文化条件”。苏东剧变后世界社会主义处于低潮，社会主义各国艰难探索。“中国模式”对这些国家既是鼓舞，也提供了一些经验。

近年来关于“中国模式”或“中国经验”“中国道路”的讨论受到了国内外舆论界和学术界的格外关注，关于“中国模式”“中国经验”“北京共识”“普世价值”的议论频频见诸报端②。随着国际社会对“中国模式”的兴趣和讨论不断升温，一些西方媒体出于对自身发展方向的忧虑，一改当年“历史终结论”的傲慢，开始炒作起所谓“中国模式威胁论”。国内学界针对“中国模式”的研究近几年也逐渐升温③。中国的发展道路也为人类

---

① 赵剑英，吴波：《论中国模式（上下）》，中国社会科学出版社，2010。

② 支振锋等：《“中国模式”与“中国学派”——“中华人民共和国60年与中国模式”学术研讨会综述》，《开放时代》2009年第4期。

③ 程恩富，辛向阳：《如何理解“中国模式”》，《人民日报》2010年9月16日。

发展提供了一种新的思路和范式，“中国模式”已经成为世界谈论的中心和热点。正如“北京共识”提出者雷默所说，中国现在正在书写着自己的故事。这个故事的主题是中国人如何根据本国国情吸取其他地方全球化的失败教训，世界其他国家已经开始研究中国的这个故事。但对于何谓“中国模式”，学者们之间的分歧仍然比较大。“中国模式”是什么？学者们各有自己的理解和认知。我们认为，“中国模式”的实质，是中国在经济全球化背景下为实现现代化所做出的一系列自主选择的集中体现。顾名思义，所谓“中国模式”，乃是对中国发展经验的本质总结和概括。

在有关东亚现代化的讨论中，解释东亚经济奇迹的理论大致可分为两派：一种是文化论，另一种是制度论。文化论者是对韦伯命题的解释，他们强调儒家文化对现代化的支持作用，“亚洲价值”“儒家资本主义”以及“亚太世纪”被提升为西方现代主义的替代选择；制度论派则强调儒家文化圈内部的发展差异，从而强调制度安排在东亚现代化中的作用，因为没有任何一个市场经济可以离开透明、公共责任、信任以及公平竞争而健康发展①。显然，单纯从文化或制度的视角研究并不全面。而从制度变迁与文化传统（制度选择与文化源流）的视阈尚未对中国特色社会主义制度文化现代化道路作明确的研究和剖析，对中国特色社会主义的制度模式和文化反思还处于起步阶段，以问题为中心对中国特色社会主义进行整体性解读，学术界尚缺乏整体、系统、创新的研究成果，有待于深入具体细化。而把中国特色社会主义作为一个发展着的理论整体进行总体性解读又是非常有必要的。本书将从制度文化发展的内在逻辑以及制度变迁和文化源流关系入手，从思想视角研究“中国特色社会主义”这一理论范式的制度逻辑和文化精神，进行中国特色社会主义的理论解读。这将具有重大的学术拓新和实践指导以及方法论意义，对总结改革开放30多年经验，对深化共产党执政规律、社会主义建设规律、人类社会发展规律的认识亦有裨益。

（一）理论意义

1. 加深对“中国特色社会主义理论体系”的科学内涵和精神实质的认识，增强高举中国特色社会主义旗帜的自觉性和坚定性

“举什么旗，走什么路”关系到中国现代化建设的成功，关系到民族复

① 罗金义，王章伟编《奇迹背后：解构东亚现代化》，牛津大学出版社，1997，第1～24、25～56页。

兴、国家崛起的成功。恩格斯曾经指出：一个新的纲领毕竟总是一面公开树立起来的旗帜，而外界就根据它来判断这个党。毛泽东也说过，主义譬如一面旗子，旗子立起来了，大家才有所指望，才知所趋赴。江泽民明确指出：旗帜问题至关重要，旗帜就是方向，旗帜就是形象。新中国成立60年和改革开放30年最为重大的理论创新就是形成了毛泽东思想和中国特色社会主义体系两大马克思主义中国化的理论成果。纪念改革开放30周年和新中国成立60周年的目的就是要总结历史经验、继续解放思想、深化改革开放，更好地推进中国特色社会主义伟大事业。中国的改革开放是对社会主义的新认识、新探索、新发展。正是在改革开放的实践中，我们党形成了中国特色社会主义理论体系这一马克思主义中国化的最新成果。中国特色社会主义理论体系的正确指导，是改革开放取得成功的根本原因。如何用中国特色社会主义伟大旗帜凝聚社会共识，引导人们坚定不移地走中国特色社会主义道路，不断夯实全党全国各族人民团结奋斗的共同思想基础，这是重大考验。我们要树立中国特色社会主义的坚定信念，跟踪世界社会主义研究，努力从世界社会主义运动的曲折发展中阐明社会发展的规律，特别是要把握时代的主题，认识当代资本主义的新变化。中国特色社会主义的胜利发展，不仅扭转了20世纪后期世界社会主义运动陷入低潮的趋势，而且必将对21世纪社会主义的发展产生不可估量的影响，中国已成为世界社会主义的中流砥柱。21世纪必将是社会主义复兴的世纪，我们进一步树立中国特色社会主义事业的坚定信念和必胜信心。在未来前进的征途上，我们必须始终不渝地高举中国特色社会主义旗帜，毫不动摇地坚持中国特色社会主义道路，毫不动摇地坚持中国特色社会主义理论体系，这是我们事业取得胜利的政治保证。历史的经验和教训告诉我们，学习和运用马克思主义，必须要弄清哪些是必须长期坚持的科学社会主义基本原理，哪些是需要结合新的实际加以丰富发展的理论判断，哪些是必须清除的对马克思主义的教条式理解，哪些是必须澄清的附加在马克思主义名下的错误观点，哪些是长期被我们所忽视然而却十分重要的观点。中宣部组织编写的《划清“四个重大界限”学习读本》以大量史实阐述了划清马克思主义同反马克思主义的界限；划清社会主义公有制为主体、多种所有制经济共同发展的基本经济制度同私有化和单一公有制的界限；划清中国特色社会主义民主同西方资本主义民主的界限；划清社会主义思想文化同封建主义、资本主义腐朽思想文化的界限。这四个重大界限，事关社会主义中国指导思想的确定、基本经济制度的选择、政治发展的方向和文化建设的遵循。

2. 提高科学社会主义认识的理论水平，在制度（现代性）和文化（民族性）视域中认识中国特色社会主义的历史方位

如何认识马克思主义经典作家提出的社会主义理论，这是一个“费尽革命思想家心血的崇高的创造性的科学工作”，也是实践中提出的重大问题。以科学的态度认识社会主义，是坚持和发展社会主义的基本前提。以科学的态度认识中国特色社会主义，就是把中国特色社会主义放到人类社会发展大趋势中、放到当今经济全球化大背景中、放到社会主义历史进程中加以正确认识和科学定位，这是揭示中国特色社会主义本质、推进中国特色社会主义事业的理论前提。只有这样，才能正本清源、辨明误区、避免误读，把中国化的科学社会主义在理论和实践结合的基础上提升到一个新水平。

改革开放以来我们在探索中国特色社会主义道路的过程中，一直面临着关于什么是社会主义的反思和追问。改革开放30多年来，正是在不断深化对什么是社会主义、怎样建设社会主义认识的过程中，我们党领导人民成功开辟了中国特色社会主义道路，形成了中国特色社会主义理论体系。社会主义观是关于社会主义的总体看法和基本观点，它要回答什么是社会主义，怎样建设社会主义的基本理论问题。我们在深刻总结国际国内、历史现实经验教训的基础上，拨乱反正、正本清源，澄清了对社会主义的许多曲解、误解和教条化理解，加深了对科学社会主义本质和特征的科学认识。尽管科学社会主义诞生以来，不断遭受各种诽谤、攻击、谩骂，但科学社会主义真理如燧石一样，越敲击越放出耀眼的光芒。中国特色社会主义以特定本质和丰富内涵大大深化了人们对作为社会形态的社会主义的认识。我们正是破除了苏联那种僵化的社会主义模式观念，坚持走自己的道路，开始建设有中国特色的社会主义新路。我们过去犯错误，就是因为把社会主义看“易”了、看“近”了；把资本主义看“短”了、看“轻”了。我们把封建专制主义残余的东西、农民社会主义的东西当成“科学社会主义”的原则去执行。当前一些人在思想上出现了困惑，摆脱不了“马教条”“洋教条”和“古教条”的各种束缚。甚至有一些奇谈怪论，如民主社会主义与科学社会主义“同祖”“同义”，马克思恩格斯晚年是“民主社会主义”者，列宁、斯大林、毛泽东是“最大的修正主义者”等①，断言

① 谢韬：《民主社会主义模式与中国前途》，《炎黄春秋》2007年第2期。

“科学社会主义不科学，斯大林、毛泽东搞的是空想社会主义”等，不一而足。最著名的是日裔美国学者弗朗西斯·福山提出的“历史终结论”。福山说，所谓“历史的终结”就是“社会主义的终结”，随着社会主义的落幕，资本主义（或自由民主制度）成为人类社会制度和政治生活唯一合理的和可能的选择。耐人寻味的是，最近他又把“世界转向中国式社会主义”作为预言“未来世界七大意外”的第七项。当前我国社会主义现代化进入新时期，“举什么旗”“走什么路”“实现什么样的发展”的问题也会不断地突出出来，成为党内外、国内外关注的焦点，非常需要我们党作出科学的回答。新时期我们纠正了过去对社会主义的不准确理解，突破了社会主义的某些传统观念，更有科学发展观的理论创新，形成了中国特色社会主义的科学理论体系，从而使我们的社会主义走上了科学发展的轨道。中国特色社会主义是世界社会主义运动的新发展，是社会主义实践的新探索，是社会主义理论的新阐发，凸显了当代社会主义的新形态。社会主义制度文化演进历史的启示告诉我们，离开中国实际和时代特征来谈马克思主义和社会主义，离开指引改革开放取得伟大成功的中国特色社会主义理论体系去另外寻找别的什么主义，或退回到封闭僵化的老路，都是没有前途和意义的。胡锦涛说，我们绝不走封闭僵化的老路，也绝不走改旗易帜的邪路，而是坚定不移地走中国特色社会主义新路。

（二）实践意义

1. 中国特色社会主义制度是适合中国国情的唯一正确的发展道路，是对人类制度文明模式的成功探索和伟大贡献

中国特色社会主义既是一个科学的理论体系，也是一个制度文明模式创新。社会主义中国既没有采用“苏联模式”，又成功地避开了“依附论”“中心—外围”论“西化论”等以资本主义发展模式为中心的理论的影响，同时谨防“拉美陷阱”“西班牙幻影”“日韩困境”。中国特色社会主义是一条后发现代化的发展之路与强国富民之路。如果说 17 世纪是以英国资产阶级革命为代表，开启了人类现代化的大门，使人类走上现代化征程的话，那么，20 世纪则以俄国的十月革命和中国特色社会主义的探索为代表，走出了现代化的困境，为人类展现了一条现代化的新路。它既不同于改革开放前的传统社会主义模式，也不同于西方发达国家的社会发展模式，是人类对社会发展规律和道路的新探索、新试验。中国特色社会主义以其对中国社会主义建设特殊规律的科学揭示向全中国人民展示了中国社会主义现

代化的正确道路，这是实现社会主义制度文明和中华民族伟大复兴的唯一正途。中国特色社会主义道路是人类追求文明进步的一条新路，即科学发展、和谐发展、和平发展之路。中国制度现代化的每一个进步，都是对人类文明的重要贡献。

中国特色社会主义是中国共产党人和中国人民的创造，体现了当代中国人的智慧，体现了中国文化传统和鲜明时代精神的结合。它是中国共产党在总结自身几十年执政经验教训的基础上，在总结苏联等其他社会主义国家执政经验教训的基础上，在吸收人类文明成果和先进管理经验的基础上开辟的。经过改革开放30多年的实践发展和理论创新，中国特色社会主义道路的内涵越来越丰富。这条道路的显著特征是科学发展、和谐发展、和平发展。具体地说，就是对内走科学发展的道路，努力构建和谐社会；对外走和平发展的道路，致力于建设和谐世界。实现科学发展，必须端正对资本的本性和资本的两面性的认识，破除对资本的迷信和崇拜，确立科学发展的观念。中国的现代化是在中国的土地上由中国人自己来实现的，中国的经验和教训可以吸取，中国的模式可以参考和借鉴，但绝不能照搬。普世的理念如何落实为一国的实践，要根据这个国家的经济、历史、文化、习俗和现实情况来采取行动。世界上没有放之四海而皆准的发展道路和模式，也没有一成不变的发展道路和模式。中国有能力、有志气为世界树立一个社会主义的榜样，但绝不是要别国模仿这个榜样，也不去主动推广这个模式。中国一定要走自己的路，毫不动摇地坚持和发展中国特色社会主义。我们只有清醒认识当今世界和当代中国发展的大势，毫不动摇地坚持中国特色社会主义道路，才能实现民族振兴、国家富强、人民幸福、社会和谐。

2. 制度文化创新创造社会和谐、促进科学发展，“中国模式”的成功实践为新时期发展社会主义提供理论支撑，为我国体制改革提供经验

著名政治思想史家格伦·廷德（Glenn Tinder）指出，政治思考没有提供必然和明确的答案，然而，它打开了通往理解的道路。中国坚持和发展中国特色社会主义取得成功，符合两个本质特征：一是坚持社会主义的性质不能变，二是创新社会主义不动摇，并根据我国的实际和时代特征赋予其鲜明的中国特色。社会主义制度模式的探索无不以思想意识的变革为先导，进而全面推进观念创新、体制创新、科技创新和各方面工作创新。观念创新是体制创新的思想基础和政治前提。如我们开展关于真理标准问题

的讨论，进而在我国农村实行以家庭联产承包责任制代替人民公社体制，极大地促进了生产的大发展。反思苏联东欧剧变乃至整个世界共产主义运动陷入低谷的根本原因，就是苏东国家没有把思想解放和制度创新作为根本任务，从而丧失了社会主义制度的优越性，人们才最终抛弃了原有那种僵化的制度。中国特色社会主义理论体系既是我们解放思想、锐意创新的理论成果，又是我们进一步解放思想、发展理论的新起点。中国共产党在理念和制度两个层面上提出并坚持了社会主义观，把坚持社会主义同坚持解放思想结合起来，而解放思想又催生了理论创新和体制创新。社会主义市场经济体制由理论变为现实，中国特色的社会主义所有制和分配体制在改革创新中不断完善；中国特色的民主政治体制在改革创新中不断健全；中国特色的先进文化体制在改革创新中不断前进；中国特色的和谐社会体制在改革创新中不断再造；党的建设的伟大工程在制度创新中得以不断推进，党的执政能力明显提高。科学发展观是中国制度文化现代化发展的新理念，树立以人为本，全面、协调、可持续发展观，意味着我们党治国理政思想的一次转变。我们只有坚定不移地走科学发展之路，只有实现又好又快、更好更快的发展，才能充分展现社会主义制度的优越性，也才能最终赢得制度较量的胜利。制度创新是科学发展的基础，实现科学发展需要良好的制度基础。制度既是实践科学发展观的基本方式，也是实现科学发展的根本保障，更是构建和谐社会的牢固基石。党的十六届六中全会指出，制度是社会公平正义的根本保证。必须加紧建设对保障社会公平正义具有重大作用的制度，保障人民在政治、经济、文化、社会等方面的权利和利益。制度公正影响体制设计、社会和谐以及社会经济可持续发展。以制度理性实现全社会公平和正义，以制度设计规范执政党的领导方式及执政方式，以制度创新推动科学发展、构建社会主义和谐社会，必须进行制度文化建设。制度文化能够提供和保证秩序、理性、稳定、激励、和谐，制度文化建设是促进政治和谐与社会和谐、落实科学发展观的重要内容。我们要通过继续改革和制度创新，解决体制上的一些亟须攻克的难题，维护公平正义，保持社会稳定。

对中国模式和中国道路最活跃、最有说服力的实践是地方特别是最基层的实践。“中国模式”“中国经验”“中国道路”和“中国案例”在深圳等经济特区的成功实践，是中国特色社会主义发展道路具有强大生命力的生动缩影和具体体现。我们既要重视创造又要善于总结，把“地方模式”

“区域现象”上升为“中国经验”“中国特色”。我国制度文化建设的基本经验是：中国共产党的执政领导是核心，解放思想是先导，改革开放是动力，走以人为本的科学发展道路是主题，制度创新是关键，改善民生是重点，社会和谐是本质。中国道路奠基于社会主义，是在对制度变迁和制度创新的探索过程中生成的。我们在制度文化建设实践中坚持以思想解放引领改革开放，以制度创新推动科学发展；坚持以人为本，全面协调和可持续发展；坚持社会公平正义以保持社会的和谐和稳定；坚持社会主义基本制度同发展市场经济自上而下和自下而上相结合；坚持提高效率同促进社会公平相结合；坚持以人为本同保持社会和谐稳定相结合；坚持独立自主同参与经济全球化相结合。历史雄辩地说明，“能够实现中国的工业化、现代化，能够实现国家繁荣富强、人民富裕幸福的制度，就是中国特色社会主义制度；这样的理论，就是中国特色社会主义理论；这样的道路，就是中国特色社会主义道路”[①]。发展是当代中国的主题，改革开放是当代中国的主旋律。中国特色社会主义具有无比的优越性和强大的生命力。

国内学术界认为，探索成功的“中国之谜”比探索“苏东剧变之谜”更具吸引力[②]。“中国模式”之所以受到世人特别是国内外学者的关注，其重要原因之一就在于，当“苏联模式”的社会主义遭到失败、整个世界呈现出“资”强“社”弱的态势时，社会主义的中国却逐步崛起。“中国道路”和“中国模式”是完全“内生”的制度创新。这种新型社会主义主要表现在：它是一种利用资本主义一切可以利用的东西、逐步取得对于资本主义的相对优势的社会主义，又在自己的实践中不断探索社会正义、不断追求社会和谐、不断进行制度创新。这种经验和模式，不同于众多的资本主义发展模式和经验，但是利用了它们一切先进的东西；也不同于过去那些失败的社会主义模式，但是吸取了它们的经验教训。我们学习了西方的一些成功经验，并把这些西方文明与中国实际相结合，实行了“中国化”的改造。因此，它既是一种新型的社会主义发展模式和经验，也是中国特色社会主义的发展模式和经验。

（三）学术价值

有论者指出，中国问题研究的学术意义，在于它自身的阐释力度，既

① 李铁映：《中国的改革》，《人民日报》2008 年 11 月 7 日。
② 邹东涛等：《中国道路与中国模式》，社会科学文献出版社，2009。

说明自己，也能用来观察世界。所谓“作为方法的‘中国’”，就是说我们也可以从“中国”（或“中国道路”）的视野（而不只是“西方视野”）去看世界。当用“西方”（或“西方道路”）的视野去看世界的时候，世界是一个样子，而当用“中国”（或“中国道路”）的视野去看世界的时候，世界会是另一个样子。这就是“中国道路”研究的学术意义①。中国特色社会主义的历史蕴涵着丰富的思想理论和精神文化资源。总结中国特色社会主义制度文化的建设经验能够提供新鲜知识，可以促进我国学界对本土文明的自觉，从而促进“中国话语系统”的形成以及“中国学派”的崛起。“总结‘中国模式’是对中国重返世界强国舞台所做的呼唤的一次回应。它标志着具有独立性、敢于向西方争取‘话语权’的‘中国学派’正在浮出水面。”②

改革开放30多年来，一种既面向世界又独立发展的中国特色社会主义发展道路已经形成并不断开拓。“中国模式”“中国道路”正吸引着世界的关注。马克思说过，“问题是时代的声音、口号和呼声”。在中国快速发展、更多融入世界的背景下，开展中国学问题研究显得更有意义和价值。从学术角度研究中国特色社会主义理论体系意义重大，它是立足中国国情、总结中国经验、运用科学方法、解决中国问题、形成中国道路、促进中国成功的中国理论。国内学者要秉承一种理论自觉，在历史视野中总结中国道路的理论特征，在全球维度下丰富中国道路的话语内涵，努力提升中国特色社会主义理论研究的国际视野，大力构建全球社会主义理论研究的“中国话语”，加强关于“中国模式、中国道路、中国经验”的整体性研究。美国学者雷迅马（M. E. Latham）在《作为意识形态的现代化——社会科学与美国对第三世界的政策》著作中，讲述了肯尼迪时代及之后美国社会科学家是如何积极参与“国家建设”的努力的。对改革开放以来我们党探索中国社会主义现代化道路创新成果的中国模式的研究，应是进行式的，而不是完成式的。哲学社会科学要在理论建设上形成“中国学派”，在战略研究上要有“中国意识”，在社会引领上要有“中国话语”，在政治建言上要有“中国方案”，中国学者的社会责任，就在于形成中国学派、中国意识、中

① 黄平：《“中国道路”的学术意义》，《中国社会科学报》2009年8月13日。

② 支振锋：《人民共和国60年与“中国模式”学术研讨会综述——正在浮现的“中国模式”》，《开放时代》2009年第4期。

国话语和中国方案，构建具有鲜明中国特色的学术话语体系。著名学者吴敬琏提倡“中国政治经济学”的研究，并认为这具有重要的学术价值。他说，整个中国改革过程可以说是一个政治、经济、文化、社会等因素互动的过程。两种前途严峻地摆在全体中国人的面前：一种是政治文明下法治市场经济的道路，另一种是权贵资本主义的道路；极“左”和极“右”都会带来民族的灾难。而我们通过制度创新和改革就能避免这一后果。透过中国特色社会主义实践的成功范例，我们清楚地看到马克思主义同具体社会实践有机结合所焕发的旺盛的理论创新力和强大的实践影响力。不断深化和创新马克思主义研究，推进和提升马克思主义中国化的学术空间与理论境界，是当代中国学者的光荣责任。中国的马克思主义者，必须深刻总结我国的成就和经验，正确阐释和宣传中国发展道路和发展模式，在牢牢掌握国内意识形态论争主动权的同时，努力争取中国马克思主义研究在国际学术界的话语权。

关于“中国模式”的争论，已经超越纯粹经济学意义，而具有更加宽泛的意义。可以说，“中国模式”既是一个重要的理论辨识，也是引领中国往何处去的现实问题；不仅仅是中国问题，也是全球问题，呈现为“中国向度”与“世界向度”双向互动。对这个问题的认识，俞可平的分析很有启发性：“在我看来，重要的不是争论‘中国模式’的概念或名称，而应是深入探究中国模式的要素、特征，分析这一模式的得失之道，尤其是记住我们从这种发展模式中应当吸取哪些教训。”① 衣俊卿指出，如果说，在过去的改革开放中，马克思主义中国化理论研究的重点是马克思主义中国化的“中国向度”，那么，今天的理论研究和理论创新的重点则要在此基础上进一步拓宽马克思主义中国化的“世界向度”。在当前全球化这个背景下，“中国模式”给中国带来极大的成功；但是，任何模式都不是完美无缺的，“中国模式”也不例外。如何总结“中国模式”“中国道路”“中国经验”就变得至关重要。如何回应各种社会思潮，巩固社会主义主流意识形态，为中国特色社会主义理论建设提供理论支撑？学术理论界只有从整体上深入研究马克思主义和中国化马克思主义，特别是以建设中国特色社会主义理论和实践为重点，才能正确回答哪些是必须长期坚持的基本原理，哪些是需要结合新的实际加以丰富发展的理论判断，哪些是必须澄清的附加在

① 俞可平：《我对中国模式充满期待》，《社会科学报》2009 年 12 月 30 日。

马克思主义名义下的错误观点等问题，以引导人们用科学的态度对待马克思主义和中国化马克思主义。中国在制度文化转型和科学发展方面走出了一条具有世界意义的中国道路；同时，中国的许多经验对世界主流现代化发展理论提出了挑战。这给了我们机会，将“中国问题”向系统化、理论化提升，把握大局，让我们可以通过研究中国形成伟大的理论。国际上有“华盛顿共识”和“北京共识”之说。北京大学学者潘维提出，中国道路的成功，挑战了西方经济学知识里的“市场与计划两分”论、西方政治学知识里的“民主与专制两分”论及西方社会学知识里的“国家与社会两分”论。

二　马克思主义经典作家和中外学者论制度文化

（一）马克思主义经典作家的论述

马克思主义经典作家以批判的眼光看待资本主义社会现实，并对社会主义社会进行制度设计和共产主义的展望。从某种意义上讲，马克思和恩格斯才是制度研究的真正开创者，是制度文化理论的“精神接生术士”。马克思主义通过对资本主义危机和现代性问题的分析，揭示了社会主义代替资本主义的历史必然性，他们的学说蕴涵着丰富的现代性思想的价值诉求。马克思曾强调，他们理论的应用一切以时间地点情况为转移，必须考虑各国的制度、风俗、文化传统[①]。恩格斯在《社会主义从空想到科学的发展》中指出，要使社会主义由空想变为科学，“就必须首先把它置于现实的基础之上”。恩格斯在这里讲的“现实的基础”，是指历史唯物主义阐明的人类社会发展的普遍规律和资本主义发展的特殊规律。马克思、恩格斯将制度文化置于人类社会政治变迁的总过程加以考察，认为制度变迁是以生产力为基础和动力的矛盾运动，这是从传统社会到现代性社会的总体性过程。“物质生活的生产方式制约着整个社会生活、政治生活和精神生活的过程。不是人们的意识决定人们的存在，相反，是人们的社会存在决定人们的意识[②]。恩格斯在《社会主义从空想到科学的发展》一文中指出：“以往的全部历史，除原始状态外，都是阶级斗争的历史；这些互相斗争的社会阶级在任何时候都是生产关系和交换关系的产物，一句话，都是自己时代的经

① 《马克思恩格斯全集》第18卷，人民出版社，1974，第179页。

② 《马克思恩格斯选集》第2卷，人民出版社，1972，第32~33页。

济关系的产物；因而每一时代的社会经济结构形成现实基础，每一个历史时期的由法的设施和政治设施以及宗教的、哲学的和其他的观念形式所构成的全部上层建筑，归根结底都应由这个基础来说明。”[①] 马克思和恩格斯从社会存在与社会意识的辩证关系出发，深刻揭示了生产力与生产关系、经济基础与上层建筑之间的矛盾等一系列规律，为无产阶级革命奠定了坚实的理论基础。《共产党宣言》指出，共产党人可以把自己的理论概括为一句话——消灭私有制，并进一步指出，共产主义的特征并不是要废除一般的所有制，而是要废除资产阶级的所有制。利益是马克思主义历史唯物主义的基本范畴，生产力是社会发展的根本动力，而需要和利益则是推动社会生产力不断发展的内在动因。马克思和恩格斯指出：“‘思想’一旦离开利益，就一定会使自己出丑。”马克思还认为：“人们奋斗所争取的一切，都同他们的利益有关。”科学性和实践性的统一是科学社会主义的基本特性。关于社会主义的发展道路和模式问题。恩格斯有句名言：“所谓‘社会主义社会’不是一种一成不变的东西，而应当和任何其他社会制度一样，把它看成是经常变化和改革的社会。”[②] 关于社会主义制度文化建设与体制改革，马克思也提出，在社会主义条件下，随着阶级对抗的消失，社会改革将取代政治革命成为推动社会发展的直接动力。矛盾的斗争性和同一性体现了唯物辩证法，我国社会主义和谐社会是正确认识和处理社会主义社会矛盾斗争性与同一性的结晶。虽然马克思主义制度文本新时期研究面临不少诘问和挑战，但中国特色社会主义制度文化理论研究仍可以从马克思主义者那里汲取和寻找精神养料、思想资源和理论支持。

马克思阐述了共产主义的历史必然性及社会主义的基本特征，所设想的社会主义是对资本主义现代化的超越。西方发达国家率先在资本主义道路上实现了工业化，但也给世界和人类带来了空前的负面影响。马克思在批判资本主义旧社会的基础上发现了未来新社会，创立了科学社会主义，揭示了人类社会的发展趋势，同时也为开辟社会主义现代化道路提供了理论基础。马克思认为，现代化不等于社会主义，但社会主义思想和运动源于现代化的进程，社会主义社会应该建立在现代化的基础之上。马克思所设想的社会主义是对资本主义现代化的超越，对以工业化为依托的资本主

① 《马克思恩格斯选集》第 3 卷，人民出版社，1995，第 739 页。

② 《马克思恩格斯选集》第 4 卷，人民出版社，1995，第 693 页。

义现代性及其异化进行批判；但少数落后国家由于自身现代性成长不足，利用西方文明的最新成果改造传统社会，实现自身的“合法性”基础和实践道路，就成为必然选择。把文化现代性与民族文化资源创新联系起来，关系到社会发展的制度选择和理论创新。对于制度文明来说，生产力既是它的最终根源，又是它的最终结果；既是它赖以实现的手段，又是它本身的直接目的。“权利决不能超出社会的经济结构以及经济结构制约的社会的文化发展。”① 马克思、恩格斯晚年更加强调批判空想社会主义，反对人为地设计未来的社会主义。19 世纪 70 年代之后，随着世界社会主义革命实践的发展，马克思明确提出，各国走向社会主义和共产主义的道路将是多样性的。也就是说，科学社会主义的理论必须同各国的具体实际、同各民族的文化特点相结合，才能成为现实的物质性运动，才能产生强大的实践性力量。实践验证了马克思的科学论断。马克思主义作为现代社会的一种理论表达，融进了西方优秀文化的现代性文明，代表了一种全新的思想体系。马克思主义中国化是一个文化主体和客体相互接受重构、会通整合、文化创新的过程。其实质是利用西方现代性文明的最高成果对中国民族文化传统的汲取、借鉴与创造性转换，实现马克思主义民族化具体化。中国特色社会主义是中国人民上下求索、百年梦寻的革命理论大成和精神归宿，是中西现代性文化合璧的理论结晶和思想成果。它揭示了现代性自身的辩证性，使马克思主义中国化获得了现代性视野。

当代现代性的建构要解决现代性的普遍性和特殊性、时代性和民族性、全球化和本土化、世界标准和地方知识的关系等问题。如何实现马克思主义的本土化以及理论创新是一项挑战性的任务。从毛泽东的“马克思主义中国化”到邓小平的“中国特色社会主义”，再到“科学发展观”与和谐社会理论，它们一脉相承。早在 20 世纪 80 年代，邓小平就提到“中国自己的模式”，认为其他国家也应该有“自己的模式”。江泽民、胡锦涛、习近平多次强调：“不能把自己的模式强加于人”，要“不断完善适合我国国情的发展道路和发展模式”，“中国特色社会主义是由道路、理论体系、制度三位一体构成的”，“要坚定这样的道路自信、理论自信、制度自信”。邓小平、江泽民、胡锦涛、习近平等关于制度文化的论述是我们新时期制度文化建设的指导思想，比如：制度问题带有根本性、稳定性、全局性、长期

① 《马克思恩格斯选集》第 3 卷，人民出版社，1995，第 305 页。

性，制度好可以使坏人无法任意横行，制度不好可以使好人无法充分做好事，甚至会走向反面（邓小平）；以德治国和依法治国相结合，发展社会主义民主政治，建设社会主义政治文明（江泽民）；制度面前无特权、制度约束没有例外，领导干部要带头学习制度、严格执行制度、自觉维护制度（胡锦涛）；把权力关进制度的笼子里（习近平）；公平正义比太阳还要有光辉，解放发展生产力和逐步实现社会公平正义，是社会主义初级阶段两个不可相互替代的历史使命，中国的现代化绝不仅仅指经济的发达，它还应该包括社会的公平、正义和道德的力量（温家宝）。

（二）西方学者的观察

西方学者出于对人性和国家权力的高度戒备以及知识论的怀疑论，他们推崇“性恶论”，这成为西方制度文化思想之源，并孕育出政制文明的国家架构，强调社会、制度、文化对于现代民主政治的意义。他们相信制度法律可以限制人的恶行，避免制度缺失。柏拉图提出“什么是最好的国家政治制度”问题、亚里士多德探讨了促成政治稳定或变革的“心态”、伯克讲到影响政治机构运行的“习惯凝聚”、孟德斯鸠阐述“法的精神”是资产阶级立国之本、马基雅维里曾比较人的素质差异和政治强弱的关系、卢梭讨论居民性格对政体的影响、托克维尔讲的“民情”、马克斯·韦伯“新教伦理”、沃拉斯探讨的人格特征与民主行为间的关系、休谟“人性论”、霍布斯“无赖假定”、麦迪逊“政府是必要的恶”、罗尔斯之正义论、诺齐克的个人权利的观点，以及阿尔蒙德“公民文化”、哈耶克“民主与效率”、葛兰西的“文化领导权”、福柯的“知识与权力”、普特南“社会资本”、哈贝马斯“交往理性”、勒庞“民族精神构造”、克利福德·格尔兹“文化的解释”、巴林顿·摩尔“民主和专制的社会起源”、亨廷顿“文明的冲突”、约瑟夫·奈“软实力”、劳伦斯·哈里森“文化和体制”的关系论等论述，都是可以借鉴的理论资源。

西方学者对制度文化进行了认真解读和思考。马克斯·韦伯和 D. C. 诺斯分别是“文化决定论”和“制度决定论”的典型。西谚曰：公正是一切德性的总汇。亚里士多德认为：“政治学上的善就是公正。”[①] 在《政治学》这部经典名著中他说：所谓公正，它的真实意义主要在于平等。城邦是若干生活良好的家庭或部族为了追求自足而且至善的生活结合而构成的；政

① 〔古希腊〕亚里士多德：《尼可马可伦理学》，中国社会科学出版社，1990，第 2 页。

治学上的善就是合乎“正义”，正义以公共利益为依归①；政治是人类追求终极的善，政治制度原来是全城邦居民由以分配政治权利的体系。柏拉图《理想国》这篇对话的副标题，便是“论正义”；这里所谓“政体的正义”就是制度的“精神”②。英国大卫·休谟在《人性论》中探讨了人类理性能否发现善恶的问题，提出了事实与价值的区别，被称为“休谟问题”③。约翰·密尔认为，问题不在于制度能否被设计，而在于如何去设计；要划定个人和社会之间的权力界限。亚当·斯密认为：“行善是大厦的装饰物，而不是大厦的基础，因此，规劝即可，而决无必要强加于人。相反，正义则是支撑整个大厦的顶梁柱。”④ 法国伟大的思想家孟德斯鸠说过：“天主教比较宜于君主国，耶稣新教比较宜于共和国。”⑤ 托克维尔被誉为“19 世纪的孟德斯鸠”，在比较法国大革命与美国大革命的论著中，他认为美国政治制度之所以行得通，是因为文化适宜于民主，自然环境、法制和民情是美国民主制度的三个成因，他特别欣赏美国的“民情”和民主政治，认为民主时代的中心议题是在迈向平等的同时保全自由，否则民主也面临坠入专制的风险⑥。卢梭在《社会契约论》中认为“第四种法律”是公民的风尚、习俗、舆论等。托马斯·潘恩就说：“只有制度才能弥补人们德行方面的天生缺陷。”⑦ 马克斯·韦伯在试图解释意识形态的重要性时用“扳道工”作喻，认为思想决定着社会发展的前进方向。马克斯·韦伯在《新教伦理与资本主义精神》一书中阐述了一个理论命题：价值和观念是政治体制和经济结构变革的催化剂和动力因⑧。他在解释资本主义兴起时，认为它基本上是一种根植于宗教信仰的文化现象。的确，影响我们的行动、活动和历史的因素除了自然客观条件外，就是制度和文化。美国著名政治家、联邦党人汉密尔顿说：“如果人都是天使，那就不需要政府了。如果是天使统治

---

① 〔古希腊〕亚里士多德：《政治学》，吴寿彭译，商务印书馆，1965，第 148 页。

② 〔古希腊〕柏拉图：《理想国》，郭斌、张竹明译，商务印书馆，1986。

③ 〔英〕大卫·休谟：《人性论》，关文运译，郑之骧校，商务印书馆，1980.

④ 〔英〕亚当·斯密：《道德情操论》，中国社会科学出版社，2003，第 93 页。

⑤ 〔法〕孟德斯鸠：《论法的精神（下）》，张雁深译，商务印书馆，1963，第 142 页。

⑥ 〔法〕托克维尔：《论美国的民主（上下）》，董果良译，商务印书馆，1988。

⑦ 〔美〕托马斯·潘恩：《常识》，华夏出版社，2004，第 6 页。

⑧ 〔德〕马克斯·韦伯：《新教伦理与资本主义精神》，黄晓京、彭强译，四川人民出版社，1986。

人，就不需要对政府有任何外来的或内在的控制了。”① 汤姆·潘恩说：“政府即使在最好的情况下，也不过是一种必要的罪恶；而在最坏的情况下，它是一种不能容忍的罪恶。”② 从中我们可以看到西方人的制度文化理念：制度不可缺，但制度又是一种必要的罪恶。马克斯·韦伯研究政权的合法性问题，他指出：“一切经验表明……任何统治都企图唤起维持对它的‘合法性’的信仰。”③ 哈贝马斯认为，一种制度要赢得人们的尊重和承认，即获得合法性；一种政治秩序失去被统治者的忠诚，这便是合法性危机。亨廷顿在《文明的冲突与世界秩序的重建》一书中提出了著名的“文明冲突论”：“在后冷战世界，不同人民之间最根本的区别不在于意识形态、政治或经济，而在于文化”，“一个以文明为基础的世界秩序正在出现”，“后冷战时期的暴力冲突，并非出于各国在意识形态上的分歧，而是不同文明之间的文化及宗教差异所造成”。此论引起广泛关注，书籍被翻译成 39 种语言④。亨廷顿提出了“文明冲突”的命题，强调西方文明并无普世性，现代化不等于西化。他认为，现代化发展和精神文明的建设能否相互协调已经成为各国共同关注的大问题。其他如亨廷顿的《第三波——20 世纪后期民主化浪潮》一书也有较大影响。在书中他说：“现在这本书放在民主化上，我写这本书是因为我相信民主是一件好东西。”⑤ 罗尔斯在其《正义论》开篇中就指出：“正义是社会制度的第一美德，正如真理是思想体系的第一美德。”“正义与否的问题只涉及现实的并且被有效地管理着的制度。”“正义论自身并不偏爱这两种制度中的某一种，正如我们所看到的对于哪种体系对一个特定民族最好的决定是以那个民族的环境、制度和历史传统为根据的。”⑥ 德国的哈贝马斯说：“自有国家以来，一切文明都需要制度支撑，否则便是无源之水，无本之末。”⑦ 英国的哈特则认为：“如果说人不是恶魔的话，人也不是天使，他们是处于这两个极端之间的中间者，这一事实使得

---

① 〔美〕汉密尔顿·杰伊·麦迪逊：《联邦党人文集》，商务印书馆，1997，第 264 页。

② 康绍邦：《政治名言录》，河北人民出版社，1997，第 159 页。

③ 〔德〕马克斯·韦伯：《经济与社会（上卷）》，商务印书馆，1997，第 946 页。

④ 〔美〕塞缪尔·亨廷顿：《文明的冲突与世界秩序的重建》，张立平译，新华出版社，2003，第 3~4 页。

⑤ 亨廷顿：《第三波——20 世纪后期民主化浪潮》，上海三联书店，1998，第 3 页。

⑥ 〔美〕约翰·罗尔斯：《正义论》，何怀宏等译，中国社会科学出版社，1988，第 50~51、271 页。

⑦ 〔德〕哈贝马斯：《交往与社会进化》，重庆出版社，1993，第 149 页。

相互克制的制度既有必要又有可能。”① 英国政治哲人欧克肖特说：“政治是在现有的行动路线中选择最少之恶的艺术，而不是人类社会追求至善的努力。”1990 年，美国哈佛大学教授约瑟夫·奈提出“软实力”（Soft Power）的概念，认为综合国力既包括由经济、科技、军事实力所体现出来的“硬实力”，也包含以文化、价值观、社会制度、发展模式、生活方式及国际影响力等方式所展现的软实力。约瑟夫·奈所讲的“软实力”主要包括文化吸引力、意识形态或政治价值观念感召力及塑造国际规则和决定政治议题的能力。在以赛亚·伯林看来，国家凝聚力、普世性文化、国际制度正在被赋予新的意义。观念起着非凡的作用，它不仅仅是知识分子头脑里的产物，而且是制度的制造者、治国的指南、政策的制定者，是文化的灵感和历史的引擎。正如阿玛蒂亚·森所言，政治自由对于公共利益而言，具有工具性和建设性双重意义，政治自由可以促进经济自由的实现。

（三）近现代中国学者的看法

与西方认为人性本恶，需要预设防范的制度设计不同，我国儒家思想家认为人性本善，故修心养性的德性伦理学说一直占主导地位。可以说，体制变革和文化思潮互动成为近代以来中国政治、经济、文化、社会制度转型的基本图式。

近现代思想家魏源、冯桂芬、张之洞、康有为、梁启超、严复、胡适、陈独秀、鲁迅等，以及新儒家钱穆、梁漱溟、牟宗三、张君劢、唐君毅、贺麟，关于文化与制度的关系多有精论，可资汲取。魏源“师夷长技以制夷”；冯桂芬“以中国之伦常名教为原本，辅之诸国富强之术”；② 张之洞“中学为体，西学为用”；康有为提出“变成法、通下情、慎左右”的主张；梁启超倡“公德私德”和“开民权”，认为“公共观念之缺乏”是中国“日即衰落”的原因；孙中山的三民主义和“五权宪法”设计；严复“鼓民力、开民智、新民德”，“以自由为体，以民主为用”；胡适提出“容忍比自由更重要”，“民主是一种生活方式，是一种习惯性行为”；陈独秀发动“当以科学和人权并重”的新文化运动；鲁迅吁求“改造国民性”。

钱穆在《中国历代政治得失》一书中有一个观点：“任何一制度，绝不能有利而无弊。任何一制度，亦绝不能历久而不衰。”而我们要清楚的是：

① 〔英〕哈特：《法律的概念》，张文显等译，中国大百科全书出版社，1996，第 191 页。

② 冯桂芬：《校邠庐抗议》，上海书店出版社，2002，第 57 页。

第一，好制度是怎样变成坏制度的；第二，好制度何以变成了坏制度；第三，我们能不能防止好制度变成坏制度。钱穆先生提出一个很著名的现象：中国政治制度的演绎传统是一个制度出现漏洞，再用一个新的制度规范；新的制度出现漏洞，再推出另一个新制度。久而久之，制度越来越多，制度之间互相打架。他在《国史大纲》中说："中国历史有三个特点：悠久、无间断、详密。"梁漱溟指出："我们的政治问题不是平常的政治问题，而是自从旧政治制度废弃后，却总建立不起来新制度的问题。此新制度建立不起来，便不是政治问题，而是文化问题了。"[①] 牟宗三区别了"政道"与"治道"，提出中国传统的政治有"治道"，无"政道"。中国政治要走出这种困境，就必须经过"良知坎陷"，开辟出中国的民主制度体系。中国政治现代化，即得靠文化的力量、思想的自觉。张君劢认为，"文化建立，犹之种树，不先考本国之地宜，则树无由滋长，且国民习性与制度相表里，习性不败，则新制无从运用"[②]。唐君毅说："政治民主制度之施行，亦以有社会文化力量、团体组织力量为其背景而易见效。"[③] 贺麟在《文化与人生》中提出要"争取文化上的独立与自主"。季羡林先生《文化的冲突与融合》、汤一介《在经济全球化形势下的中华文化定位》、李慎之《辨同异、合东西——中国文化前景展望》、费孝通《论文化和文化自觉》等论著中多有新论阐发。

当代港台华人学人林毓生《中国传统的创造性转化》、余英时《中国思想传统的现代诠释》、金耀基《从传统到现代》、许倬云《观世变》、孙隆基《中国文化的深层次结构》、黄仁宇《中国大历史》、蒋梦麟《西潮·新潮》等，对中国历史和制度文化也有心得体会。针对杜维明论及东亚现代性特征的界定，以及"亚洲价值"与新世界秩序建构的相关性等问题，白鲁恂认为，中国充其量是一个文明或文化国家，而非现代民族国家。香港中文大学前校长金耀基认为，中国社会转型的主旋律是：从农业社会到工业社会、从后君主王朝到民主国家、从经学时代到科学时代。中国的现代化之根本意义在于现代性的建构。易中天在《帝国的终结——中国古代政治制度批判》中有所总结："殷之亡是文化之亡，即人文文化战胜了巫鬼文化；

① 《梁漱溟全集》第6卷，山东人民出版社，1993，第687页。

② 张君劢：《明日之中国文化》，山东人民出版社，1998，第110页。

③ 唐君毅：《中国文化之精神价值》，广西师范大学出版社，2005，第373页。

周之亡是制度之亡，即帝国制度替代了邦国制度；清之亡，则兼两者而有之，既是文化之亡，也是制度之亡。”总之，在他们看来，根治中国制度文化的缺失，关键是好的政治制度设计；当代制度文化建设需要实现传统文化的现代转换和制度创新。这方面，当代学人费正清、杜维明、列文森、白鲁恂、李侃如、柯文、墨子刻、罗兹曼、邹谠、孙隆基等均有建树。

（四）当代学人有关制度文化方面的研究论著

国内学人从制度和文化两个视角发掘，给予方法论启示。著名学者高放的《马克思主义与社会主义新论》《中国政治体制改革的心声》，黄宗良的《书屋论政——苏联政治体制及其变易》，从制度中去寻找苏联解体的根本原因，将苏联解体的原因主要归结为“斯大林——苏联社会主义模式”的制度和体制。他们认为，苏联解体的最核心问题是政治问题，是政治制度、政治体制的弊端引发的，长期的封建主义和教条主义拖弱了社会主义、拖瘦了社会主义，最后拖垮了社会主义。曹沛霖在《制度纵横谈》中分析了导致苏联解体的制度短缺原因，包括三个方面：先天不足、军事化遗留、创新机制缺乏。其他如贺培育《制度学：走向文明与理性的必然审视》，陈朝宗《制度学理论与我国制度创新实践》，许和隆《冲突与互动——转型社会政治发展中的制度与文化》，潘一禾《观念与体制——政治文化的比较研究》，韦森著《文化与制序》，胡伟等《现代化的模式选择：中国道路与经验》，王沪宁《比较政治分析》，杨阳《文化秩序与政治秩序——儒教中国的政治文化解读》，吕元礼《政治文化：传统与现代的会通》《新加坡为什么能（上下）》，徐宗华《现代化的政治文化维度》，马庆钰《告别西西弗斯——中国政治文化发展与展望》，李艳丽《政治亚文化》，车洪波、郑俊田《中国当代制度文化建设》等。还有李君如《当代中国政治走向》，林蕴晖《国史札记》，何历宇《政治知识化与现代知识的成长——现代西方民主政治研究》，王邦佐《中国政党制度的社会生态分析》，叶庆丰《中国特色社会主义重大问题深度解析》，吴波《中国特色社会主义若干重大问题研究》，郝宇青《苏联政治生活中的非制度化现象研究》，季正矩等主编《当代世界与社会主义前沿学术对话》，陈希主编《民族复兴之路与马克思主义中国化》，林尚立《建构民主——中国的理论、战略与议程》，何俊志编译《新制度主义政治学译文精选》等，也给笔者以启迪。特别是秦宣的《中国特色社会主义史》，程伟礼、戴学梅等的《中国特色社会主义思想史》，黄宗良、黄南平《党的执政能力与政治文明》，李屏南《选择与创新——科学社会主义观在中国》，董四代《科学社会主义中国化的文化解读》《传统理想与社会主义现代化》，李侃如《治理中国：从革命到改革》，郑永年《为中国辩护》，以赛亚·伯林《苏联的心灵——共产主义时代的俄国文化》，秦德君《政治设计与政治发展》，汪丁丁《盘旋的思想：知识、秩序、自由》《串联的叙事：自由、秩序、知识》，于建嵘《抗争性政治》，张英洪《农民公民权研究》，张维为《中国震撼——一个“文明型国家”的崛起》《中国触动》等论著，使笔者受益良多。

三 海内外中国特色社会主义研究的学术综述

（一）海外中国特色社会主义研究

海外学者重视比较、心理、文本、结构等多维研究的方法，侧重强调中国马克思主义与中国传统文化的关系。20 世纪 60 年代，美国学界已经从把马克思主义中国化看成纯粹的儒家化或苏联化的极端观点中走出来，认为马克思主义理论应该和中国的历史时代、社会实践和文化传统相结合[①]。美国威斯康星大学教授戴维·W. 张认为：“自十九世纪末二十世纪初，中国一直存在着三种互相影响的政治文化或政治思想。”“有中国特色社会主义是一个非常好的和切实可行的方法，它首先必须努力在现代革命的价值观念和中国的文化传统结合方面取得成功”，因而“‘有中国特色的社会主义’必须是一个开放的概念，以容纳传统观念的精华”[②]。怀利强调：“‘马克思主义中国化’的概念蕴涵着独特的文化层面，正如我们将会看到的，实际上这个词起源于一个文化的，确切地说是文学的语境。在其文化的维度上，马克思主义中国化主要指涉一个国外意识形态学说和中国独特的文化品格相融合的问题。”美国俄勒冈大学教授阿里夫·德里克观点的价值更在于它所蕴涵的方法论意义上。他指出，“北京共识”或者“中国模式”中最重要的内容，不是中国文化的副产品而应该是社会主义的遗产。西方一些人不愿意使用“中国特色社会主义”概念，认为它具有浓厚的意识形态色彩，而多用“中国模式”代之。新加坡国立大学东亚研究所所长郑永年认为，目前学界对于“中国模式”的研究太政治化和审美化，模式论述充

① 张静、靳书君：《美国马克思主义中国化研究概述》，《毛泽东邓小平理论研究》2008 年第 3 期。

② 戴维·W. 张：《邓小平领导下的中国》，法律出版社，1991，第 242、267 页。

满价值判断，阻碍人们对“中国模式”的客观认识。

改革开放以来，学术界翻译出版了《费正清文集》（世界知识出版社）、斯图尔特·施拉姆《毛泽东的思想》（中央文献出版社，1990）、詹姆斯·R. 汤森《中国政治》（江苏人民出版社，2005）、米瑟斯《社会主义——经济与社会学的分析》（中国社会科学出版社，2008）等作品，很有影响。中国特色社会主义或中国问题最具代表性的国外（主要是美国）研究人员有史华慈、施拉姆、魏斐德、沃马克、德里克、斯塔尔、邹谠、怀利和沃克尔等；最近有库恩、奈斯比特、马丁·雅克等。特别是美国著名中国问题专家、密西根大学政治学教授李侃如著《治理中国：从革命到改革》、傅高义新著《邓小平时代》、英国专家马丁·雅克著《当中国统治世界》等书影响深远。如库恩认为，和谐使“中国威胁”变得空洞，为“中国模式”注入活力。同时这种理念已延伸到中国的外交领域，中国已将“和谐世界”作为其外交政策的核心。马丁·雅克认为，中国式政治有望取代西方政治模式，中国的儒教道德观有望成为价值观竞争的焦点，中国将以其自身的模式来挑战西方民主政治。张维为先生的《中国震撼——一个“文明型国家”的崛起》一书概括了“中国道路”的八大特点和八大理念，破解中国道路的“时代之谜”。这八大特点是：实践理性，强势政府，稳定优先，民生为大，渐进改革，顺序差异，混合经济，对外开放；而八大理念是：实事求是，民生为大，整体思维，政府是必要的善，良政善治，得民心者得天下与选贤任能，兼收并蓄与推陈出新，和谐中道与和而不同。

成龙在《海外马克思主义中国化理论研究》论著中回顾了海外马克思主义中国化研究的重心趋向，即20世纪40年代至70年代集中在对毛泽东思想的研究，20世纪70年代末至90年代中期集中在对邓小平理论的研究，20世纪90年代中期至21世纪初集中在对“三个代表”重要思想的研究，从党的十六大开始，海外研究的重心转向对科学发展观的研究。绝大多数海外学者坚持“继承发展论”，不仅强调中国化马克思主义的个性，而且强调中国化马克思主义与马克思主义的共性。但少数海外研究者在邓小平理论研究中提出了“非毛化论”“经济决定论”“后社会主义论”“实用主义论”等观点，“三个代表”重要思想研究中提出了“民族主义论”“新保守主义论”等几种观点，科学发展观研究中提出了“混合论”“中国威胁论”“殊途同归论”等挑战性观点，亟须辨析和澄清。这是因为，马克思主义中国化本质上是把马克思主义一般原理与中国革命、建设和改革实践相结合，创造性地发展马克思主义的过程，其理论成果是主客统一的新型世界观、中国特色的社会主义观、义利统一的价值观、中国现代化的新型发展观的统一整体。科学发展观、和谐社会理论的提出和实践，表明我们摸索出了一种将进一步预示社会主义是必由之路、社会主义优于资本主义的可持续发展的模式。国际社会对科学发展观、和谐社会论进行了多方面的解读：如有人认为，科学发展观是一种以人为本的理念，它使经济发展更加关注人民的生活质量和社会公平等内容，为建构和谐社会提供了政策指导；这使得经济发展向重视民生和民权的方向转变，将大力推进经济、社会、政治、文化、环境等各个领域的协调和平衡发展；有人认为，科学发展观“最大限度地体现了中国的现实，团结和带领中国所有阶层的人民，找到了凝聚全社会的最好结合点”（《光明日报》2009年5月9日）。

十七大以来，海外围绕中国特色社会主义道路与理论的大量评论，认为“北京共识”（市场经济加权威主义政治）的风头已经盖过“华盛顿共识”（市场经济加上民主政治），占据上风，从“中国崩溃论”“中国不确定论”到“中国责任论”“中国崛起论”，反映了西方国家对中国发展的心路[①]。约翰·奈斯比特在2009年《中国大趋势》一书中把中国发展模式归结为“八大支柱”，即解放思想，纵向民主制，“摸着石头过河”的改革方略，“管好森林，让树木自由成长”的宏观管理方式，注重艺术和学术，对外开放与融入世界，在倡导自由的同时也追求公平、追求卓越。马丁·雅克在《当中国统治世界：中国的崛起与西方世界的衰落》一书中多次运用“中国政治模式”这个词。他认为，中国的发展与中国政治模式联系在一起，中国政治模式值得关注的有以下几点：发展型国家、共产党政权、儒家政治文化传统、政府中心主义、弱市民社会。西方学者有不少关于社会主义的研究和对中国社会主义制度模式的评价，但这也使一些一贯反对共产党、反对社会主义、反对中国的某些西方人感到困惑，也有一些似是而非的说法或误读。关于中国发展道路或“中国模式”成功的原因，西方现在比较流行的一种观点是“中国模式的成功是国家资本主义的成功”。一些受传统社会主义模式束缚的西方人，称这种新的开拓是“中国特色资本主义”，他们把“中国模式”简单地归结为“专制加经济发展”。如美国学者

① 上海社科院国外社会主义研究中心：《世界社会主义研究动态》，2008年第3期、第8期、第9期。

沈大伟说，“中国模式”没有什么独创的东西，不过是一个大杂烩：半国家资本主义、列宁主义、东亚新权威主义、拉美统合主义、欧洲社会民主主义；“中国模式”同时也带来了许多短期和长期的问题。中国特色社会主义把马克思主义基本原理同中国国情、时代特征紧密结合起来，推进马克思主义中国化，其中包括吸取和借鉴人类在资本主义社会创造的文明成果。正是这一点，有些国外评论把中国特色社会主义曲解、误解成搞中国特色资本主义。部分西方主流媒体囿于意识形态偏见或固有的冷战思维，不愿看到中国的发展和进步，经常借“中国政治话题”否认“中国模式”的前景，断言“中国发展”不外乎是“市场列宁主义”“权威专制政治”“独裁重商主义”，未来没有前途。他们认定，不民主、不自由的中国社会必然崩溃，不民主的中国发展模式是对西方世界的挑战和威胁。“国家资本主义论”的提出，反映了后危机时代海外舆论观察和把握中国发展形势的一个新动向，是继“儒家资本主义”“中国特色资本主义”等定位之后的新概括。哈佛大学教授奈·约瑟夫说，北京共识是市场列宁主义的模式。英国发展问题专家库克等认为，“中国模式”总的特征是“威权式的管理与市场经济体制的结合”，这是一个不断试验的进程而不是一个预设的蓝图，其基本原则是务实主义和渐进改革，也即“实事求是”或“摸着石头过河”的精神。德国学者桑德施奈德认为没有所谓的“中国模式”，中国三十年成就的秘诀归结到一个词就是“实用主义”。还有人认为，中国的发展是实行集体主义的结果，中国实行的是中国特色社会主义民主，是集体主义，不是个人主义；中国特色社会主义的成功，不只是实行了一般的集体主义，同时又是注意充分发挥个人的积极性、主动性的结果。

（二）国内学术界对中国特色社会主义的研究和探索

十一届三中全会以来，历次党代会凸显出与时俱进、理论创新的主线。党的十二大第一次明确提出了“中国特色社会主义”这个重大命题，十三大提出“有中国特色的社会主义理论”，十四大提出“邓小平同志建设有中国特色社会主义理论”，十五大提出“邓小平理论”，十六大提出“三个代表”重要思想，十七大进行概括集成，提出“中国特色社会主义理论体系”。中共十七大的主要精神，就是三个“一”：一面旗帜、一条道路、一个体系，即高举中国特色社会主义的旗帜，坚持走中国特色社会主义的道路，确立中国特色社会主义的理论体系。2011 年 7 月 1 日，庆祝中国共产党成立 90 周年大会隆重举行，中共中央总书记胡锦涛发表重要讲话，首次提出了“中国特色社会主义制度”的全新论述，这是我们党第一次正面解答“中国道路”“中国模式”的“制度之谜”。中国特色社会主义制度概念的提出和内涵的界定，是中国共产党在社会主义制度创新领域丰富实践成果的科学总结和理论提升。近年来，《胡绳晚年学术思想研究》《江流自选集》《赵曜讲学录》《高放自选集》《吴江论集》《求真思录》等研究文集陆续出版；为纪念改革开放30周年，石仲泉、李君如、赵曜①、黄宗良、严书翰②、阎志民③、沈宝祥④、高放⑤、包心鉴⑥等专家都有精彩的论述。主要研究视阈和问题如下。

第一，中国特色社会主义与科学社会主义的关系。如何正确认识和把握中国特色社会主义与科学社会主义的辩证关系，是当前深入研究中国特色社会主义的首要问题。国内学者提出应关注中国特色社会主义的基础论题：普遍性和特殊性、继承性和创新性、民族性和全球性的统一问题。这方面的研究成果很多，其逻辑起点、探索创新、本质价值、经验特点、意义趋向皆成热点⑦。李崇富、金民卿、程恩富、赵智奎、李屏南等认为，所谓社会主义特色化，就是指科学社会主义理论由世界性理论向民族性理论和实践转化的过程。科学社会主义，是中国特色社会主义最直接的理论基础；而中国特色社会主义，则是马克思主义及其科学社会主义在中国的运用、发展和创新，是科学社会主义中国化的新的理论、实践、制度形态；“中国模式”是社会主义本质在中国的实现形式。他们认为，中国特色社会主义的基本原则与科学社会主义的基本原则一脉相承，是一致的。中国特色社会主义根本不属于所谓的“民主社会主义”，而只属于科学社会主义范畴，是科学社会主义中国化的新形态。社会主义是多样性的统一，没有固定模式。各国的社会主义建设道路也不可能沿用统一的模式，必须走符合本国国情的道路。我们必须始终正确处理好坚持科学社会主义基本原理同

---

① 《社会主义理论的十大创新》，《北京日报》2009年1月5日。

② 《对世纪性重大课题的科学回答——析中国特色社会主义首要的基本问题》，新华网，2006-04-30。

③ 《科学社会主义研究三十年》，《人民日报》2008年7月22日。

④ 《中国特色社会主义三十年》，《学习时报》2008年9月1日。

⑤ 《六十年来社会主义认识的三次转变》，《学习时报》2009年10月9日。

⑥ 《以科学的态度认识中国特色社会主义》，《求是》2010年7月18日。

⑦ 上海社科院编《当前理论热点大碰撞》，学林出版社，2008。

社会主义民族化、特色化的关系。中国特色社会主义理论体系是在解决中国这样的经济、文化落后国家如何建设社会主义、如何巩固和发展社会主义这一历史性课题中应运而生的，是系统研究中国社会主义建设本质规律的科学；中国特色社会主义建设的伟大实践是中国特色社会主义理论体系的研究对象。中国特色社会主义是对科学社会主义的丰富和发展，是世界社会主义运动的伟大创举。在改革开放的30多年中，科学社会主义理论研究在我国是围绕着中国特色社会主义展开的。

中国特色社会主义“特”在何处？十七大后学术界重点研究了中国特色社会主义道路的科学内涵和中国特色社会主义理论体系建构两个热点问题。十八大后“中国特色社会主义制度”研究渐成热点。中国特色社会主义道路的科学内涵就是中国共产党领导人民自主开拓的、马克思主义中国化的、引领中国全面发展的、遵循中国社会发展规律和代表人类文明进步方向的社会主义道路。中国特色社会主义道路之所以完全正确、之所以能够引领中国发展进步，关键在于既坚持了科学社会主义的基本原则，又根据我国实际和时代特征赋予其鲜明的中国特色。大多数学者认为，党的十七大报告提出的“旗帜论”有新意。十八大后学界研究的进展和重点在：对中国特色社会制度、道路和理论体系之间的三位一体关系的解读；对中国特色社会主义制度的内容进行分析和梳理；研究论证中国特色社会主义制度的特点、优越之处及其制度完善途径等。理论界一致强调，中国特色社会主义理论体系具有重要的历史地位，它是马克思主义中国化的最新成果，是社会主义建设理论的重大突破，是21世纪中华民族实现伟大复兴的指针。中国特色社会主义制度与其他社会制度形态相比，有非常大的优越性，是当代中国发展进步的根本保障。

第二，认识中国特色社会主义的视野和方法论。把中国特色社会主义放在世界社会主义运动的宏观背景和社会实践中来谈论是重要特点。学术界一般把社会主义分为经典社会主义、苏联模式社会主义、传统社会主义、现实社会主义、中国特色社会主义等类型和阶段。蒲国良认为，中国特色社会主义是对包括传统科学社会主义、民主社会主义以及其他各种“主义”之科学成果的吸收、借鉴与扬弃，是社会主义建设的一种全新模式。赵曜提出，以1919年的“五四”运动、1949年的中华人民共和国成立、1978年12月党的十一届三中全会召开为标志和界限，大体上有三个30年。第一个30年，是社会主义理想追求的30年；第二个30年，是社会主义艰辛探索的30年；第三个30年，是社会主义成功实践的30年[①]。高放在2009年10月5日《学习时报》上提出，我们对社会主义的认识，曾经有过的三次重大转变：从建设新民主主义国家和社会变为照搬苏联社会主义模式（1949～1956年）；从“以苏联为戒”转变为超越苏联社会主义模式（1957～1978年）；从突破苏联模式到创新中国特色社会主义（1979～2009年）。同样，黄宗良提出了“世界社会主义三个五十年”。石仲泉提出马克思主义中国化前后“两个三十年”的观点。他说，总的来说，前“30年”为后“30年”奠定了根本政治前提和制度基础；后“30年”是前“30年”的历史延续、校正方向和创新性发展。前30年，从新民主主义走起，走向建设社会主义。“改革开放”后，又从中国原有的社会主义，走向“有中国特色的社会主义”。

董德刚提出了认识社会主义的新视野，阐述了三个重大转变，即从注重经济社会形态到注重技术社会形态，从只重社会主义表层特征到更重社会主义深层本质，从“社”“资”绝对对立到互相取长补短，并总结了开拓认识新视野的主要经验。顾海良指出，紧紧把握改革开放新时期的社会背景，凸显新时期形成的改革开放、快速发展、与时俱进的显著特征，牢牢把握中国特色社会主义道路的实践基础和根本内涵，强化中国特色社会主义道路的基本原则、根本要求和奋斗目标，是我们理解中国特色社会主义理论体系的基本视阈。面对各方面对“中国模式”不同的解说，刘国光认为中国特色社会主义模式的核心，就是容许资本主义因素和社会主义因素的存在，但同时坚持社会主义的主体地位和发展方向。上海社会科学院研究员童世骏认为，我们正在建设的中国特色社会主义事业，要求我们把“社会主义”的价值理想放在更为广阔的背景下进行重新认识。我们的社会主义当然也是有具体特点的社会主义，而不是超越一切地域、时代和文化个性的社会主义。中国特色社会主义理论设法实现这两个结合：说科学发展观的核心是以人为本，就是要把科学和人文结合起来；说人民民主是社会主义的生命，就是要把科学与民主结合起来；说“社会主义愈发展，民主也愈发展”，就意味着我们今天的民主像我们的社会主义一样也处在初级阶段，因此像社会主义一样也要大大往前发展。坚持中国特色社会主义道路，当然意味着我们要社会主义，不要资本主义。但我们又要看到，已载

① 赵曜：《中国社会主义的三个30年》，《光明日报》2009年2月3日。

入宪法的这条原则，在今天是以社会主义市场经济作为现实语境的。市场经济的核心要素是资本，因此，在“不要资本主义”的同时，我们还是可以“要资本”的。

第三，关于“中国特色社会主义”的释义。“中国特色社会主义”的内涵界定是近年来学术理论界争论的热点和难点。吴波指出，“中国特色社会主义”有两个含义，即作为理论意义上和发展道路上的中国特色社会主义。而作为社会制度意义的中国特色社会主义和作为体制或发展模式意义上的中国特色社会主义是两个基础性组成部分①。高尚全先生把中国特色社会主义的基本内容概括为五个方面：以民为本、市场经济、共同富裕、中华文化、民主政治。还有人把“中国特色社会主义”解读为：以人为本、科学发展、共同富裕、社会和谐。所谓“中国特色人本社会主义”，就是具有中国特色的、坚持“以人为本”价值理念的、保持公平正义的社会主义②。秦宣认为，中国特色社会主义包括中国特色社会主义旗帜、理论、道路、制度和共同理想，这五位一体共同构成了中国特色社会主义的整体框架。李君如认为，中国特色社会主义，就是与爱国主义相联系、相统一的科学社会主义。北京市社科联研究员马仲良认为，中国特色社会主义是人和社会主导控制资本的社会主义，“中国特色社会主义”是社会主义性质的，不是资本主义性质的。因为中国特色是社会主义的定语，这个概念的中心词是社会主义，在本质上这个国家的社会主义属于社会主义；也有人概括为“新社会主义”“新型社会主义”③。有人对社会主义的解读就是“人本主义”，一切为了“人”，为了“人”的尊严，“人”的幸福，“人”的解放。广东省委党校苏戎安使用“和谐社会主义”这一概念来界定21世纪中国特色社会主义的本质属性与时代特征。华南师范大学陈金龙认为，中国特色社会主义的“特”在其理论特色、实践特色、时代特色、民族特色上。上海社会科学院程伟礼、戴雪梅认为，社会主义实际上存在四种形态，即理论学说、社会运动、基本价值和价值体系。而与“思想的逻辑与历史的逻辑的内在一致性”相吻合，中国人从民族意识、国家意识、执政党意识和人民意识四个层面上，体现出对社会主义的理论、社会、制度和价值形态

① 吴波：《中国特色社会主义若干重大问题研究》，安徽人民出版社，2007，第8~9页。

② 参阅李佐军《人本发展理论——解释经济社会发展的新思路》，中国发展出版社，2008。

③ 沈宝祥：《中国特色社会主义三十年》，《学习时报》2008年9月22日。

的不同认同。徐崇温撰文，探讨中国特色社会主义的和平发展、和谐发展、科学发展的世界意义。

第四，中国特色社会主义制度文化建设。党的十六届六中全会鲜明提出，社会和谐是中国特色社会主义的本质属性，是国家富强、民族振兴、人民幸福的重要保证。党的十七大强调，实现社会公平正义是发展中国特色社会主义的重大任务。这些科学论断的提出，标志着我们党对中国特色社会主义政治文明的认识达到了新高度。十七大报告关于中国特色社会主义制度文化的新论述，如提出解放思想是发展中国特色社会主义的一大法宝；提出人民民主是社会主义的生命，社会主义的核心价值体系是社会主义意识形态的本质体现，坚持效率和公平有机结合才能更好地体现社会主义本质；中国特色社会主义政治发展道路是坚持党的领导、人民当家作主、依法治国有机统一的道路，具有鲜明中国特色的制度要求等。中国共产党成立90周年提出“中国特色社会主义制度”论断，2012年党的十八大对中国特色社会主义制度作了全面系统的论述和阐释，指明了制度建设的重要性，论证了中国特色社会主义制度体系的主要内容，阐述了完善社会主义制度文化建设的具体措施。

从中国的传统文化中挖掘中国制度文化建设的本土资源和以“30年和60年”为视角透视制度变迁是近年来学界讨论的热门话题。另外，关于中国特色社会主义政治发展道路、中国政治体制改革的路径和方略、中国特色社会主义理论体系和毛泽东思想的关系、中国特色社会主义与民主社会主义的本质区别，以及对其他社会主义国家、外国共产党及国外社会主义流派的研究也多有论题。2008年12月6日，中国人民大学国际关系学院政治系举办了“观念、制度与中国政治发展（1978－2008）”学术研讨会，会议围绕“中国经验与制度变迁理论”“政治制度与治理”“我国政治改革与民主政治建设”以及“现代国家建设问题”等分议题进行了气氛热烈的交流和对话。大多数学者认为，中国特色社会主义政治发展道路不仅具有历史必然性，而且具有现实必然性——坚实的政治基础、深厚的文化底蕴和广泛的社会共识。

国内制度文化建设改革的争论很多，杨光斌、俞可平、王浦劬、何增科、王贵秀、秦晖、胡鞍钢、潘维、邹东涛、陈红太、黄卫平、吴家庆、杨小云、张星久等发表不少新见。杨光斌教授就中国改革开放三十年来“制度变迁的进程”“制度变迁的基本走向”“制度变迁的成功经验”和

“制度设计的选择战略”四个问题论述“中国政治改革与政治发展三十年”。俞可平认为，新中国60年政治变迁的趋势，即从革命到改革，从斗争到和谐，从专政到民主，从人治到法治，从集权到分权，从国家到社会；中国政治的新发展，体现着人类社会普遍的政治价值，从根本上说，支撑这些政治变革的普遍价值，就是自由、民主、平等和人权。而潘维则认为，中国需要的是重建政治价值，最根本的文化是政治文化，最大的精神是政治精神。古今中西文明的核心是政治文明、政治价值观，西方是法制加民主，中国是远古的民本主义、今天的“为人民服务”。王浦劬从治理模式的视角，探索中国在由计划经济向市场经济转变、从传统社会向现代社会迈进的过程中，公共权力对于社会的治理出现的是不同于世界各地曾出现的欧美模式、东亚模式、拉美模式和苏东模式的一套特有的“中国模式”。邹东涛认为，思变、竞争、稳定等构成了中国的政治软实力。可以说，中国的崛起也是中国软实力的崛起。成功的“中国模式”的许多做法不一定具有普遍意义，但这些做法背后的思想，可能有相当的普遍意义。其中，有三项主要内容隐含着非常重要的经济发展思想，即思变、竞争、稳定。胡鞍钢指出，过去30年我国实现了中国式政治制度的构建与改革：一是领导人新老交替的制度化、规范化和程序化，保证了政治领导集体的稳定性、连续性和继承性；二是领导人坚持了“解放思想、实事求是”的思想路线；三是公共政策决策实现了民主化、科学化和制度化。这是中国为什么总是成功的根本原因。共同富裕、绿色现代化、和平发展和正义是中国道路的主要特征和优势。韦森认为，中国当代的命运是经济变迁、政治改革、文化演进过程的统一。许耀桐指出，所谓中国政治模式，就是已经形成的具有中国特色的政治模式。党内民主的发展是中国政治模式的关键，推进党内民主关键在于制度创新。陈红太认为，解读中国奇迹的密码应到政治领域中寻找，也就是到让西方人头疼的“人民民主”中寻找。中国政治文化有“四大优势”：集中效率优势、政治组织优势、制度创新优势、文化包容优势。“依法治官”既体现了“民主”与“法治”的精髓，也是中国传统儒家礼教政治的最大智慧。寓国家政治于社会日常生活之中，以做人的自省、自律和社会的自治作为国家治理的基础。“治官”把民主、法治、科学、礼教有机地统一起来。黄卫平关于中国政治体制改革，杨小云对中央地方关系，吴家庆对和谐社会利益协调及政府公信力，张星久对中国传统政治文化，皆多有阐发。

第五，关于“中国道路”“中国模式”的讨论。关于“中国道路”，或者“中国模式”“中国经验”，特别是“具有中国特色的社会主义”的讨论，本身也是发展具有“中国特色的社会主义”伟大实践的一个重要组成部分①。近年来，国内外关于“中国模式”的话题越来越热。“中国模式”并不是一个新概念，这一概念发端于时任美国《时代》周刊高级编辑的乔舒亚·库珀·雷默，他于2004年5月撰写了《北京共识：提供新模式》一文，其观点引起国内外学者的广泛关注。他用“中国模式”概念取代了“北京共识”，认为改革开放后中国走上了一条有中国特色社会主义的道路。如果从国际比较和发展模式的角度看，这里所说的“中国特色社会主义”，也可以称作“中国道路”“中国经验”或“中国模式”。准确地说，现在热议的“中国模式”应该被称作“中国发展模式”“中国发展道路”，它是我国改革开放成功的经验总结和理论概括，是社会主义本质的中国实现形式。

国内学界对“中国模式”的研究，随着中国发展经验与教训的总结而持续升温。绝大多数论者认可“中国模式”这个概念，主张“中国模式”这一概念与社会主义密切相连，要运用马克思主义的立场、观点、方法辨别有关“中国模式”的诸多问题，使中国模式不断完善。马龙闪、李佐军等认为，中国特色社会主义就是“中国道路”和“中国模式”，而不是属于其他任何模式。程恩富、辛向阳把中国特色社会主义概括为“四位一体”的体制模式，等同于党的十七大确立的经济建设、政治建设、社会建设和文化建设四位一体的中国特色社会主义事业总体布局。中国社科院政治学研究所所长房宁称，“中国模式”就是两句话：保障人民权利，集中国家权力。有的则认为可谈中国道路、中国经验和中国特色，而不能宣扬中国模式，谈中国模式似乎为时尚早。也有学者认为，“中国特色”“中国道路”的提法比“中国模式”的提法好。如李君如认为，讲“模式”，有定型之嫌。这既不符合事实，也很危险。蔡霞认为不要讲“中国模式”，而是讲“中国道路”。李忠杰说，中国的道路、体制和做法还在不断地探索、发展和创新之中，我们现在还很难说它已经定型，我们的改革和建设还在探索当中，不应认为中国的发展是一种模式，而应说是中国特色。“模式”这个概念，比较容易产生固定化的内涵。衣俊卿认为，不要急于定性“中国模式”。国家行政学院竹立家认为，“中国模式”还在探索中。中山大学教授

① 田春生：《关于中国模式的主要争议》，《人民论坛》2010年第16期。

袁伟时指出，截至目前没有一个所谓的“中国模式”。当前中国还是一个转型中的国家，处于转型社会，现在谈“中国模式”太早，恐怕将来也未必有这样一个模式。秦晖说，中国要崛起，但“中国模式”不应崛起。胡鞍钢、潘维、郑永年、萧功秦、燕继荣等多数学者认为，不能否认“中国模式”，而要理性宣传和发展“中国模式”。他们认为，改革开放以来形成的中国体制，三十多年来已经具有相对稳定性。他们从社会主义民主政治、社会主义市场经济、人民社会建设、社会主义新文化四个角度，清晰概括了中国道路的丰富内涵。其基本特点是一种特殊的国家与社会关系结构，即国家继承了全能主义时代的历史政治遗产，在保持强势国家行政力量对社会控制的基础上，让社会成员获得相当的自主性。

国内学界对于“中国道路”“中国模式”有着不同的理解和评价。第一种意见，认为“中国模式”是区别于苏联模式、拉美模式的新型模式，将社会主义与市场经济相结合，在党和政府强力主导下发展经济、处理各种矛盾、维持社会稳定、快速实现现代化，应对世界性金融危机的成功实践，证明了这条道路的现实合理性和有效性。第二种意见，有的论者从传统文化与现代化结合的角度，认为这不仅是快速发展经济的道路，也是一种重塑不同于西方现代性的新型现代性的道路。第三种意见，从马克思世界历史理论的高度审视中国道路，用世界历史的大尺度、大视野反观和总结中国一百多年来进行现代化转型的经验和教训，既看到中国道路的实存性和独特性，又从经济、政治、文化、社会、国际等各个方面综合地吸取发达国家的经验，谋划中国现代化建设的方略，并探索重塑现代化的可能性途径。

秦宣教授总结道：当前学术界对社会制度的基础研究、分层研究、比较研究不足。今后如何从理论上克服社会制度研究的不足，实现制度创新，以便我们建立更加成熟、更加完善的社会制度，这将是学界的重要任务。

四　本书的基本思路、研究方法和主要创新

（一）基本思路

中国特色社会主义制度的文化分析包含两点：一是中国特色社会主义制度变迁的历史逻辑分析；二是对中国特色社会主义制度价值的理念解读。选题主要内容如下。

第一，从科学社会主义和国际比较的视阈看，中国特色社会主义就是

“中国模式”“中国道路”“中国经验”（导论、第一章）。“中国特色社会主义”包括旗帜、道路、理念、制度、模式等不同维度和层面。“中国特色社会主义”既是一个理论命题，也是一个思想范式；既是一种价值理念，又是一个制度模式；既是一面旗帜，又是当代实践；既是一个科学的理论体系，也是一个制度文明模式创新。中国特色社会主义具有鲜明的特色：一是社会主义，二是中国特色。“中国特色社会主义”包含着现代性和民族性的内在张力和外在冲突。中国特色社会主义是科学社会主义基本原则与中国具体实际和时代特征相结合的社会主义，是扎根于当代中国的科学社会主义，体现了社会主义普遍性和特殊性、现代性和民族性、历时性和当代性的统一。中国特色社会主义理论体系是中国特色社会主义的理论形态，中国特色社会主义道路是中国特色社会主义的实践形态。现代化与社会主义、现代性与民族性的统一是中国特色社会主义发展的客观要求。民族性与现代性的和谐统一是中国制度模式对世界制度文明的重大贡献。“中国模式”或“中国道路”是从国际比较的视野中对中国在改革开放过程中经过实践探索和制度创新形成的、有关中国现代化建设和发展策略成功经验的概括。如果从科学社会主义的视阈看，从国际比较和发展模式的角度看，“中国特色社会主义”，就是“中国模式”“中国道路”“中国经验”。

第二，社会主义运动视野下中国特色社会主义模式或道路选择的制度文化逻辑特点及其意义（第二、三、四章）。中国特色社会主义的选择，体现了中国共产党人的制度理性和文化自觉，其制度逻辑和思想基础、文化条件为论述重点。“中国模式”“中国道路”的关键是发展问题，而发展问题的实质是制度创新与思想文化传统的创造性转化问题。中国特色社会主义道路之所以完全正确、之所以能够引领中国发展进步，关键在于我们既坚持了科学社会主义的基本原则，又根据我国实际和时代特征赋予其鲜明的中国特色。中国特色社会主义体现了普遍性和特殊性、现代性和民族性、继承性和创新性、普世性和自主性的统一，实现了西方制度文明成果与中华文化传统的有机整合，表现了中华民族的文化精神和政治智慧。实践理性、大同理想、民本思想、变革意识、和谐文化等是社会主义中国化的思想基础和文化源流。它既坚持科学社会主义的基本原则，又具有鲜明的时代特色和民族特色的新型制度模式，是人类制度文明的重大创新。“中国模式”既不同于传统的社会主义模式，也不同于西方发达国家的社会发展模式。中国制度文化变迁需要社会主义，而以中国特色社会主义为旗帜的制度文化创新的成功意味着科学社会主义中国化的胜利。从邓小平理论到科学发展观，我们党不断深化了对中国特色社会主义的认识，邓小平理论、“三个代表”重要思想与科学发展观是“中国特色”的继承与发展。中国特色社会主义现代化道路，是既遵循人类现代化发展的一般规律，又根据自己的现实条件和时代新特点进行的制度创新。在30多年空前伟大的社会变革中，中国共产党体现了可贵的制度理性和文化自觉。

第三，中国特色社会主义制度文化建设的经验及现代性思考。“制度是决定因素”。政党文明是制度文明的灵魂，制度建设是当代中国政治文明建设的核心，新时期必须走制度创新科学发展社会和谐之路（第五、六章）。我们认为，文化起决定作用；短期看，制度起关键作用。所以中国道路的路径依赖，其背后最终是个文化问题。中国特色社会主义制度文化建设，关键要靠执政党动员和推动，保证社会制度公平正义。和谐社会、科学发展观的核心就是要解决制度公平正义问题。制度既是实践科学发展观的基本方式，也是科学发展的根本保障，更是和谐社会的牢固基石。我们要坚持加强以改善民生为重点的社会制度建设，在实践中实现制度文化的和谐，实现制度文化传统的现代转换和制度创新，着力构建有利于科学发展社会和谐的体制机制，积极建立更加健全、充满活力的制度体系。制度文化和谐思想是科学社会主义的题中应有之义。文化制造社会和谐，制度促进科学发展。制度的理性、公正、信用、和谐、创新是推动科学发展的长期任务，有效的制度文化建设和制度创新，能够为实现科学发展提供可预期的、稳定的机制。政治体制改革的成功取决于制度文化建设的成功。重建市场伦理、建构政制文明、建设公民社会、发展先进文化、树立和谐理念，蕴涵着与时俱进、继承创新、不断超越的制度文化精神，凝聚着中国特色社会主义制度文化建设的现代性思考。

（二）研究方法

方法是概念的灵魂，“掌握着研究的命运”（黑格尔语）。现在国内外学术界研究“中国模式”和“中国特色社会主义”，有西方马克思主义、哲学诠释学、制度经济学（在介绍制度概念时有论，此处不赘）、全球化、文化冲突、中苏模式比较等视角，各有所长，也有不足。国内外学者出版了一些有关“中国模式”或中国特色社会主义的研究论著，分别从社会发展、科学社会主义、政治学、经济学、社会学、思想史、治理理论的不同角度进行发掘，主要有：沈云锁、陈先奎《中国模式论》和漆思《中国共识》

从哲学社会发展角度；刘建武《中国特色与中国模式》局限于邓小平理论；胡伟等《现代化的模式选择：中国模式与经验》、唐晋主编《迈向大国之际的中国模式》从政治学视角；邹东涛、欧阳日辉《中国道路与中国经验(1949－2009)》、林毅夫等《中国的奇迹》、李培林《东方现代化与中国经验》着重从经济体制改革和发展的视角；郑永年从比较政治学角度研究《“中国模式”的经验和困局》；吕元礼主要研究新加坡制度文化的治国之道；董四代进行科学社会主义中国化的文化解读；从思想历史演进角度有梅荣政所著《中国特色社会主义基本问题研究》，秦宣著《中国特色社会主义史》，程伟礼、戴雪梅等著《中国特色社会主义思想史》，〔美〕李侃如著《治理中国：从革命到改革》，金观涛、刘青峰合著《观念史研究：中国现代重要政治术语的形成》（法律出版社，2009）等。近期出版的专著，在国内，有姜义华的《论中国传统家国共同体及其现代嬗变》、汪晖的《中国道路的独特性与普遍性》、张木生的《改造我们的文化历史观》、甘阳的《通三统：论三种传统的融合与发展》，还有姚洋的《中国道路的世界意义》、胡鞍钢和王绍光的《人间正道》、潘维的《中国模式——中华体制的经济、政治、社会解析》、丁学良的《论辩“中国模式”》等；在海外，有基辛格最近出版的《论中国》、〔美〕傅高义著《邓小平时代》、马丁·雅克的《当中国统治世界》、佛朗西斯·福山的《变动秩序中的中国与世界》、乔舒亚·库珀·雷默的《北京共识》 《淡色中国》，郑永年的《未竟的革命》等。

针对长期以来国内学术界对马克思主义的总体研究方法有所忽视的倾向，武汉大学梅荣政曾指出：“不少关于中国特色社会主义的研究成果，多从马克思主义的某一部分，或哲学、或经济学、或科学社会主义、或其他某一学科进行研究，这种研究当然有便于集中论述某一领域的具体问题的优点，其价值不可低估。但要想全面把握中国特色社会主义的本质及运动规律，建立中国特色社会主义的完整理念，就需要把科学社会主义及其在当今中国发展的最新形态——中国特色社会主义，作为一个整体来研究，这样才能够更好地回答什么是社会主义、怎样建设社会主义的基本问题。”科学性和实践性的统一是科学社会主义的基本特性。把社会主义置于现实基础上，是马克思恩格斯将空想社会主义转变成科学社会主义的根本经验，也是认识和实践社会主义的根本要求和根本方法。所谓中国特色的社会主义，就是以科学社会主义的基本原理为指导，从中国的实际和特点出发，遵循社会政治发展的客观规律，走人类制度文明大道。规范研究和经验研究相结合，阐释性研究和建构性研究相统一，是本书之重要特点。学术界的主要解读如下。

第一，西方马克思主义的研究。国外社会主义研究流派包括民主社会主义、民族社会主义、市场社会主义、生态社会主义等社会主义思潮，特别是关于西方马克思主义的研究等。西方左翼学者对“中国模式”的提法基本持批评的态度，认为这一提法本身就隐含着对资本主义“现代化”和“发展”逻辑的服从以及“除了资本主义别无出路”的预设。关于中国特色社会主义性质和走向的争论，西方左翼有两种不同的看法。老“左”派认为，中国特色社会主义是“反面教材”；新“左”派则基本肯定中国的市场社会主义改革，但认为目前仍处于探索阶段，称为“模式”，还言之尚早。西方马克思主义者提出了如何认识“中国特色社会主义”等问题，虽有偏颇或误读，但为中国特色社会主义研究提供了有益的启示。这方面主要有“后社会主义”（阿里夫·德里克）、“后马克思主义”（弗里德里克·詹姆斯）、“社会民主党”（利奥内尔·若斯潘）三种视角。美国杜克大学教授阿里夫·德里克在《后社会主义：论“中国特色社会主义”》一文中，明确把改革开放后的中国称为“后社会主义”，反对得出有中国特色社会主义实际上是资本主义的结论，也不赞成德鲁克“后资本主义”的概念。阿里夫·德里克的论述非常有说服力，因为中国改革开放后的主流意识形态与此前的主流意识形态有着很大的调整，即由“以阶级斗争为纲”转向了“以经济建设为中心”。一个是“理想化”与“正统化”的社会主义阶段，即从新中国成立到1976年粉碎“四人帮”；另一个是“后社会主义”阶段，即从1978年中共十一届三中全会召开至今，这两者之间应该算作过渡时期。受国际反社会主义思潮的影响，国内有人主张用儒家思想统领中国社会意识形态，有人干脆提出“只有民主社会主义才能救中国”。西欧以哈贝马斯为代表的“新法兰克福学派”以达成多元社会共识的交往理性取代了片面的工具理性批判，由此实现了法兰克福学派的现代转型，对当今社会主义现代性建构不无启示。中国的马克思文本研究要想走向深入，必须重视并且不能忽视国外马克思学研究所取得的新成果，但也应当走出“以恩解马”“以苏解马”或者“以西解马”的模式，而采取“以马解马”的方式，直接面对马克思本人的思想文本。

第二，哲学解释学的视角。解释学，又称诠释学（Hermeneutics），是一个解释和了解文本的学术方法。伽达默尔等人创立的解释学提出了"如何解读马克思主义文本"的"视界融合"问题。这种观点认为，对马克思主义的理解存在着一个解释学的视角，由于理解是相对的、有条件的、不完善的、历史地发展的，这就必然导致对马克思理论的解释呈现出多样性的局面。误解是由解释者与"文本"的时间距离和环境变化而产生的，还由解释者对作者心理个性的不了解造成的，所以，不可能回到原本意义上的马克思，而只能不断地走近马克思。中国特色社会主义是一个具有解释学意境的文化历史现象。从解释学的视角看，马克思主义文本产生之后，就被纳入理解和实践的历史进程。科学社会主义中国化的过程就是东西文化两种视阈相互融合的过程，中国的历史情境、文化传统、地理环境、语言习惯等"场域"影响了对社会主义的认知和运用。如中国的传统为中国人解读科学社会主义提供了有益的文化积淀，在社会主义思想传入中国之初，许多中国知识分子都是以大同思想来解读社会主义的。毛泽东的思想中的理想社会主义成分在很大程度上是与传统的大同追求纠缠在一起的。根据现代哲学解释学的理论，传统构成的"前见"是我们理解的前提和基石，也有失真、扭曲、误读、变形。科学社会主义在当代中国已构成了一个传统，不断推进科学社会主义中国化、当代化、大众化是一个创新的过程。因为理解就是一种创造。从事马克思主义哲学研究的学者有潘德荣、胡潇、彭启福、汪信砚、张汝伦等。

第三，文化传播学的视角。丹尼尔·贝尔曾这样诠释文化：文化本身是为人类生命过程提供解释系统，帮助他们对付生存困境的一种努力。文化选择的规律是：任何一种外来文化，能够在一个国家传播必须具备两个条件：一是这个国家的本土文化所产生的客观需要；二是外来文化能够满足这种需要，二者缺一不可。科学社会主义在中国的传播也同样如此。科学社会主义中国化就是两种异质文化相互融合的过程。科学社会主义在中国传播的文化形态，既表现为工具理性，属于政治领域范畴的科学社会主义中国化；又体现出价值理性，属于文化层面的科学社会主义中国化。科学社会主义以"精英文化"形态传入中国，以"大众文化"形态在中国广泛传播，以"主导文化"形态成为中国社会发展的指导思想。从文化传播的机理看，两种异质文化在重构过程中势必发生相互冲突、相互渗透。相互冲突来自文化间的相互隔阂，影响则表现为文化间的相互渗透。在这一传播过程中，来自隔阂方面的机制会不断给文化重构造成障碍，来自渗透方面的机制会使落后文化的消极作用反作用于先进文化。从事思想文化、公共管理研究的学者有启良、萧延中、王绍光等。清华大学教授王绍光提出了中国社会主义正处于3.0版本新说（《中国社会科学报》2010年11月12日）：社会主义1.0版本主要是指匮乏阶段，社会主义2.0版本主要是指温饱问题得到了解决，社会主义3.0版本的生成，则是面对中国进入小康阶段以后，我们应当加大力度增加社会福利投入，充分体现社会主义制度优越性。

第四，经济全球化的视角。中国特色社会主义与经济全球化的关系问题，既是我国改革发展进程中需要不断深入回答的重大课题，又是科学认识中国特色社会主义的一个极为重要的视角。中国道路或模式是我国作为一个发展中国家在全球化背景下实现现代化的一种战略选择。马恩著作中有大量关于全球化的思想，虽然他们没有使用“全球化”这个术语，而是使用“世界历史”等概念，但这方面的思想是丰富的。有学者通过研究发现，在马克思的理论中，全球化也是社会发展的一般“共时性”规律。160年前，马克思、恩格斯在《共产党宣言》中系统而深刻地阐述了全球化思想。马克思、恩格斯在《共产党宣言》中说：“资产阶级，由于开拓了世界市场，使一切国家的生产和消费都成为世界性的了。”① 资本主义的扩张一方面导致经济“全球化”，使世界一体化；另一方面，又造成“全球分裂”，抑制了经济相对落后国家的发展。经济全球化的最高阶段必然是资本主义制度的灭亡和共产主义制度的胜利。中国特色社会主义命题从一开始就是与和平发展的世界潮流紧密联系的，中国特色社会主义进程是在经济全球化的背景下展开的，是在这一特定时代条件下孕育和发展的，中国特色社会主义的未来也必然是在面向世界、造福世界的互动中继续发展的。深入研究和认识当今经济全球化的实质和走向，是科学认识和深入推进中国特色社会主义的应有之义。充分运用经济全球化带来的机遇发展自己，是中国特色社会主义的重大抉择。发展中国家应当根据自己的国情，主动积极地参与全球化进程，同时始终保持自己的特色和自主性。全球化的发展已经将中国和世界密切联系在一起，中国的发展离不开世界，中国选择走和平发展、自主发展、科学发展的道路，也是全球化时代的不二选择。黄宗良、林昭健在《全球化与中国特色社会主义》一书中分析认为，以全球化的眼光观察世界，自觉把握全球化进程中的中国特色社会主义的位置和趋

---

① 《马克思恩格斯选集》第1卷，人民出版社，1995，第276页。

向，直接关系到我们民族和国家的安全发展，关系到中国社会主义的前途命运及其世界历史意义。新时期深化中国特色社会主义研究的一项重要任务是拓宽研究视野，在中国特色社会主义研究中形成“中国向度”和“世界向度”紧密结合的学术视野，要在全球化语境和世界视野中审视马克思主义同中国实际的结合问题，并强调“中国经验”和“中国道路”的独特价值。中国特色社会主义是一条在全球化时代积极与世界互动互惠、合作共赢的发展道路，是一条科学发展、和平发展、和谐发展相统一的道路，将不断推进社会主义制度文明进程。当今改革开放理论和和谐世界理论集中体现了中国特色社会主义与经济全球化的互动关系，是中国特色社会主义理论体系的有机组成部分。一些从事世界史、共运史的学者如罗荣渠、蒲国清、曹天予多持此论。

第五，中苏模式比较研究。研究中国特色社会主义，中国苏联模式比较研究和中苏关系的反思是一个不能忽略和回避的问题，是一个很好的视角。研究苏联是为了吸取苏共的教训，探究苏联社会主义失败、苏联国家解体的原因，这对建设中国特色社会主义至关重要。第一次是对前30年中苏关系的反思，这主要是从中华人民共和国成立时的“中苏蜜月”到20世纪60年代初的“中苏决裂”。第二次则是对后30年中苏关系的反思，这主要是从改革开放初到“苏东剧变、苏联解体”。两次反思对中国特色社会主义的形成和发展有着重要的意义。苏联解体后，国内外学界政界主流观点认为：苏东剧变不是马克思主义、社会主义的失败，而是教条主义、专制主义、取消主义的失败；不是社会主义制度的历史终结，而是僵化的社会主义模式的历史终结；我们应当对社会主义制度进行改革，但改革必须坚持社会主义的方向和道路。在苏联解体以后，世界社会主义运动陷入低潮，国际上一些人断言“马克思主义终结了”“社会主义失败了”；国内也有一些人产生了“中国的红旗到底还能打多久”的困惑。如关于十月革命的“原罪说”“阴谋说”“早产儿”，甚至是“历史的怪胎”的观点[①]；谴责苏联建立的是“集权官僚主义制度”“兵营式的共产主义模式”，要予以“摧毁”“打碎”，“根本改造整个社会大厦”[②]。戈尔巴乔夫谴责社会主义制度

① 于沛：《十月革命与科学社会主义的历史命运》，《中国社会科学》2007年第5期。

② 李慎明：《历史的风——中国学者论苏联解体和对苏联历史的评价》，人民出版社，2007，第114页。

是“极权的”“专横的”制度，要按照人道的民主社会主义路线来改造社会制度。他说：“俄国的悲剧，就在于卡尔·马克思的晚年时代已经死去的思想，却在20世纪初的俄罗斯被选择”，“共产主义是不可能实现的口号”。[①]当时国内外学术界出现一股“历史终结论”思潮。我国探索中国特色社会主义道路的过程，实际上就是不断解放思想，不断突破斯大林教条主义和苏联模式的过程。久加诺夫指出：“苏联和苏共垮台的基本原因是对财产、权力和真理的垄断。”[②] 国外《真理报》1989年10月26日的评论较有代表性：“苏联的社会主义制度造成了各个领域的垄断：共产党的领导造成了‘政治垄断’，公有制造成了‘经济垄断’，马克思主义的指导造成了‘精神垄断’，并由此导致政治、经济和文化各个方面的‘异化’。”国内有各种观点解读“苏联解体”的原因：“经济没有搞好说”“斯大林模式僵化说”“民族矛盾决定说”“军备竞赛拖垮说”“戈氏叛徒葬送说”“外部因素决定说”等。但从比较制度模式的视角分析研究是趋向，认为苏共垮台、苏联解体的根本原因并不在于实行斯大林模式即苏联社会主义模式。中国特色社会主义本质上是在马克思主义的指导下走自己的路，基本轨迹就是从照搬“苏联模式”到走出“中国特色”。相对于上述苏联模式而言，中国特色社会主义是一种新型的社会主义制度模式，中国特色社会主义是对苏联模式的全面突破。这突出表现在，在经济、政治、文化、社会等方面，采取完全不同的体制。对斯大林社会主义模式、苏东剧变的反思与启示，研究成果对新时期中国特色社会主义制度文化建设多有参考价值，如研究国际共运史、世界社会主义的学者李慎明、黄宗良、沈志华、于沛、马龙闪、左凤荣、陆南泉、刘爽等。周有光先生《朝闻道集》《拾贝集》也有关于苏联历史的反思札记。沈志华教授最近出版了苏联历史研究的专题性著作——《一个大国的崛起与崩溃》（上中下）；2002年陆南泉所著《苏联兴亡史论》由人民出版社出版；2009年刘爽承担的国家社科基金项目《苏联解体的史学阐释》付梓出版；社会科学文献出版社最近推出李慎明新书《居安思危——苏共亡党20年的思考》，这是他主持的国家社科基金项目和中国社会科学院重点课题“苏共亡党的历史教训”的最终研究成果。他认为，苏共亡党、苏联解体是人类历史上发生的大曲折、大逆转。苏联解体打破了

① 戈尔巴乔夫，池田大作：《20世纪的精神教训》，社会科学文献出版社，2005，第384页。

② 久加诺夫：《十二个历史教训》，《对话》1996年第1期。

国际政治格局的平衡，世界社会主义力量大为削弱，从而导致新自由主义的泛滥，引发了严重的金融危机和经济危机。如果现行社会主义国家能够吸取苏联解体的教训，并把马克思主义与本国具体实践相结合，相信社会主义就可以逐步实现伟大的复兴。

本书在吸收借鉴上述研究成果和方法的基础上，综合运用唯物史观、现代化（性）理论、国家和社会理论、思想文化分析、制度主义等多种方法，以新时期中国特色社会主义三十年为观照，以文化、制度和模式的互动和转换为研究视角，按照理论与实践、思想与逻辑、历史与价值的原则，探索和求解“中国特色社会主义”的制度基础、思想源流和文化条件，论证中国特色社会主义制度模式选择的必然性、必要性和正确性，体现了方法论的创新。研究认为：恩格斯曾指出，要使社会主义由空想变为科学，“就必须首先把它置于现实的基础之上”，这里讲的“现实的基础”，是指历史唯物主义阐明的人类社会发展的普遍规律和资本主义发展的特殊规律。马克思和恩格斯从社会存在与社会意识的辩证关系出发，深刻揭示了生产力与生产关系、经济基础与上层建筑之间的矛盾等一系列规律，为无产阶级革命奠定了坚实的理论基础。中国共产党人和社会主义理论工作者必须从实际出发运用科学社会主义基本原理，把社会主义置于现实基础上，首要的是必须真正的科学认识“现实基础”。我们正在进行的中国特色社会主义不同于马克思恩格斯预示的那个社会主义，我们必须用新的视角、观念、范式、经验来谈论中国特色社会主义。中国特色社会主义是人类制度文明的伟大创新。主要研究方法论如下。

第一，唯物史观。作为科学社会主义基本原则同当代中国实际相结合的产物，中国特色社会主义既体现社会主义的特殊，又有社会主义的一般。因此，唯物史观是认识中国特色社会主义的理论基石和根本方法论。科学社会主义的理论与实践表明，社会主义美好理想的实现，是一个长期实践的“自然历史过程”。矛盾的普遍性和特殊性是认识中国特色社会主义的理论基础。离开了唯物史观，理论上的社会主义会流于理论空谈，实践中的社会主义会产生政治乌托邦。在唯物史观的基础上，马克思恩格斯实现了社会主义学说的历史性变革，把社会主义由空想变成了科学。马克思主义创始人创立了唯物史观和剩余价值学说，揭示了资本主义生产的奥秘和资本主义社会的固有矛盾，描述了未来新社会的基本特征，作出了“两个必然”的科学论断，指出社会主义经过一个漫长的历史过程终将战胜资本主义。唯物史观创立的意义，解开了人类社会基本矛盾运动的“历史之谜”；科学性和实践性的统一是科学社会主义的基本特性。关于社会主义的发展道路和模式问题，马克思恩格斯强调，社会主义是一个世界历史进程，社会主义是普遍性与特殊性的统一、国际性与民族性的统一。各国的社会主义运动具有共同特征；同时，由于各国社会历史条件不同，又必然形成自己的发展道路和民族特色。走中国式现代化道路，建设中国特色社会主义，是对矛盾普遍性和特殊性辩证关系原理的创造性运用。社会主义体现了一般性、普遍性问题，而中国特色社会主义实践则带有更多的个别性、特殊性。马克思恩格斯关于社会主义的认识，是中国特色社会主义的理论来源和思想基础，“两个必然”理论和“两个决不会”的论断是中国特色社会主义提出的科学依据。“中国特色社会主义”，顾名思义，既是社会主义，又具有中国特色。“社会主义”说明顺应了“两个必然”理论揭示的历史发展趋势，“中国特色”又使“两个必然”在中国的实现途径更具有特殊性。可以说，中国特色社会主义体现了一般性和特殊性、现代性和民族性、统一性和多样性的有机统一。对社会主义初级阶段的定位，是正确认识和推进中国特色社会主义的重要前提和基础，中国特色社会主义与中国正处于并将长期处于社会主义初级阶段。“两个决不会”思想是中国特色社会主义的行动指南，是我们走出传统社会主义误区、深化改革、走出“制度崇拜论”的理性向导。世界历史进程为当代中国社会的发展注入了社会主义的内容，中国制度文化和历史传统又塑造出社会主义的“中国特色”。人类社会正是在由“地方史”走向“世界历史”的矛盾运动中向前发展。大部分主流学者如徐崇温、梅荣政、顾海良、周新城、叶庆丰、李景治、聂运麟、李崇富、李屏南等。

第二，现代化（性）理论。现代化是一个全球化、趋同化的过程、是一个不可逆转、进步的过程①。但现代化不是一个与社会制度无关的历史进程，社会主义现代化道路是对资本主义现代化道路的超越，它是经济落后国家走向现代化的一种道路探索和模式创新。所谓“中国现代性”，就是在对缘起于西方的现代性进行辩证批判和多元透视基础上，彰显中国自己的现代性立场、观念和模式。中国现代化先后经过衰败化、半边缘化、革命

① 参见塞缪尔·P. 亨廷顿《导致变化的变化：现代化、政治和发展》，布莱克编《比较现代化》，上海译文出版社，1996，第45页。

化、现代化四个趋向。中国的现代化不能走西方的老路，中国的具体实际也决定了中国现代化的鲜明特色。中国社会主义道路的选择又体现了“后发式”赶超式现代化国家的特点，很难通过传统的资本主义发展道路实现现代化。中国民族资产阶级具有软弱性和妥协性，在帝国主义和封建主义的双重压迫下命运多舛。这就是中国发生新民主主义革命和社会主义革命并走上中国特色社会主义发展道路的历史原因。在两种不同的现代化道路选择中，中国人民作出了社会主义的制度选择。从马克思主义中国化和中国现代化面临的根本任务和主要矛盾上说，马克思主义中国化过程就是中国共产党领导的在现时代展开的中国现代化过程，具有历史的长期性和复杂性；同时也决定了对马克思主义中国化方法研究的重要性。中国以创造性的实践开辟了一条不同于西方发达国家现代化发展模式的自主性道路，它打破了现代化只有西方道路的一元论，赋予发展模式以多样化和丰富性的内涵。中国特色社会主义道路证明：一个国家完全可以从自己的国情出发，通过非资本主义现代化的途径，实现国家和社会现代化的目标。中国特色社会主义道路是以马克思主义为指导的发展道路，马克思主义的特性决定了中国特色社会主义道路离不开人类文明发展的大道，是参与经济全球化并对人类文明有巨大贡献的道路。马克思主义中国化的过程是中国现代性生成的过程①。除了北大罗荣渠外，还有汪晖、秦晖、何传启、赵剑英、陈勤、辛向阳等；国外有费正清、列文森等。

第三，国家和社会的视角。国家和社会的转型变迁，既是现代化的条件，也是现代化的结果。在关于现代社会转型的研究中，最流行的理论范式是“国家和社会”的模式，国家和社会被视为不同和对立的人类制度领域。国家与社会关系的维持与变迁是通过制度和制度创新去实现的。在国家与社会的对抗中，国家时常压制社会成长。现代社会空间的塑造，不仅需要国家为社会塑造提供自由的空间，还要求国家能够作为一个有能力的行动主体解决现代社会发展遇到的问题，塑造社会空间发育。在国家和社会的关系中，强国家与弱社会、强国家与强社会、弱国家与弱社会、弱国家与强社会是四种不同的维度。中国改革开放前的社会是一个“总体性社会”，这种“总体性社会”的特征在于“强国家、弱社会”的国家—社会关

① 陈希、艾四林、蔡乐苏：《民族复兴之路与马克思主义的中国化》，清华大学出版社，2007。

系，即国家具有强烈的自主性，几乎控制着社会的全部资源。新时期党、国家与社会三位一体的格局逐渐松动，社会的自主性逐渐增强，社会分化程度大大提高。改革开放就是调整和理顺国家与社会的关系，破除“国家本位”，确立“社会本位”，使国家社会化。用马克思的话说，就是“社会把国家政权重新收回，把它从统治社会、压制社会的力量变成社会本身的生命了”① “决不是国家制约和决定市民社会，而是市民社会制约和决定国家。”② 中国社会转型是中国的国家生活和社会模式即发展实践不断从传统走向现代、走向更加现代和更新现代的变迁过程。论者指出，我国正在经历从生存型向发展型的社会演进，新中国60多年的发展，是通过社会转型和体制转轨的方式实现的。改革开放促使中国社会发生深刻的变化和转型，中国在不断调整政府、国家和社会的关系，社会发展的空间逐渐扩大。中国社会转型的向度就是确立了建设有中国特色的社会主义的道路和发展模式。当代中国社会转型的实质是新型社会主义的成长壮大、创新发展，当代中国正在崛起的是一种新型社会主义，即它是一种在自己的实践中不断探索社会正义、不断追求社会和谐、不断进行制度创新的社会主义。③ 当前应该以马克思主义的国家和社会关系理论为指导，以我国社会主义初级阶段这一基本国情为依据，在国家和社会的关系视阈中正确把握其基本定位，使两者良性互动关系发展，推进科学发展和良性转型，实现制度创新和价值重塑。我们希望通过制度文化的创新确立国家的限度，建立起执政党的组织整合领导能力、国家权力的相对自主性机制、国家行动的适度有效性机制和国家权威的制度化合法性机制。如一些研究政治学、社会学的学者邓正来、时和兴、林尚立、郑杭生、胡伟、汪玉凯等。

第四，思想文化分析。研究中国思想史特别是中国近现代思想史和政治哲学，是近年学界的一大热点，如李泽厚、许纪霖、童世骏、丁晓强、何显明等。科学社会主义中国化具有双重文化意蕴，既是马克思主义民族化又是中国文化现代性的过程。科学社会主义中国化的实现在于中国有适合它生长、发育的文化土壤和思想资源。中国特色社会主义是一个文化主体和客体相互接受重构、整合创新的过程，它为东西方文化转换提供了中

---

① 《马克思恩格斯选集》第3卷，人民出版社，1995，第95页。

② 《马克思恩格斯选集》第4卷，人民出版社，1995，第196页。

③ 郑杭生：《中国崛起的是一种新型社会主义》，《中共中央党校学报》2007年第2期。

介，使马克思主义这一产生于西方文化背景中的理论融入了东方文化的精神智慧，开辟了科学社会主义实践化、大众化、民族化、当代化的道路。科学社会主义中国化具有双重文化意蕴，既要实现马克思主义民族化具体化，又代表了中国文化现代性的方向。社会主义在中国迅速传播并中国化是中国近代历史对外来制度文化的必然选择，是中国思想文化合乎逻辑的发展。中国特色社会主义是人类制度文明的伟大创新。马克思主义中国化的实质，是用马克思主义分析和解决中国面临的实际问题，并在这个过程中清理、改造、吸收中国传统文化中具有现代价值的因素，从而使马克思主义具有“中国特性”“中国作风与中国气派”。从孙中山的三民主义，到毛泽东的马克思主义中国化、邓小平的中国特色社会主义、胡锦涛的和谐社会思想，我们都可以追溯其文化传统和历史源流，无不表现出思想范式的分析。他们认为，“中国崛起”不只是物质力量的崛起，而且是文明的崛起。中国的发展遵循着自身的文化矛盾运动规律，由此演绎出新的历史条件下的文化形态创新，“中国特色社会主义”理论和道路充满无穷的思想魅力。他们试图研究社会主义思想在中国传播、发展的过程和内在逻辑，从中国特色社会主义思想发展史的理路探求“中国崛起”或“中华民族伟大复兴”的思想根源和文化动因，再现马克思主义与中国实际相结合、与中国文化相融合，从而不断促进中国社会变革和发展的伟大历程，从一个侧面反映马克思主义中国化、时代化、大众化的发展脉络和强大生命力。

第五，制度主义方法论。制度主义可以追溯到柏拉图、亚里士多德的古典政治理论，并经由马基雅维里、霍布斯、洛克和卢梭而得到发展。这种方法不仅关注理念文化，而且考察基于既有的规则、程序来调节个人或群体的行为，进行持久而稳定的制度安排。制度是一种理性安排。制度变迁分为需求诱致型和供给主导型两种。他们认为，制度是一个决定国家经济绩效和社会繁荣的首要因素，是一个重要的变量。制度是“理解历史变迁的关键”，而“信念是构建理解经济变迁过程之基础的关键。”在19世纪和20世纪，这种思想演变成为政治分析的制度主义方法。新制度主义的主要形态则是历史制度主义、理性选择制度主义和社会学制度主义。论者们认为，制度影响政治、制度有历史形成，在研究中运用理性选择、博弈论、治理、模型化技术的工具探索制度变迁的“路径依赖”，强调影响制度绩效的社会文化因素，探讨制度悖论和制度异化的思想根源①，重塑制度理性，实现制度公平和正义。如以凡勃伦、康芒斯为代表的旧制度学派，以科斯、诺斯、奥尔森为代表的新制度学派，以及以哈耶克为代表的新自由主义、以卢卡斯为代表的理性预期学派、以布坎南为代表的公共选择学派等；国内则有一些研究政治制度、经济史的学人如俞可平、曹沛霖、何增科、杨光斌、韦森、赵汀阳、汪丁丁、张宇燕等。

（三）主要创新

选题主要突破如下。

第一，研究视角和方法的创新。本课题在吸收借鉴上述中苏模式比较、制度经济学、全球化、治理理论、历史学、诠释学、观念史等研究成果和方法的基础上，综合运用唯物史观、现代化（性）理论、制度经济学、国家和社会理论、思想文化分析、制度主义等多种方法，以新时期中国特色社会主义三十年为观照，以文化、制度和模式的互动及转换为研究视角，按照理论与实践、思想与逻辑、历史与价值的原则，探索和求解“中国特色社会主义”的制度基础、思想源流和文化条件，论证中国特色社会主义道路选择的必然性、必要性和正确性，从中国文化传统和世界制度文明的双重视阈探讨中国特色社会主义制度模式的文化源流、历史逻辑和思想条件，发掘并吸收中外传统制度文明的智慧活水，创新了中国特色社会主义研究的方法论。特别是从中国改革开放30年、新中国成立60年、中国共产党成立90年的历史与现实、理论与实践中来论述中国特色社会主义，把中国道路放在世界视野和人类发展的总体进程中，通过当今世界不同发展道路的横向对比和人类历史的纵向考察，论述了中国共产党开创的中国特色社会主义道路的必然性和先进性。

第二，体现了内容和观点的创新。“中国模式”“中国道路”的关键是发展问题，而发展问题的实质是制度创新与思想文化传统的创造性转化问题。从科学社会主义和国际比较的视阈看，中国特色社会主义就是“中国模式”“中国道路”“中国经验”（导论、第一章）。“中国特色社会主义”包括旗帜、道路、理念、制度、模式等不同维度和层面。从制度文化的视阈看，作为旗帜、道路和理论体系的中国特色社会主义，是传统社会主义观的模式突破，中国式现代化道路的制度设计，人类制度文明的重大创新；

① 〔美〕加里·S. 贝克尔：《人类行为的经济分析》，上海人民出版社，1995。

它标志着中国共产党执政意识的新觉醒，是后发国家建设的制度文本。科学发展观与和谐社会建设体现了我党制度文化理念的与时俱进。中国特色社会主义模式或道路选择体现了中国共产党人的制度理性和文化自觉，实现了对传统文明、马克思主义理论和西方模式的超越（第二、三、四章）。中国特色社会主义是科学社会主义在当代中国的成功实践，“中国模式”是社会主义的中国实现形式。中国特色社会主义既遵循了科学社会主义的基本原则，又具有鲜明的时代特色、民族特色和实践特色。中国特色社会主义体现了普遍性和特殊性、现代性和民族性、继承性和创新性、普世性和自主性的统一，实现了西方制度文明成果与中华文化传统的有机整合，表现了中华民族的文化精神和政治智慧。

第三，选题问题意识突出，结论具前瞻性，立论鲜明，视野开阔，历史感和思辨性强。研究认为，“中国模式”不只是物质力量、政治大国、军事强国的兴起，而且是文明中国的崛起，意味着一种新的制度文明之路在开拓。中国特色社会主义制度文化建设必须与时俱进，建设政党文明，走制度创新科学发展社会和谐之路（第五、六章）。“制度是决定因素”，制度能力建设是当代中国政治文明建设的核心，对提升国家软实力非常重要。论题就国内外对中国模式、中国道路、中国经验的一些模糊认识甚至曲解，系统阐明了以下观点：中国道路、中国制度的客观性，即中国建立中国特色社会主义制度，走中国特色社会主义道路，是由中国的具体国情决定的，是历史和人民选择的结果；中国道路、中国制度的实质，即人民当家作主和实行社会主义；中国特色社会主义道路、中国特色社会主义制度不是一劳永逸、一成不变的，而是在继续探索中不断发展、不断完善，这是中国特色社会主义道路和制度的生命力所在；建设政党文明，以人为本、改善民生、加强社会管理创新，提升文化软实力，中国特色社会主义是一个“未完成的现代性”等。这些都是具有问题意识现实前瞻性的思考。重建市场伦理、构建政制文明、建设公民社会、发展先进文化、树立和谐理念，蕴涵着与时俱进、继承创新、不断超越的制度文化精神，凝聚着中国特色社会主义制度文化建设的现代性思考。中国特色社会主义就是制度文化现代性转型之路。民族性文化和现代性制度的协调互动成为未来中国社会政治发展的历史图景。

第一章　制度文化的相关概念界定和理论阐释

第一节　文化、制度和制度文化

一　文化释义

“文化”一词，在中国古代原指“以文教化”。《周易》曰：“观乎天文，以察时变，观乎人文，以化成天下。”文化即文而化之，是人类创造的物质产品和精神产品的总和。今天所说的“文化”，大约是19世纪末从日文转译而来的，其源出于拉丁文Cultural，原有加工、修养、教育、文化、礼仪等多种含义。文化有广义与狭义之分，广义文化包括人类创造的一切，而狭义文化只是指观念形态的文化。本文分析所说的文化，主要指社会上占主导地位的价值观、信念和态度等。其根本属性是“以文化人”，中国文化的价值认同，即“以文载道”的文化价值观和“以文化人”的文明传承方式和表现方式。文化学者克虏伯和克勒克洪曾列举161种定义。人们从价值论、符号学、人类学、传播学、心理学、历史学、社会学等解读。文化的定义太多并且众说纷纭，其主要原因是因为人们界定文化的方法、维度不同，最主要的几种界定方式是：描述性、历史性、规范性、心理性、结构性、遗传性的①。《人论》作者恩斯特·卡西尔给了“文化”一个新颖的定义：只有人的“文化活动”才能赋予世界以“意义”②。文化的传承可以保持一个民族繁衍生息，绵延不绝；而文化的断裂则可以使一个民族精神萎靡，甚至走向毁灭。

---

① 罗纳德·H. 奇尔科特：《比较政治学理论——新范式的探索》，社会科学文献出版社，1998，第278页。

② 〔德〕恩斯特·卡西尔：《人论》，甘阳译，上海译文出版社，1985。

美国学者 A. 克卢伯认为：文化是一种架构，包括各种外显或内隐的行为模式，通过符号系统习得或传递。文化具有历史继承性、社会阶级性、民族性、地域性、多样性等特点。文化的核心信息来自历史传统。“文化既是人们活动的产物，同时又是人们活动的刺激物。”有一种说法，一流国家输出文化和价值，二流国家输出技术和规则，三流国家输出产品和劳力。美国当代杰出的文化人类学家玛格利特·米德（Margaret Meed）在《未来与文化》一书中，提出了著名的“三喻文化”，说现代社会文化已经由“后喻”文化发展到“前喻”“同喻”“后喻”并存的文化。著名文化史专家冯天瑜从文化形态学的角度把文化分为物态文化层、制度文化层、行为文化层、心态文化层。其中，心态文化层又可区分为社会心理和社会意识形态。[①] 著名学者钱钟书先生曾幽默地说：关于文化是什么，你不问我倒清楚，你一问我反而糊涂了。文化史家维克多·埃尔说“企图或者声称给文化概念确定范围是徒劳的。”[②] 学术界大体采用英国著名学者爱德华·B. 泰勒的经典定义：“所谓文化或文明，在其广泛的民族志的意义上来说，是知识、信仰、艺术、道德、法律、习惯及其他人作为成员而获得的所有能力和习性的复合的总体。”[③]

维克多·埃尔也说，“谈论文化也就是在以某种方式谈论政治和经济”。经济是骨骼，政治是血肉，文化是灵魂。“政治是经常变化的，经济有着利益的暂时性，文化则具有恒久性。”文化不仅是一种精神力量，也是生产力。文化不仅是软实力，而且是能带来真金白银的“硬实力”。2010 年温家宝总理在政府工作报告里说“文化是一个民族的精神和灵魂”；2011 年温总理又说“文化影响了一个国家和民族，更深刻更久远”。美国的文化人类学家本尼迪克有一个著名的论题：文化是人格在典章上的扩大。学术界对文化与文明的内涵加以区分。所谓文明，不仅仅指精神的价值体系，也泛指体系与制度及人类社会的总和。

制度文化是文化研究的重要内容。只有对文化进行制度研究或对制度进行文化研究，才能更好地认识人类的社会变迁。一个国家政治制度和体制的形成在一定条件下是由其观念文化决定的。“当政治文化同政治结构之

---

① 冯天瑜等：《中华文化史》，上海人民出版社，1990，第 30～31 页。

② 〔法〕维克多·埃尔：《文化概念》，上海人民出版社，1988，第 8 页。

③ 泰勒：《多维视野中的文化理论》，浙江人民出版社，1987，第 370 页。

间的和谐状态受到侵蚀或瓦解时，就出现了政治变革。”① 学界都认为是美国当代政治学家加布里埃尔·A. 阿尔蒙德首先把政治文化纳入政治科学领域的，而阿尔蒙德就把政治文化界定在民族范围之内。1956 年阿尔蒙德在《比较政治系统》中提出了“政治文化”的概念，认为“政治文化是一个民族在特定时期流行的一套政治态度、信仰和感情。它是一个国家的国民对其政治制度的认知、情感和评价。也是该国成员政治目标取向模式的一种特殊分布。”其后，人们在研究政治文化时，都十分关注政治文化的民族性问题。政治文化的民族性构成政治文化的重要属性。另一美国学者派伊(L. W. Pye)也说“政治文化一词涉及政治上一切有关的取向，不论是认知的、评估的或表情的”。政治学家西德尼·维巴把政治文化定义为：“由得自经验的信念、表意符号和价值观组成的体系，这个体系规定了政治行为所发生的主观环境。”政治文化是社会成员在政治活动中产生并通过后天学习和社会传递形成的反映客观政治过程的观念意识，是客观政治过程在社会成员心理反应上的积累或积淀，是一定范围的社会成员普遍遵循的政治价值取向、共同信守的政治行为模式和广泛流传的政治态度作风，具体包括政治态度、政治认同、政治共识、政治理想、政治作风和政治价值等等。政治文化就是一个民族关于政治生活的心理学。政治文化依据不同的标准包括：体系、过程和政策文化；精英政治文化和大众政治文化；原始、依附、参与的政治文化；还有意识形态型与实践型政治文化（维伯）、同质性与异质性政治文化（社会学者）、完全的与工具的政治文化（亨廷顿）的分型。“文化的真正要素有它相当的永久性，普遍性，及独立性，是人类活动有组织的体系，就是我们所谓‘社会制度’……用来称呼这种人类活动有组织的体系最合适的名词莫若‘社会制度’。”② 所以，文化首先便是社会赖以组成的一些基本规则，这些规则将一个民族的法律、制度、习俗、价值、思想体系以及与此相关的心理结构等不同的层面串联在一起，构成一个彼此协调的统一系统。而这些规则所体现的基本精神便是文化的统形力量之所在。因此，文化研究只有与制度研究相结合，才能进入知识、思想和信仰系统的制度文化视阈。

① 格林斯坦、波尔斯比：《政治学手册精选（下）》，储复耘等译，商务印书馆，1996，第 167～168 页。

② 〔英〕马林诺夫斯基：《文化论》，费孝通译，中国民间文艺出版社，1987，第 18 页。

儒家制度文化熔铸了中国传统的制度文化精髓，影响着当代中国制度文明的路向选择。可以说，儒家文化传统是中国制度文化剪不断的根、理不断的源。儒家思想制度如宗法社会、思想学说、价值理念、礼乐制度、律令体系、科举教育等影响了中国文明进程的独特选择路径。儒家“敬德保民”“为政以德”的人性善恶之辩、礼法之学、王霸之争、德政之思建构了以“仁”“礼”为核心的制度文化体系，即德治主义或伦理政治。比如，“礼不下庶人、刑不上大夫”的特权思想和等级观念；“当官要为民作主”的人治思想；“别尊卑，明贵贱”的社会礼制；“三纲五常”“三从四德”的伦理道德；“学而优则仕”的价值追求；“不患寡而患不均”的平均主义思想；“天不变，道亦不变”的因循守旧观念；“父尊子显、夫荣妻贵”的宗法观念；等等。李侃如指出，作为意识形态的儒学具有三个特征：极为保守、崇尚秩序、重视礼仪。[①] 中国传统政治文化以家长本位、自律本位、权力本位和均平本位为特点，这包括：家国一体的政治模式、大一统的政治观、君权神授的权力观、等级森严的统治观、轻法重德的致思方式等。历史学者许倬云也曾在《观世变》中概括了“中国文化史发展的模式”：天下国家和东亚文化圈，这就是古代制度文化的特征。他认为，在西周时期天命与天下的观念就因为超越任何单一族群的认同，可以发展为无所不容的普世秩序，从而开拓以德行与伦理作行为规范的文化突破，也准备了日后儒道两家天人可以会通的中国型思想。林毓生指出，中国思想制度虽然具有逆现代性特征，它是一个文化精神和社会制序“同构”、具有深刻生命机理和完整生命形态的制度文化体系，渗透着政治权力和制度伦理的广泛社会文化和意识形态，但可以而且必须进行“创造性转化”。科学社会主义和中国文化传统相融合，是中国化的一个重要的方面。科学社会主义中国化的文化视阈就是使马克思主义普遍原理同中国社会文化观念相结合，即把马克思主义基本理论与民族的文化特质、思维模式、价值取向、行为方式结合起来，使之民族化。科学社会主义传入中国之后，不仅改变了中华民族的政治命运，而且也使我们中国的文化从传统形态逐步变为现代形态，其中一个最核心的东西就是从过去那个以儒学为核心的文化转变为以马克思主义为核心的先进文化。

---

① 李侃如：《治理中国：从革命到改革》，中国社会科学出版社，2010，第7~8页。

二 制度界说

所谓制度（Institutions），是指规范人类偏好及选择行为的各种规则的总和，是人们要求共同遵守的、按照一定程序办事的规范或行为准则，它包括法律、规章以及各种政治政策等。也有人译为制序、体制、建制等。制度是用来规范、约束和调节人们的社会行为及其相互关系的规则。制度具有可靠性和稳定性，既能够凝聚共识，统一认识，更能够成为行动依据和行为准则。制度建设中的“制度”不仅包括遏制腐败行为而制定的一系列制度，还包括一切与市场经济体制相适应的正式和非正式制度，如法律制度、影响领导干部行为选择的社会规范等。现代社会的一个重要表征，就是它的科层结构和制度网络。制度是用来调节组织关系，指导组织（社会）生活，规范组织行为，维持组织（社会）秩序，实现组织整体意志的保障的。制度是人们追求秩序化的一种方式，是人类文明的重要组成部分。好的制度创制，是一种伟大的创造。在影响和制约经济、政治、社会生活的诸因素中，制度“更带有根本性”。就规范经济、政治、社会生活秩序而言，在制度、文化、心理等诸因素中，制度是纲，是牛鼻子。在现代社会经济政治生活中，科学有效的制度能够为行为主体确定合理的行动边界，在全社会形成共同的制度精神及其价值观，减少人们的机会主义行为。建立健全科学规范的制度，组织的工作才能有序有效地开展，组织和成员的行为才能正确有效地规范，各种违纪的行为才能严格有效地约束。建构一套科学、平衡、公正的制度是实现执政效益的根本。制度的建设，必须要有前瞻性、针对性，制度之间彼此要衔接，要行得通，做得到。这是痛定思痛之后的一个充满深刻经验教训的结论。

“制度”一词最早出现在《商君书·壹言》：“凡将立国，制度不可不察也……制度时，则国俗可化而民从制……”《礼记·礼运》《论语·尧曰》《左传·昭公六年》等都有关于制度的精当论述。《现代汉语词典》中关于“制度”的解释有两条：一是要求大家共同遵守的办事规程或行动准则，如工作制度等；二是指在一定历史条件下形成的政治、经济、文化等方面的体系，如社会主义制度等。学术界通常认为制度是在一定的历史条件下形成的政治、经济、文化等各方面的体系。制度是一个十分宽泛的概念，泛指一切制度、体制、机制、规则、规范，是规则的集合。从类型上，制度有硬制度、软制度，有显制度、潜制度，有大制度、小制度，有新制度、旧制度，有好制度、坏制度，有进步、落后的制度，即所谓“良法”“恶法”“善政”“恶政”。一项健全的制度包括三方面的内容：实质性制度，规定做什么；程序性制度，规定怎样做；保证或监督性制度，即对违背制度的纠正和处理方法。人们社会关系可以分为两类：一类是体现社会经济政治形态的本质的关系，另一类是社会经济政治运行中发生的关系。反映前一类社会关系的是社会基本制度，反映后一类社会关系的是社会具体体制。这两个层次的关系是，社会基本制度是根本的、稳定的和决定性的，社会具体体制作为社会基本制度的实现形式，则是派生的、变动的和从属性的。成思危认为，制度包括体制和机制两个方面。体制是指系统在某一时间点处的状态和结构，机制则是指系统演化的过程和动因。体制和机制两者又是相互依存的，体制是演化的出发点和结果，机制则是演化的路径。[①] 未来学家托夫勒在《第三次浪潮》中曾说：“经济的快速发展，新的时代浪潮的形成，关键不在于科技，不在于人，而在于制度。”所谓制度，从行为的角度看就是“在有关价值的框架中由有组织的社会交互作用组成的人类行为的固定化模式”[②]。

西方政治思想史上，关于制度问题的研究始于霍布斯；当然，最有成效的当属制度经济学派。新制度主义经济学家诺斯认为：“制度提供了人类相互影响的框架，它们建立构成了一个社会，或更确切地说一种经济秩序的合作与竞争关系。”“制度是一个社会中的一些游戏规则；或者更正式地说，制度是人类设计出来调节人类相互关系的一些约束条件。”[③] 根据诺斯的解释，意识形态作为一种根植于文化传统的制度类型，会通过价值观、态度、习惯等影响人们的行为选择。经济增长的关键在于制度因素，提供一种适当的个人刺激的有效制度是促进经济增长的决定性因素。他对“制度”的理解是，制度可能是人们创造出来的，也有可能是随着时间演进的。前者是“创立的制度”，后者是“演进的制度”。制度经济学家布坎南区分了“文化进化”与“制度创制”的不同。康芒斯又对“制度”下了一个更为完整的定义，即：所谓制度，就是“集体行动对个体行动的控制、扩张

① 成思危：《制度创新改革的核心》，《读书》2008年第10期。

② 〔美〕杰克·普拉诺：《政治学分析辞典》，中国社会科学出版社，1986，第77页。

③ 道格拉斯·C. 诺斯：《制度、制度变迁与经济绩效》，刘守英译，上海三联书店，1994，第4页。

和解放”。制度经济学经典性的博弈模型“囚徒困境”和历史学家阿克顿曾讲述的一个“分粥”的故事，说明好的制度安排和制度创新可以更有效地保证公平、效率和民主，才能避免负和博弈和公用地悲剧。人类历史始终流淌着一条制度之河，“如果完全没有社会冲突，政治制度便没有必要存在。”[①]“制度是社会的博弈规则”，“制度因素是推动历史沿着某一路径发展的相对稳定和最为核心的因素之一”[②]。新制度主义认为：“国家的存在是经济增长的关键，然而国家又是人为经济衰退的根源。”“制度提供了人类相互影响的框架，它们建立了构成一个社会，或更确切地说一种经济秩序的合作与竞争的关系。”[③] 不过，笔者认为，本文所论“制度”的含义应该不局限于制度经济学的视野，不是某种具体的规则、组织结构或者特定的行为方式，而是以制度权力为核心，渗透和制约到社会文化的各层面，并向政治权力制度辐辏的广泛社会文化和意识形态制度。制度是社会对权力的正式安排。

一个发达而进步的国度必基于一种昌明而伟大的制度；一个和谐而文明的社会必基于一种和谐而文明的制度。好的制度犹如好的道路，可以规范人的行为，创造社会和谐，促进社会文明。制度是集体行动对个体行为的控制，制度建构立基于社会的公共意志，对每一个人的行为都具有强制性的约束力量，即所谓乡有乡规、民有民约、党有党纪、国有国法。社会的文明首先是制度的文明，改革的成功是体制的成功。我们每一个人都是好制度的受益者，也是不好制度的受害者[④]。制度有激励、促进、禁止和规范等功能。制度的执行力是一个国家一个民族的软实力，它是一种对规则、制度的高度认同、忠诚与敬畏，是制度文化的核心。我们要在贯彻落实科学发展观过程中，建立健全促进科学发展的制度体系，重视体制机制创新，用科学的制度推动科学发展。人们之所以有必要探索建立科学、完善、合法的制度体系，是因为一切执政活动能否正常进行以及其效率如何、效果如何，首先取决于制度和体制的设计是否科学、合理、便捷，在于这个制

① 〔美〕塞缪尔·亨廷顿：《变革社会中的政治秩序》，王冠华等译，华夏出版社，1988，第10页。

② 薛晓源，陈宗则：《全球化与新制度主义》，社会科学文献出版社，2004，第6页。

③ 道格拉斯·C. 诺斯：《制度、制度变迁与经济绩效》，刘守英译，上海三联书店，1994，第20、225页。

④ 贺培育：《制度学：走向文明与理性的必然审视》，湖南人民出版社，2004。

度和体制运转得是否顺畅、灵活、高效。所谓“制度悖论”和制度异化是人类政治生活不高的根源。邓小平曾经指出：“领导制度、组织制度问题更带有根本性、全局性、稳定性和长期性。这种制度问题，关系到党和国家是否改变颜色，必须引起全党的高度重视。”[①]“还是要靠法制，搞法制靠得住些”。这是对我国党风廉政建设和反腐败斗争历史经验的科学总结。

分析、总结非正式制度对中国执政体制的影响，对于推进中国特色社会主义制度文化建设、加强执政党和国家政府的制度能力建设具有重要的理论意义和实践意义。我国是一个“熟人社会”，社会生活中政治伦理化、伦理政治化长期存在。在历史进程中自然积淀而成的非正式制度，往往比人为设定的正式制度对历史主体的变迁具有更为深刻的影响。为了避免与制度公开地冲突，有些人在制度之外“另起炉灶”，采取比较隐蔽的方式谋求特权，这就是人们常说的“潜规则”。就中国政治发展和中国执政体制的进路而言，中国传统政治文化、意识形态等非正式制度的影响尤为明显。近年来一些所谓官场“潜规则”、权谋文化及“亚文化”日益盛行，并积重难返，问题十分严重，任由潜规则滋生、蔓延，会产生极其严重的后果。当今潜规则的盛行，既带有转型时代的特点，也有传统中国的因素，更有民族心理的负面作用。这是由于制度失效而滋生出的负向后果。如任其盛行就会瓦解社会主义核心价值体系，影响构建社会主义和谐社会的文化道德基础和社会心理基础。如一些党员干部在发展观念上重“显绩”轻“潜绩”、重当前轻长远、见物不见人、甚至制造虚假政绩等问题十分严重。在潜规则下，正式制度就是摆设，就不能体现出制度正义，正义原则就得不到制度的有效保障。要克服对“潜规则”认同甚至“同流合污”的现象，破除制度文化生活中的“潜规则”[②]，需从体制、机制上还权于民，减少各种非正式规则对新制度和新文化的排斥，使负向的隐性规则得到制度性的舒缓。

贯彻落实科学发展观，构建社会主义和谐社会，必须坚定不移进行制度建设与创新，努力建构保障科学发展社会和谐的体制、机制。而要维护制度的权威，提高制度执行力，首当其冲的就是要破除各种“非正式制度”和“潜规则”。我们提倡领导干部要勇于向潜规则说不，就是要让制度大行

① 《邓小平文选》第2卷，人民出版社，1994，第333页。

② 吴思：《潜规则：中国历史中的真实游戏》，云南人民出版社，2002，第2页。

其道，让领导干部自觉接受制度的约束和监督。否则，就会破坏制度的严肃性，妨害制度的公正性，降低制度的权威性，削弱制度的执行力。不论明太祖朱元璋总结的“新官堕落定律”，还是民主人士黄炎培提出的“历史周期律”，都揭示出制度执行的“周期律”问题。我国几千年的封建专制传统形成的“官文化”，加上落后的小生产习惯势力，包括皇权至上、家长制、个人崇拜以及无政府主义等，是中国现代制度文化建设的巨大障碍。

三 制度文化

制度文化是人类在政治生活和制度安排过程中所结成的各种思想观念的总和，包含着制定制度的原则、价值和理念等。作为制度体系的重要组成部分，在制度安排、制度选择和制度变迁中呈现的“基本倾向”通常被称为“制度文化”或“制度精神”。制度文化即人之内心的有关制度的观念系统，制度文化是制度的“内核”“灵魂”①。它涉及经济、政治、社会、文化生活的各种制度规制和安排，政治制度、法律制度、经济制度以及人与人之间的各种关系准则等，以及建立在制度文化基础上的现代性价值观念，如经济市场化、政治民主化、文化多元化、社会世俗化和人的理性化，都是制度文化的反映。政治文化学者白鲁恂认识到政治文化的“双重性”特征，认为它提供了两个水平上的“有序主观政治领域”：一方面，制度文化塑造制度的外在环境；另一方面，文化濡化为制度精神。文化是制度的内化，制度是文化的凝固。文化孕育制度，制度选择文化。文化是生活方式形式的镜像和内化，而制度则是文化在现实社会的固化和外化。对于未来中国的制度走向，制度文明治理的目标秩序应当十分清楚，这就是：民主、法治、公平、责任、透明、廉洁、高效、和谐、人权等。市场经济制度文化的内涵是：秩序和供给、效率和公正、信用和资本；思想文化的最高境界是文明、和谐、幸福、尊严。建设社会主义制度文明，就是要建立一个以现代核心价值理念为灵魂，以市场经济、民主政制和公民社会为基本支撑的现代文明秩序。

政治有其自身的逻辑，而制度文化常常成为一种政治经济社会变革的“路径依赖”。制度文化是政治文明建设的基本价值维度，是制度的理念、灵魂和生命。政治文明的最终标准是现代政治制度的文明，制度文化决定民

① 车洪波等：《中国当代制度文化建设》，中国商业出版社，2004，第6页。

主政治制度的最终确立和“良序”运作。制度文化的核心是指执政权力的获得和运作必须遵循符合一般社会价值观念的制度、机制和法律等规则，这是政权的程序合法性和运作合法性。人性若水，而制度就像河堤。当前要着重加强社会主义民主政治制度建设，实现社会主义民主政治的制度化、规范化、程序化，避免制度成为“一纸空文”“形同虚设”“执行难”。制度尤其是社会政治制度的功能发挥，主要是通过国家的公共权力机构来实现。治理就是社会公共领域、特别是国家政治生活秩序的管治。公共的政府管理，公共的政治原则，也跟市场规则有着相似的秩序原理。现代制度文明和民主政治对公共权力及其运作的基本要求不仅是高效、合法，而且还有正当合理。而如何合法有效地控制公共权力及其运作，就是政治伦理和制度文化。实际上，制度文明的一个基本理念就是如何尽可能合法、有效地约束公共权力，使之能够合法、正当地运用。制度资源是执政合法性的主要基础。制度离不开文化，它是人内心关于制度的观念的外化。没有文化的制度和没有制度的文化都是不可能的。特定的制度总是以特定的文化作基础，特定的文化必然要求特定的制度作保障。制度是硬性的文化，文化是软性的制度。

制度从来都是具体的、相对的，而不是抽象的、绝对的，总是与一定阶级的思想传统、一定国家的历史文化相联系。在人类发展史上并不存在超越历史传统和现实条件的抽象的制度文化，而只有植根于民族国家传统和现实国情的制度文化。制度的目的绝不是扬恶抑善，而在于建构。政治理论中对人性的预设是建立其基本理念和制度框架的基础。从文明类型来看，中西文明的差异主要表现在伦理型与法理型、内向型与外向型、整体性思维型与分析性思维型、家族本位型与个人本位型四方面。中西制度文化具有不同的制度文化路向：东方是耻感文化、西方是罪感文化；东方是伦理政治观、权力本位的政治价值取向、崇公抑私的财产观、经学的政治思维方式；西方是法治政治观、多元主义、崇尚私财和唯理的思维方式。[①]西方国家制度的文化源流是“性恶论”。西方受基督教文明的影响，认为人在产生之前就有“原罪”，人可能为恶，防止恶的办法除信仰外，就要靠制度层面的设计。从孟德斯鸠、洛克、霍布斯、休谟到韦伯、汉密尔顿，莫不贯穿这一思路。有人具体比较分析：中国传统文化是“化干戈为玉帛”，

---

① 李艳丽：《政治亚文化》，武汉大学出版社，2008，第140、177页。

苏联提出了“化剑为犁”，而美国人却提出了“化剑为知识”;[①] 香港制度文化的特色是“行政吸纳政治”（金耀基语）。1991 年新加坡国会通过了政府提出的“共同价值观”，其主要内容是：“国家至上，社会为先；家庭为根，社会为本；社会关怀，尊重个人；协商共识，避免冲突；种族和谐，宗教宽容。”有人概括为“鱼尾狮的政治学”[②] 或“亚洲价值观”[③] 或“儒家资本主义”（与基督教文化的资本主义相对应），认为这是新加坡一党长期执政保持活力、廉洁、和谐的源泉，是以文化人凝聚共识，造就和谐社会的思想根基。长期执掌新加坡政权的人民行动党的党徽图案是白色、闪电和蓝圆。白色象征着纯洁，强调的是廉洁；闪电象征着行动，要求的是活力；蓝圆象征着团结，注重的是和谐。[④] 中西制度文化各自的特质亦当植根于思维方式的差异。对此，中西方的一些学者早已有所认识：以仁为本，是中国文化与以神为本的犹太教、基督教之间最根本的区别。[⑤] 李约瑟曾说中国人的思想是直观的、有机的；相对的西方文化的思维是分析、结构、集结的。有些西方学者认为中国人的思维是一种“关联性思维”。许多中国学者也持有类似看法，认为中国人传统的思维方式是一种“调和持中的态度”“直觉法”“实用理性”“象思维”等。

人类社会发展是一个从器物到制度再到文化的过程。中国人对西方文化的认识和接受，经历了器物文化——制度文化——文化心理的不断求索，这也成为中国社会向前发展的重要阶梯。正如梁启超所概述的那样，“第一期，先从器物上感觉不足……第二期，是从制度上感觉不足……第三期，便是从文化根本上感觉不足”[⑥]。一百多年来，诸如纲常名教、专制独裁、男尊女卑、夷夏之辨、重农抑商、“天不变、道也不变”等一些旧的价值观念受到冲击或否定，并逐渐为民主、自由、平等、博爱、重商、进步等一些新的价值观念所取代，民主和科学开始成为近代制度文化核心的价值观念。图强、维新、革命、科学、民主（反封建专制）、发展、和谐等，相继构成中国现代性追求过程的系列主题词。改革开放 30 多年，从“真理标

---

① 曹沛霖：《制度纵横谈》，人民出版社，2005。

② 吕元礼等著：《鱼尾狮的政治学》，江西人民出版社，2007。

③ 吕元礼：《亚洲价值观：新加坡政治的诠释》，江西人民出版社，2002，第 48 页。

④ 吕元礼：《新加坡为什么能（下卷）》，江西人民出版社，2007，第 6 页。

⑤ 许倬云：《观世变》，广西师范大学出版社，2008，第 140 页。

⑥ 《梁启超选集》，上海人民出版社，1994，第 833 ~ 834 页。

准”到“市场经济”，从“民主法制”到“人权宪法”，从“民族国家”到“儒家传统”，从“经史子集”到“古今中西”，一些公共话语塑造了我们整个时代的心智模式。① 学者何怀宏在他主编的《大家西学·观念读本》总序中言：“五四”时期，最著名的“观念先生”当推“德先生”（民主，Democracy）、“赛先生”（科学，Science）两位。很快这些观念又被“革命”“阶级”等遮蔽。后来人们有反省还应该有“莫先生”（道德，Moral）、“洛先生”（法律，Law）等，类似的重要观念还有多少自可商议，而一个毋庸置疑的事实是，西方观念大举登陆中国已逾百年，深刻地激荡了20世纪的中国。

中国的制度文化现代化不能走西方的老路，中国的具体国情也决定了中国制度文化现代化的鲜明特色。全球化背景下的制度文化现代化过程，也是一个“中国式民主”的建构过程。马克思主义认为，不存在超越具体历史发展阶段、永恒不变的所谓“一般民主”“纯粹民主”“绝对民主”，也不存在适用于一切国家、适合于各个民族的唯一的政治制度和民主模式。民主化实际上是国家的制度建设过程。一个国家实行什么样的民主政治，选择什么样的民主发展道路，是由这个国家的历史国情和文化传统决定的。没有民主就没有社会主义，发展社会主义民主政治是我们党始终不渝的奋斗目标。可以说，如果我们不能坚定不移地发展民主，和谐社会难以构建，社会主义的旗帜也难以高扬。长久以来，民主的概念一直是人们关心和争论的问题，关于民主有数不清的定义。民主的本质是人民当家作主，行使管理国家、社会的权力。民主是按照多数人的意见和意愿做出决定的做法和机制，也是一种思想理念，是一种生活方式。民主不仅表现在规则、制度层面，也表现在人们的思想、观念层面。民主是一种认识，作为一种价值理念，它是社会主义的一面旗帜，推进民主是不可阻挡的世界历史潮流，是人类政治发展的根本价值；作为一种制度设计，民主就是一系列最大限度地保障公民自由、平等、公正和人权的制度安排。民主作为人们的理想追求和国家的制度形态，其特定价值必须通过一系列具体的制度、体制和程序等来体现。我国的民主政治建设通过党内民主带动人民民主，推动二者的互动，取得了一定的成就。在我国推进社会主义民主政治的伟大实践中，把党的领导、人民当家作主和依法治国三者有机统一起来，这是我国

① 凌斌：《走向开放的中国心智》，《读书》2009年第1期，第3页。

民主政治发展的特色之路，也是建设中国式民主的根本规律。中国式民主实现了直接选举与间接选举相结合、程序民主与实体民主相结合、代议民主与协商民主相结合、党内民主与人民民主相结合的有机结合。中共十七大报告提出“人民民主是社会主义的生命”和“四个民主”即民主选举、民主决策、民主管理、民主监督；提出要保障人民的知情权、表达权、参与权、监督权。人民实行自我管理、自我服务、自我教育、自我监督，对干部实行民主监督，是人民当家作主最有效、最广泛的途径。

第二节　制度变迁、文化传统、模式选择

模式是客观存在，是社会物质生产和精神生活的综合展现，制度的设计和实施与模式的形成和发展如同土壤与植物的依存关系：制度造就的环境滋生了发展模式，模式的成长又丰富和完善了制度，它们相辅相成、相得益彰。在社会主义现代化中，如何把文化现代性与民族文化资源创新联系起来，关系到社会发展的制度选择和体制创新。何为现代性？吉登斯说，现代性首先是一个制度安排。吉登斯指出：“我是在很宽泛的意义上使用‘现代性’这个术语的，它首先意指在后封建的欧洲所建立而在20世纪日益成为具有世界历史影响的行为制度与模式。”① 现代性就是包括现代社会的政治、经济制度及与此相适应的思想观念等。哈贝马斯指出：现代性不是一个我们可以通过讨论和选择就加以取舍的东西，而是一个历史的、文化的生成问题。正如福柯所论：现代性是一种态度，是与当代现实相联系的模式，是特定的人群所做的自愿的选择，一种归属关系并表现为一种任务。马克斯·韦伯将之解释为一个理性化过程，是从中世纪世界中祛魅，由人自己主宰自我的命运、人的理性代替超越性的意志，成为最终的行动合理性的过程。文化学者格尔兹认为，一个社会在产生社会、政治、文化危机时最需要意识形态。中国的社会转型是在外来现代性的冲击下实现的，这是一个外来现代性与本国文化生态相结合，在外来现代性本土化和本土传统现代化中实现传统向现代转换的过程。的确，作为占统治地位的意识形态，马克思主义在中国传播、被改造和接受，并与中国文化传统相融合，组成中

① 〔英〕安东尼·吉登斯：《现代性与自我认同》，赵旭东等译，北京三联书店，1998，第16页。

国的现代性。如何回顾它、认识它、梳理它，关系到中国的现实图景和未来走向。正如汉娜·阿伦特指出的，与当年传播马克思主义的困难相比，我们今天面临的如何看待马克思主义的困难，更是件颇具学术性的工作。[①]

一定社会的制度文明总是体现着该社会历史阶段物质生活的发展状况和进步程度，同时也体现着不同民族国家的不同生存发展环境、历史渊源和文化传统，具有鲜明的民族特点。制度演进的一个重要方面是达成保证制度系统有效运行的价值取向与思想文化。制度变迁必须包含深厚的文化积淀与价值伦理支撑。瑞士哲人布克哈特说："一个民族的特性是在历史过程中逐渐积累而形成的，是无数经验的结晶，是一个国家及其民族命运的反映。"[②] 爱德华·希尔斯也在《论传统》中论述了传统的价值内涵："传统意味着许多事物。就其最明显、最基本的意义来看，它的含义只是代代相传的东西，即任何从过去延传至今或相传至今的东西。""……传统是不可或缺的。"[③] 越来越多的人认识到文化上的价值观和态度在促进或阻碍进步方面所起的作用。意大利学者爱德华·班菲尔德阐发了意大利南部贫穷和专制的文化根源。18 世纪英国思想家埃德蒙·伯克的观点对我们有启示，他始终认为一个国家的体制应该主要从自己的传统中衍生而来，而不应该像法国大革命那样通过追求一种理想的模式而来，他在《法国革命感想录》中提到的英国人"永不仿效他们所未曾尝试过的东西"，并认为英国的体制改革必须是"有保留的改革"。

"路径依赖"理论创立者诺斯认为，历史和文化传统对制度变迁具有巨大的影响力。也就是说，民族文化传统具有延续性，任何一个民族都无法在某一个特定的时刻与过去彻底决裂。许嘉璐指出："一个民族如果失去了先进的科技可以导致亡国，而一个民族如果失去自己的文化可以亡种，亡种比亡国更悲惨。"杨叔子说："没有先进的科学技术，我们会一打就垮；没有人文精神和民族传统，我们就会不打自垮。"新制度主义学派的提出具有深刻的历史背景。[④] 20 世纪下半叶，在亚洲、非洲、拉丁美洲的经济现代化和政治民主化浪潮中，有一些国家和地区取得了成功（如日本、韩国、

① 〔美〕汉娜·阿伦特：《马克思与西方政治思想传统》，江苏人民出版社，2007，第 3 页。

② 〔瑞士〕布克哈特：《希腊人和希腊文明》，上海人民出版社，2008。

③ 〔英〕爱德华·希尔斯：《论传统》，傅铿、吕乐译，上海人民出版社，1991，第 15 页。

④ 道格拉斯·C. 诺斯：《制度、制度变迁与经济绩效》，上海人民出版社，2008。

中国台湾、新加坡等)，但大多数国家并没有取得预期结果，许多非洲国家和拉丁美洲国家仍然陷于贫穷和专制之中，即所谓“拉美陷阱”。世界制度文化变迁和政治民主化的发展表明，民主有其发展的逻辑，民主不能脱离经济社会发展而孤立地进行。发动“颜色革命”、强力输出民主并不能使民主起死回生。每个国家的民主进程有其特殊的顺序和环境，简单的照搬及强力移植只能适得其反。在20世纪80年代以来的社会主义改革浪潮中，苏联和东欧国家放弃了社会主义道路，转向自由市场制度；中国、越南、朝鲜则坚持在社会主义的基本框架内进行市场化改革。人们不禁要问：为什么不同国家会选择不同的制度形式？为什么有的国家以和平的渐进方式走向制度文明之路，而有的国家在发展过程中却是急剧的贫困和动乱？越来越多的学者和政治领导人认识到文化与制度对于社会政治发展的决定意义。这种发展程度和改革路径上的差异根源于国家和地区之间在文化上的差距；而只有将制度改革同文化变革协调进行，一个国家才能在政治、经济、社会发展上步入良性循环的轨道。李光耀指出，“在告别过去的时候，我们有一种深刻的不安，失去传统会使我们一无所有”①。他曾将民主政体的发展演化比作穿“鞋子”，认为民主的概念一定随着一个民族的文化、历史和精神而改变。他说：“政体的制定必须根据一个国家的风俗习惯，并符合人们的特性。就像鞋子一样，穿得越久就越合适。”②，也就是说基于经验、经历所带来的熟悉、安全才是具有合理性的。制度是约束人们行为的一系列规则，而选择同样制度框架的国家却出现了发展路径的差异，因为文化塑造制度，思想改变世界，价值决定行为。“文化赋予我们的生活以意义，给予我们自身同一性，并从芸芸众生中理出秩序。”③ 传统不是静态的文化化石，而是动态的观念之流。

新制度主义学派的代表人物诺斯指出：“我们生活在一个经济变迁的动态世界中，但我们的理论却是静态的”。“制度在社会中起着更为根本的作用，他们是决定长期绩效的基本因素。”④ 新制度经济学把制度变迁分为两

① 法里德·扎卡里亚：《文化决定命运——李光耀访谈录》，上海三联书店，1997，第210页。

② 《李光耀40年政论选》，现代出版社，1996，第195页。

③ 罗伯特·F. 墨菲：《文化与社会人类学引论》，王卓君译，生活·读书·新知三联书店，1988，第35页。

④ 道格拉斯·C. 诺斯著《制度、制度变迁与经济绩效》，刘守英译，上海三联书店，1994，第143页。

种基本类型:“强制性制度变迁”和“诱致性制度变迁”。它可以经由强制性制度变迁(他组织作用)而产生,也可以通过诱导性制度变迁(自组织作用)而演化。运用在改革的分析上,就是“激进式改革”和“渐进式改革”。美国学者格雷夫论证了“理性的文化信念”对一个社会的制度框架的形成与演进所产生的决定性作用。这种理性的文化信念一旦形成,为该社会每个人所知,则在社会成员之间的博弈中具有自我实施的特点,因而决定了每个人的最优战略选择,并进一步决定该社会的组织方式和制度选择。政治学者曹沛霖比较西方现代化国家政治体制改革先后出现的三种不同的路径选择,即英国、美国、法国所代表的路径……他说,路径选择主要取决于当时的历史条件、文化传统和阶级对比。选择路径就会形成路径依赖,因此选择很重要。[①] 观察一下不同国家的政治历史以及社会转型和民主政治发展的历史就会发现,一个民族的传统、习俗和人民的心理对于一个国家最终能够建立和实行什么样的制度文明,有着不容忽视的影响。历史告诉我们,体制与文化传统密切相关,特定制度文明是特定的文化土壤的产物。寻找符合本国国情的发展道路,以及建立适合自身文化传统的政治体制的尝试,此乃当务之急。一个国家的制度文明与其历史传统、民族性格、地理环境、生活习惯等有很大的关系,从而形成不同的政治文化,塑造多彩的制度模式。制度文明体现了现代性和民族性、普遍性和特殊性、普适性和自主性、继承性和创新性的统一。一个民族的传统、习俗和人民的心理对于一个国家最终能够建立和实行什么样的制度文明,有着不容忽视的影响。英国制度文明是创造性、保守性、妥协性、贵族性的代表;美国的制度文明更具有创新、民主、自由的特色;德国的制度文明表现为严正、集权、重法的精神;法国的制度文明特色是不彻底的集权、官僚化和制度化。中国的制度文化现代化不能走西方的老路,中国的具体实际也决定了中国制度文化现代化的鲜明特色。

任何一种制度文明,只有当它符合这个国家的民情和国情,才可能正常运作,才能持续,才会有生命力,才会为最大多数的老百姓所接受。一个国家的政治发展程度,与其历史文化传统和经济社会发展水平密切相关。正如《共产党宣言》1872年德文版序言中指出的那样,马克思主义原理的实际运用,“随时随地都要以当时的历史条件为转移”。马克思曾说:“人们

---

① 曹沛霖:《制度纵横谈》,人民出版社,2005,第193页。

自己创造自己的历史，但是他们并不是随心所欲地创造历史，而是在直接的、既定的、从过去继承下来的条件下创造。”列宁曾预言：“在东方那些人口无比众多、社会情况无比复杂的国家里，今后的革命无疑会比俄国的革命带有更多的特殊性。”苏联共产党执政失败的惨痛教训告诉我们，在落后国家建设社会主义，执政党一定要认清国情，特别是要辨清文化传统给社会主义事业造成的影响。邓小平说，社会主义没有一成不变的模式，我们打破了对苏联模式的迷信。他认识到：“社会主义制度并不等于建设社会主义的具体做法”，“各国必须根据自己的条件建设社会主义。固定的模式是没有的，也不可能有。”马克思在批判资本主义旧社会的基础上发现了未来新社会，创立了科学社会主义，揭示了人类社会的发展趋势，同时也为开辟社会主义现代化道路提供了理论基础。马克思认为，现代化不等于社会主义，但社会主义思想和运动源于现代化的进程，社会主义社会应该建立在现代化的基础之上。马克思所设想的社会主义是对资本主义现代化的超越，要对以工业化为依托的资本主义现代性及其异化进行批判。但由于少数落后国家自身现代性成长不足，利用西方文明的最新成果改造传统社会，实现自身的“合法性”基础和实践道路就成为必然选择。

第三节　制度文明、中国道路、中国模式

探索社会主义模式是社会主义建设中最困难和最复杂的问题之一。历史唯物论告诉我们，一种社会制度代替另一种社会制度，归根结底是生产力和生产关系之间矛盾运动的结果。唯物史观强调社会主义是普遍性与特殊性的统一、国际性与民族性的统一。关于社会主义的发展道路和模式问题，大多数学者们强调，社会主义是一个世界历史进程，社会主义是普遍性与特殊性的统一、国际性与民族性的统一。各国的社会主义运动具有共同特征；同时，由于各国社会历史条件不同，又必然形成自己的发展道路和民族特色。由于文化传统、历史背景的不同，社会主义模式也是多种多样的，如苏联模式、南斯拉夫的自治社会主义、中国特色社会主义等。从一元社会主义模式到多元社会主义模式，从教条主义到创造性地发展马克思主义，目前社会主义国家执政党致力于建设“本国特色的社会主义”，如越南提出的“越南特色的社会主义”、朝鲜提出的“朝鲜式社会主义”、古巴提出的“古巴特色社会主义”。马克思列宁主义的经典作家确认正确的革

命方向对建设社会主义是最基本的，但这依然不够，还必须把正确的方向具体化为“模式”（包括机制、形式、步骤等），以及在实际条件和要求发生变化时，善于调整和变革模式。社会主义制度模式选择是社会主义国家的执政党根据对社会主义的理解和本国的国情所实行的一定的经济、政治、文化体制，是社会主义本质和特征在不同国家的具体表现形式，它反映不同国家在建设社会主义方面的不同做法。一个国家实行什么样的政治制度、走什么样的政治发展道路，归根结底取决于这个国家最广大人民的意志，取决于这个国家的具体国情和历史文化条件。

中国的制度文化改革具有强制性变迁与诱致性变迁、渐进性变迁和激进性变迁、增量改革和存量改革、继承传统和变革创新相融合的特征。按照历史学者许倬云的分类：变化有渐变、衰变、演变、剧变、蜕变等。所谓“中国特色社会主义”，就是对中国特色社会主义发展模式的一个概括。“中国道路”或“中国模式”本质上就是中国特色社会主义发展模式，它生动地证明了民族国家发展的多样性，反映了人类社会发展一般规律与发展道路的多样性相统一的历史唯物主义的基本原理。马克思恩格斯晚年通过对东方民族国家历史与现实的研究提出经济文化落后国家可以“不通过资本主义制度的卡夫丁峡谷”直接过渡到社会主义的设想，丰富了马克思主义关于人类社会发展是一般规律与具体发展道路多样性相统一的历史唯物主义观点，深化了对人类社会发展规律的认识。

中国特色社会主义是共性和个性的统一，社会主义是共性，中国特色是个性，两者结合在一起。中国特色社会主义一方面坚持了科学社会主义的基本原则，另一方面，我们又赋予它鲜明的时代特色、民族特色和实践特色。“科学社会主义基本原则” + “时代特色” + “民族特色” + “实践特色”，构成中国特色社会主义的基本特征。所谓中国特色，就是在中国这样一个大熔炉里发生的一系列理论创新、实践创新和制度创新，关键在于切合中国的实际。社会主义必须是切合中国实际的有中国特色的社会主义，“中国模式”要具有鲜明的中国作风、中国气魄和中国风格。科学社会主义当代化就是使科学社会主义始终与国情相结合、与时代同进步、与人民共命运。“中国特色”是把马克思主义的普遍真理同中国实际相结合，适合中国自身的一系列特点的总和。它集中体现在中国共产党的领导、社会主义初级阶段的基本国情、强国富民的奋斗目标、以马克思主义中国化最新成果为指导、民族化的表达风格上。

中国特色社会主义就是科学社会主义在中国的运用。中国特色社会主义制度的确立，表明我们在更高的层面把握了建设中国特色社会主义的基本规律，并将这些规律性的内容制度化、体系化、具体化。中国特色社会主义是符合中国国情的社会主义。符合国情是中国特色社会主义最大的特色，离开国情特色无从谈起。在这个意义上，“特色”不是一种借口，而是一种本能、一种策略、一种必然，必须坚持这种“特色”。毛泽东最先开始探索马克思主义中国化的道路。1956 年，毛泽东就提出，建设社会主义国家，马克思列宁主义一定要与中国实际相结合。自邓小平提出“中国特色”命题以来，中国特色的内涵和外延不断得到丰富。早在 20 世纪 80 年代，邓小平同志就多次提到“中国的模式”，实际上就体现了对中国发展道路、发展方式的思考。改革开放以后，邓小平提出，搞社会主义现代化建设，要走出一条中国式的现代化道路，建设有中国特色的社会主义。走中国式现代化道路，建设中国特色社会主义，是对矛盾普遍性和特殊性辩证关系原理的创造性运用。这里，普遍性体现为马克思主义所揭示的建设社会主义的一般规律和社会主义的共同特征，特殊性体现为中国的特殊国情以及由这种特殊国情所决定的中国社会主义建设的特殊规律。我们在改革开放中坚持以经济建设为中心，坚持四项基本原则，坚持通过解放和发展生产力完善社会主义制度，坚持通过发展促进社会公平正义，所有这些，都体现了社会主义基本原则，都是在脚踏实地地建设和巩固社会主义。同时，由于中国仍处于并将长期处于社会主义初级阶段，这样的基本国情又决定了我们要建设的社会主义，必然会具有更多的中国特色。邓小平提出的改革开放、联产承包、乡镇企业、经济特区、初级阶段、分三步走的现代化发展战略、区域发展战略的两个大局、让一部分人和一部分地区先富起来、社会主义市场经济、公有制为主体、多种所有制经济共同发展、按劳分配为主体、多种分配方式并存以及全面小康、“一国两制”，等等，都是我们在中国特色社会主义道路上所创造的各方面的中国特色。新时期社会主义和平发展、科学发展、和谐发展既回答了中国特色社会主义道路发展的根本特点，又指明了中国作为发展中大国的全新的发展模式。

马克思曾强调，他们理论的应用一切以时间地点情况为转移，必须考虑各国的制度、风俗、文化传统①。历史表明，任何一个国家的制度文明都

① 《马克思恩格斯全集》第 18 卷，人民出版社，1974，第 179 页。

不是凭空产生的，更不是由某些人的主观意志决定的。制度模式是社会历史发展的产物，不仅与一个国家的经济制度和经济发展水平、地缘政治、国际环境紧密相连，而且与一个国家的制度文化传统、公民意识和素质习惯等密切相关。世界是丰富多彩的，文明多样性是人类社会的基本特征，也是人类文明进步的重要动力。人类文明的演进是以制度文明进步为载体的，但人类的制度文明并非只有几种固定的模式。一些研究西方民主问题的学者也认为，由于历史文化传统和经济社会发展程度的差异，民主有一个素质问题，在一些国家和地区“水土不服”、运转不灵，充斥弊政、贪腐和乱象的民主被他们称为“劣质的民主”，这样的民主不仅不是国家和人民之福，反而会祸国殃民，而这正是西方向世界输出民主连连受挫的原因所在。谭君久曾总结2010年上半年智利、泰国、吉尔吉斯斯坦、波兰四国国内相继发生重大事件的历史经验教训，即“智利8.8级大地震”“泰国红衫军暴乱”“吉尔吉斯斯坦大规模骚乱”“波兰重要领导人专机坠毁”。“智利和波兰的大难而不乱体现了第一重要的并不是由谁担任领导人，而是要有完善的法律制度。泰国和吉尔吉斯斯坦国内发生的骚乱说明了文化支撑对于制度正常运转的重要性。”

世界现代化包括先发内源性和后发外生型两种发展模式。美国学者列维把现代化模式分为两类：“后发外生型现代化”与“早发内生型现代化”。国内学者孙立平对中国后发外生型现代化模式有过界定和剖析[①]，认为它具有“后发”“超越”“政府主导”的理论形态特征。现代化学者何传启认为，世界现代化进程大致分为两个阶段，即以工业化、城市化、民主化为特征的第一次现代化和以信息化、生态化、知识化和全球化为特征的第二次现代化。《冷眼向洋》丛书从19世纪留给人类社会的问题谈起，讲述百年间美国、欧洲、俄罗斯走过的不同道路。这三块地区的经验，都各自以不同的方式、在不同时期对全世界产生重大影响。有人这样比较：英国和美国现代化是由民主化和工业化推动的；法国现代化是先有民主化后有工业化；德国现代化是先有工业化后有民主化；东亚国家的现代化模式与德国相近；瑞典等国家对经济采取干预政策，逐步建立社会福利体系，全民就业、全民养老金、全民医疗保险、全民免费教育逐渐落实，成为典型的

① 孙立平：《传统与变迁——国外现代化及中国现代化问题研究》，《中国社会科学》1991年第2期。

高福利的“北欧模式”。

对于一个国家来说，找到一个适合自身发展的建设模式是极其重要的。中国的现代化道路模式的探索可谓九死一生、慷慨悲歌，中国制度模式之争一直贯穿在社会发展进程中。选择中国特色社会主义发展模式，关系到社会主义在中国的存在和发展，关系到中华民族的伟大复兴和中国现代化的实现。60多年来，中国共产党领导人民进行艰苦卓绝的探索是围绕应当走什么样的发展道路这个主题展开的。从毛泽东“大同理想”到邓小平的“小康社会”，从单一发展到科学发展，从苏联模式到中国特色，中国社会主义发展模式是实现了历史转变，中国的发展道路就是中国特色社会主义道路。可以说，经过30多年的改革开放，一种既向世界和国际开放，又自主发展、具有中国特色的中国发展模式和发展道路已经形成，并正在展示出特有的发展活力、发展潜力和巨大的吸引力。

20世纪是人类现代化寻求新的发展道路和模式的世纪。苏联社会主义模式和中国特色社会主义模式，分别代表了为摆脱现代化的困境而探索一条制度文化现代化新路的努力。苏联社会主义制度的建立，第一次使社会主义由理想变为现实，但对于什么是社会主义、怎样建设社会主义的问题并没有搞清楚，尽管新经济政策有不少合理之处，但后来陷于僵化，苏联模式也以失败告终。过去苏联模式和斯大林体制的公式是：社会主义 = 生产资料单一公有制 + 计划经济 + 无产阶级专政。所谓苏联模式即计划经济体制下的社会主义。历史也的确在如此发展。苏联曾经对社会主义运动做出了重大贡献，但苏共的唯我独尊和对真理的垄断，窒息了社会主义运动的生机和活力。“斯大林模式”的最大教训在于把对于社会主义的信仰变成一种“制度拜物教”，体制吞噬了文化，权力出现了异化。而社会主义运动遭受重大挫折，也在于探索精神的衰减和僵化模式的形成。中国特色社会主义对当代社会主义运动的引领，与苏联曾经对社会主义运动的引领极为不同的一点，就是对垄断模式的抛弃和对特色道路、实事求是的追求。中国特色社会主义制度模式，既蕴涵了马克思主义的科学社会主义一般原则，又体现了中国国情，富有中国特色，因而是普遍性与特殊性、共性与个性的统一。比如，马克思列宁的科学社会主义要实现国有制，中国特色则坚持公有制为主体、多种所有制经济共同发展；马克思列宁的科学社会主义讲按劳分配，中国特色则以按劳分配为主体，多种分配方式并存，这就是共性和个性的统一。如果说传统的社会主义运动是唯苏联马首是瞻的话，那么今天，在中国特色社会主义影响下的当代社会主义运动，高举的就是民族特色社会主义的旗帜和马克思主义本土化的旗帜。“中国模式”是对苏联模式的突破和对资本主义模式的超越。中国特色社会主义是根据本国国情和时代特征，既改造曾经效法的苏联模式，又借鉴人类文明在资本主义发展阶段的成果，而取得的带有独创性的发展模式。

在20世纪最后1/4的时段内，世界上发生了两个重大历史事件：一个是中国的改革开放，一个是苏联东欧的剧变。中国特色社会主义的成功和苏东剧变可以说是两种不同的发展模式导致的两种截然不同的命运，分别为世界社会主义运动提供了丰富的经验和沉痛的教训。社会主义的理论是关于整个人类社会发展的理论，如果不在波澜壮阔的社会实践中去检验和提升，它就不能保持自己的科学性。从根本上说，社会主义遵循人类社会发展的客观规律推动历史的前进。社会主义国家诞生后所取得的巨大成就，就在于对这些规律的认识和运用。社会主义要想不断地推动历史前进，引导人类社会的发展，就必须不断地扩大和深化对社会发展规律的认识。苏东的剧变在某种意义上是对僵化的、未能不断改革发展的社会主义模式的否定；而中国的改革开放则是对社会主义模式的新认识、新探索、新发展。这两个事件分别有着正反两个方面的意义。中国改革开放的30多年，在历史长河中仅是短短一刹那，却已在中华民族发展史上铸造辉煌，深刻地谱写了中华民族自强不息、顽强奋进的壮丽史诗，开拓了中国的富民之路和强国之路。我国改革开放的发展道路、发展阶段、动力机制、制度模式等经验蕴涵的传统制度文化精神和理念，对其他国家不无借鉴：一方面要破除苏联模式的禁锢；另一方面，既要破除对于中西方模式的绝对对立的思维，又要反对盲目崇拜西方模式。

新时期中国的改革开放是社会主义制度模式的成功探索和发展，改革开放是历史新时期最鲜明的特点，也是建设中国特色社会主义的基本途径。恩格斯有句名言：“所谓‘社会主义社会’不是一种一成不变的东西，而应当和任何其他社会制度一样，把它看成是经常变化和改革的社会。”马克思也提出，在社会主义条件下，随着阶级对抗的消失，社会改革将取代政治革命成为推动社会发展的直接动力。改革是体制演进的方式，改革也是制度生存的方式。运用在改革的分析上，包括“激进式改革”和“渐进式改革”两类。强制性制度变迁和激进式改革具有很强的刚性，诱致性制度变迁和渐进式改革则具有较大的柔性，我们尽量不搞体制“存量改革”，而搞体制“增量改革”。总之，改革的本质是社会主义在“内部逐渐发展起来的新的、更高的条件”基础上的自我改进和完善。经过改革开放，由传统模式的社会主义社会进入了有中国特色的社会主义社会。这表明“中国道路”和“中国模式”是典型的“内生”制度创新。

中国特色社会主义道路是一条能够引领中国发展进步的正确道路，是一条科学发展、和谐发展、和平发展之路。坚持中国特色社会主义，必须走科学发展、和谐发展这条具有鲜明中国特色的发展新路。新中国成立60多年来特别是改革开放30多年来，中国共产党带领人民解放思想、实事求是、与时俱进，把坚持马克思主义基本原理与推进马克思主义中国化相结合，创造性地走出了一条有中国特色社会主义道路，开创了不同于传统模式社会主义的中国发展模式。中国特色社会主义不仅坚持了科学社会主义的基本原则，而且根据我国实际和时代特征赋予了鲜明的中国特色。它是中国人民在中国共产党领导下经过长期艰辛探索才找到的，是一条符合国情、经过实践检验的正确道路，是一条引领中国发展进步、实现中华民族伟大复兴的必由之路。我国成功走出一条有中国特色社会主义的道路，实践表明，中国道路不是重复西方的发展道路，不是对西方模式的“克隆”，而是对西方发展范式的扬弃与超越。发展社会主义民主，建设社会主义政治制度文明是中国特色社会主义建设的根本目标，而政府改革和范式选择是“中国道路”的关键层面，“政府推进型”是中国特色的模式选择，以创新带动改革，由政府推进到社会转型，这是我国改革和社会主义现代化建设的优选之路。中国的发展正在走出一条与以往大国崛起不同的、新的和平发展的道路。中国的发展道路丰富了世界的发展模式，为人类文明不断发展做出了新贡献。

第四节 “中国特色社会主义”：理论、道路、制度

马克思、恩格斯的科学社会主义，有理论、实践、制度三种形态。马克思主义经典作家认识社会主义的方法论精神给我们以思考和启迪。这就是在批判中去发现、在揭露和剖析中去预测，始终坚持辩证唯物主义和历史唯物主义，在变化和发展中理解社会主义。马克思主义的创始人多次强调，他们的理论不是教条，而是行动的指南。对他们理论中一般原理的实

际运用，“随时随地都要以当时的历史条件为转移”。马克思曾经明确指出，他在《资本论》中关于资本主义起源的历史概述只限于西欧。如果有人要把这种概述“变成一般发展道路的历史哲学理论”，这样做“会给我过多的荣誉，同时也会给我过多的侮辱”[①]。列宁指出，一切民族都将走向社会主义这是不可避免的，但走法是不会完全一样的。列宁也特别强调，马克思主义“所提供的只是总的指导原理，而这些原理的应用具体地说，在英国不同于法国，在法国不同于德国，在德国又不同于俄国”。同理，在俄国也不同于中国，我们绝不能把马克思的理论看作某种一成不变的和神圣不可侵犯的东西。德国人威纳尔·桑巴特在其著作《德意志社会主义》中曾提出问题：“何谓德意志社会主义?”他认为，“不应当把他当作德意志人的社会主义讲”，并提出了“社会主义不是成衣，而必须量身定做”的思想。只有这样，才能把整个民族“导出经济时代的沙漠”。这对于我们今天深入理解“中国特色社会主义”的精神实质具有重要的启迪。

尽管对“中国特色社会主义”的诠释理解众说纷纭，但作为一个理论命题和思想范式，其意蕴是可以界定、明晰的，它就是科学社会主义新的理论、实践和制度形态，蕴涵理论（旗帜和理论体系）、道路（发展道路）和制度（制度模式）的综合范畴。中国特色社会主义是中国共产党坚持马克思主义一般原理和中国的具体实践相结合，进行社会主义革命和建设所选择的道路、方法和经验总结；是马克思主义及其科学社会主义在中国的运用、发展和创新；是马克思主义中国化的最新成果。从科学社会主义和国际比较的视阈看，“中国特色社会主义”即中国模式、中国道路、中国经验。“中国模式”的发展经验，就是坚定不移地坚持和发展中国特色社会主义道路。“道路”是“模式”的基础和前提，“模式”则是“道路”的具体表现形式。如果说“道路”属于“主义”层面的东西，“模式”则属于形式和方法层面的东西，“经验”则属于理论结晶层面的东西。“模式”在此指的是一系列带有明显特征的发展战略、制度和理念，“道路”“理论”“体制”共同构成了“中国模式”，“中国模式”可以概括为中国特色社会主义的“道路”“理论体系”“发展实践”共同构成的社会发展模式和理念。它既不同于传统的苏联社会主义模式，也不同于西方的自由资本主义模式。这方面，马龙闪、邹东涛、李佐军、俞可平等多有论断。从科学社会主义

① 《马克思恩格斯选集》第3卷，人民出版社，1995，第341页。

理论层面看，“中国模式”和“中国道路”本身就包含着中国特色社会主义理论体系或者是以这一理论体系为指导思想的，其中必然包含着社会主义民主政治理论、社会主义市场经济理论、社会主义核心价值体系、社会主义和谐社会理论等丰富内容。一种完整意义上的发展模式，绝不只有成功的经验，也必然有其深刻的教训，中国特色社会主义的未来前途，在很大程度上将取决于我们如何成功解决在公平正义、民主法治、科学发展、社会和谐、生态文明等方面所面临的严重问题。

如何解读“中国特色社会主义”？中国特色社会主义既在科学社会主义的理论、实践、制度三种形态上，赋予了鲜明的中国特色，又丰富和发展了马克思恩格斯的科学社会主义。吴波指出，“中国特色社会主义”有理论意义上的和发展道路上的两个含义：作为理论意义上的中国特色社会主义，是党的十一届三中全会以来中国共产党人的理论创新成果的总称；作为发展道路意义上的中国特色社会主义，主要突出中国的现代化发展道路的特殊性。而作为社会制度意义的中国特色社会主义和作为体制或发展模式意义上的中国特色社会主义，是作为发展道路意义上的中国特色社会主义的两个基础性组成部分[①]。他认为，我们需要在整体性的视野中认识和把握“中国模式”的科学内涵，而不能作割裂或分立式的理解。“中国模式”的科学内涵，包括以下三个层次：第一个层次是中国特色社会主义的价值理念；第二个层次是社会主义初级阶段的制度和体制；第三个层次是中国特色社会主义的实践纲领和改革发展的战略策略[②]。有人认为，中国特色社会主义是符合中国国情和社会主义初级阶段的社会主义。

有的研究者指出，社会主义存在四种形态，即理论学说、社会运动、基本制度和价值体系。他们根据“思想的逻辑与历史的逻辑的内在一致性”之原则，把中国人对社会主义目标与途径的认识概括为“四次认同”：第一次认同表现为在民族意识层面上认同社会主义的理论形态（孙中山、李大钊）；第二次认同表现为在国家意识层面上认同社会主义的社会形态（毛泽东）；第三次认同表现为在执政党意识层面上认同社会主义的制度形态（邓小平）；第四次认同表现为在人民意识层面上认同社会主义的价值形态，构

① 吴波：《中国特色社会主义若干重大问题研究》，安徽人民出版社，2007，第8~9页。
② 吴波：《中国模式的社会属性和内涵》，《光明日报》2010年11月9日。

建起从社会和谐到深层次的社会公正与普遍幸福的核心价值观①。北京市社科联研究员马仲良认为，“中国特色社会主义”就是社会主义性质的，不是资本主义性质的。因为中国特色是社会主义的定语，这个概念的中心词是社会主义，在本质上我们这个国家的社会主义属于社会主义。刘书林指出，中国特色社会主义的本质是科学社会主义。中国特色社会主义，十七大报告已经明确地告诉我们，它既是一条道路，又是一个理论体系，也是必须高举的伟大旗帜，这三大概念都是描述中国特色社会主义的。它既是道路，又是理论，又是旗帜。习近平同志指出，中国特色社会主义“体现在实践上，就是开辟了中国特色社会主义道路；体现在理论上，就是形成了中国特色社会主义理论体系；体现在政治上，就是要高举中国特色社会主义伟大旗帜”②。可以说，中国特色社会主义是反映人民心、中国情、世界观的一面旗帜，一条道路，一个理论体系。可以说，这是学术界和理论界的主流认识。胡锦涛总书记在纪念中国共产党成立90周年的讲话中把中国特色社会主义的三大成就作了一个科学、深刻而又精辟的概括，这对于我们进行理论创新和实践创新都有意义。自从胡锦涛首次明确提出“中国特色社会主义制度”以来，我们对中国特色社会主义的认识更加系统深化了。中国特色社会主义制度是当代中国发展进步的根本制度保障，集中体现了中国特色社会主义的特点和优势。中国特色社会主义形态有三个形态：一个是实践形态，就是开辟了中国特色社会主义道路；二是理论形态，就是创立了中国特色社会主义理论体系；三是制度形态，就是建立了中国特色社会主义制度。

高举中国特色社会主义伟大旗帜，坚持走中国特色社会主义道路，建设有中国特色的富强民主文明和谐的社会主义现代化国家。这是改革开放以来中国特色社会主义建设经验的科学总结，是十八大报告的核心和灵魂。胡锦涛在十八大报告中指出：“改革开放以来我们取得一切成绩和进步的根本原因，归结起来就是开辟了中国特色社会主义道路，形成了中国特色社会主义理论体系，确立了中国特色社会主义制度。”所以，现在世界上有越来越多的有识之士认识到了这一点，并将它称为“中国模式”。在改革开放30多年的伟大实践中，以邓小平、江泽民、胡锦涛同志为主要代表的中国

① 程伟礼、戴雪梅等：《中国特色社会主义思想史》，学林出版社，2009，第2～4页。

② 习近平：《关于中国特色社会主义理论体系的几点学习体会》，《求是》2008年4月1日。

共产党人，以解放思想为先导，锐意进取，奋力开拓，最大的成就是开辟了中国特色社会主义道路，形成了中国特色社会主义理论体系，从而把中国特色社会主义伟大事业不断向前推进。十八大报告指出："中国特色社会主义道路，中国特色社会主义理论体系，中国特色社会主义制度，是党和人民九十多年奋斗、创造、积累的根本成就，必须倍加珍惜、始终坚持、不断发展。"中国特色社会主义在整体上是内在的统一体。这种统一的基础首先是中国特色社会主义的实践。中国特色社会主义实践，使得道路、理论体系、制度的统一得以实现。我们可以概括"制度""道路""理论"三者之间的内在逻辑：中国特色社会主义道路是实现途径，中国特色社会主义理论体系是行动指南，中国特色社会主义制度是根本保障，三者统一于中国特色社会主义伟大实践。在改革开放中开辟中国特色社会主义道路，是前所未有的实践创新；在改革开放中创立中国特色社会主义理论体系，是前所未有的理论创新。就是在这样前所未有的实践创新和理论创新过程中，我们创新发展了中国特色社会主义制度。

旗帜问题至关重要。旗帜指引方向，旗帜凝聚力量。中共十八大进一步阐明了中国特色社会主义这一党在新时期的理论主题和实践主题，进一步提出"高举中国特色社会主义伟大旗帜"这一重大问题。高举中国特色社会主义伟大旗帜，就是说，我们搞的是社会主义，不是西方自由市场经济，不是资本主义；是"中国特色"的社会主义，而不是"苏联模式"的社会主义，也不是西方的民主社会主义。坚持和发展中国特色社会主义是贯穿党的十八大报告的一条主线，在改革开放三十多年一以贯之的接力探索中，我们坚定不移高举中国特色社会主义伟大旗帜，"既不走封闭僵化的老路，也不走改旗易帜的邪路"①。马克思、恩格斯曾指出："一个新的纲领毕竟是一面公开树立起来的旗帜，而外界就根据它来判断这个党。"中国共产党创立伊始就树立了马克思主义这面精神旗帜；1945 年，中国共产党把马克思主义与中国革命实际相统一的毛泽东思想，确立为党的指导思想。以党的十一届三中全会为标志，中国开始了改革开放这场新的革命。我国改革开放 30 多年在思想政治和理论建设上的最大成就是因为我们有中国特色社会主义这面伟大旗帜。中国特色社会主义是发展、进步、团结、奋斗

---

① 胡锦涛《坚定不移沿着中国特色社会主义道路前进　为全面建设小康社会而奋斗》，人民出版社，2012。

的旗帜；中国特色社会主义理论体系，就是从“中国国情”中土生土长、面向世界和未来、指引中国成功发展和转型、实现中华民族伟大复兴的旗帜。“高举中国特色社会主义伟大旗帜”，已经成为我们这个改革开放时代的最强音。

中国革命和建设的实践证明，在奋斗中开拓出一条正确的道路，事关革命和建设事业的成功。道路关乎党的命脉，关乎国家前途、民族命运、人民幸福。1984 年 6 月 30 日，邓小平在会见来中国参加第二次中日民间人士会议的日本委员会代表时说：“中国搞资本主义不行，必须搞社会主义。如果不搞社会主义，而走资本主义道路，中国的混乱状态就不能结束，贫困落后的状态就不能改变。我们多次重申，要坚持马克思主义，坚持走社会主义道路，但是马克思主义必须是同中国实际相结合的马克思主义，社会主义必须是切合中国实际的有中国特色的社会主义。”中国走上社会主义道路，是人民的选择、历史的必然。在民主革命时期，我们党批判了教条主义的“城市中心论”，把马克思列宁主义关于革命的基本理论和中国的具体实践相结合，开辟了一条农村包围城市武装夺取政权的道路，取得了新民主主义革命的伟大胜利。在社会主义基本经济制度建立之后，我们党在探索社会主义建设发展的过程中，曾走过一段曲折的路。但是，面对十年“文化大革命”造成的危难局面，以邓小平同志为核心的党的第二代中央领导集体坚持解放思想、实事求是，以巨大的政治勇气和理论勇气，彻底否定“以阶级斗争为纲”的错误理论和实践，作出把党和国家工作中心转移到经济建设上来、实行改革开放的历史性决策，确立社会主义初级阶段基本路线，从而实现了将马克思列宁主义关于社会主义建设的基本理论和中国社会主义发展的具体实践相结合，提出了“中国特色社会主义”这个时代性的课题，开拓了中国特色社会主义的发展道路。在我们沿着这条道路发展的过程中，又先后形成了“三个代表”重要思想和科学发展观，进一步深化和拓宽了这条道路的内涵。十八大报告对这条道路的基本内容作了经典性的概括：“中国特色社会主义道路，就是在中国共产党领导下，立足中国国情，以经济建设为中心，坚持四项基本原则，坚持改革开放，解放和发展社会生产力，建设社会主义市场经济、社会主义民主政治、社会主义先进文化、社会主义和谐社会、社会主义生态文明，建设富强民主文明和谐的社会主义现代化国家。其具体内涵可以概括为“一个基本路线”（以经济建设为中心，坚持四项基本原则、坚持改革开放）、“一个总体布局”（中国特色社会主义经济建设、政治建设、文化建设、社会建设、生态文明建设五位一体)、“一个发展目标”(建设富强民主文明和谐的社会主义现代化国家),其基本特征是“既坚持了科学社会主义的基本原则,又根据我国实际和时代特征赋予其鲜明的中国特色”。其中,基本路线是总纲,是坚持和发展中国特色社会主义的根本遵循;总体布局是基本内容,是坚持和发展中国特色社会主义的具体展开;发展目标是宏伟蓝图,是坚持和发展中国特色社会主义的努力方向。以经济建设为中心是兴国之要,是我们党和国家兴旺发达和长治久安的根本要求;四项基本原则是立国之本,是我们党和国家生存发展的政治基石;改革开放是强国之路,是我们党和国家发展进步的活力源泉,是发展中国特色社会主义的强大动力。在当代中国,只有这条道路而没有别的什么道路能够解决中国发展进步的问题。我们绝不能走被实践证明是封闭僵化的老路,也绝不能走那种改旗易帜、放弃共产党领导、放弃社会主义的邪路,只能坚决地走充满生机活力的中国特色社会主义的新路。中国特色社会主义道路,就是毛泽东同志开始探索的,邓小平同志奋力开拓的,江泽民、胡锦涛同志不断拓宽的道路,这是一条能够使民族振兴、国家富强、人民幸福、社会和谐的康庄大道,是中国发展进步的唯一正确道路。坚持中国特色社会主义道路,就是真正坚持社会主义。今后在前进的道路上“不为任何风险所惧,不被任何干扰所惑”,既不走改旗易帜的邪路,也不走封闭僵化的回头路,而是坚定不移地走中国特色社会主义道路。170 多年的慷慨悲歌、凤凰涅槃,一个甲子的筚路蓝缕、艰辛探索,30 多年的柳暗花明、沧桑巨变,验证了一个科学的论断,熔铸成一条坚定的信念:只有社会主义才能救中国,只有中国特色社会主义才能发展中国①。

“中国模式”和“中国道路”,其本身就包含着中国特色社会主义理论体系,或者是以这一理论体系为指导思想的。中国特色社会主义理论体系是科学社会主义原则在当代中国的丰富发展,更是对人类社会发展规律的当代概括和科学揭示。“中国模式”走向成功的奥秘归根结底来讲,就是中国共产党始终牢牢坚持并不断发展的执政兴国的价值理念,这就是中国特色社会主义的理论体系。中国特色社会主义理论体系,就是包括邓小平理

① 秋石:《为什么必须坚持中国特色社会主义道路而不能走别的道路》,《人民日报》2009 年 5 月 1 日。

论、“三个代表”重要思想以及科学发展观等重大战略思想在内的科学理论体系。邓小平理论、“三个代表”重要思想以及科学发展观等重大战略思想，它们相互衔接、相互贯通，既一脉相承又与时俱进，共同构成了中国特色社会主义理论体系。邓小平理论是中国特色社会主义理论体系的基础，“三个代表”重要思想是中国特色社会主义理论体系的发展，科学发展观等重大战略思想是中国特色社会主义理论体系的最新成果。科学社会主义的基本原则是中国特色社会主义理论体系的“脉”，实事求是、群众路线、独立自主是毛泽东思想活的灵魂，它们是中国特色社会主义理论体系的理论渊源。而中国特色社会主义理论体系又以一系列新思想、新观点、新论断丰富和发展了马列主义和毛泽东思想，这就是这个理论体系的“进”①。有人分析认为：一脉相承，一是它们都坚持以马克思列宁主义、毛泽东思想为指导，在理论渊源上一脉相承；二是它们都坚持为建设和发展中国特色社会主义、实现中华民族伟大复兴而奋斗，在理论主题上一脉相承；三是它们都坚持解放思想、实事求是、与时俱进，在理论品质上一脉相承；四是它们都以社会主义初级阶段这一基本国情为立论基础，在理论基点上一脉相承；五是它们都坚持以人为本，把实现好、维护好、发展好最广大人民的根本利益作为全部理论的出发点和落脚点，在理论目标上一脉相承②。总之，中国特色社会主义理论体系是当代中国共产党人勇于开拓、勇于创新的伟大成果，用一系列紧密联系、相互贯通的新思想、新观点、新论断，深化了对共产党执政规律、社会主义建设规律、人类社会发展规律的认识，形成了一个完整的科学的理论体系，开辟了马克思主义在中国发展的新境界。这个理论体系，坚持和发展了马克思列宁主义、毛泽东思想，凝结了几代中国共产党人带领人民不懈探索实践的智慧和心血，是马克思主义中国化最新成果，是党最可宝贵的政治和精神财富，是全国各族人民团结奋斗的共同思想基础。中国特色社会主义理论体系是不断发展的开放的理论体系，在整个社会主义建设过程中我们形成的理论成果和创新都是马克思主义中国化的成果，都属于中国特色社会主义理论体系的科学范畴。《共产党宣言》发表以来一百六十多年的实践证明：马克思主义只有与本国国情

---

① 严书瀚：《中国特色社会主义何以有声有色》，人民网“人民政协”，2009－04－01。

② 习近平：《关于中国特色社会主义理论体系的几点学习认识和体会》，《求是》2008年4月1日。

相结合、与时代发展同进步、与人民群众同命运，才能焕发出强大的生命力、创造力、感召力。在当代中国，坚持中国特色社会主义理论体系，就是真正坚持马克思主义，就是坚持真正的改革开放、坚持正确的解放思想；换言之：真正坚持社会主义、坚持真正的改革开放、坚持正确的解放思想，就必须坚持中国特色社会主义理论体系。

在马克思主义和社会主义发展史上，中国特色社会主义理论体系具有极其重要的历史地位，它是马克思主义中国化的最新成果，是社会主义建设理论的重大发展，是实现中华民族伟大复兴的根本指针。它是在和平与发展成为时代主题的历史条件下，在我国改革开放和现代化建设的实践过程中，在总结我国社会主义建设经验并借鉴其他国家发展经验的基础上，逐步形成和发展起来的。中国特色社会主义理论体系具有的鲜明品格：实践特色、民族特色、时代特色。在当代中国，坚持中国特色社会主义理论体系，就是真正坚持马克思主义。从马克思主义发展史角度审视中国特色社会主义理论体系可以得知，如果说“当代中国”是中国特色社会主义理论体系的时代特征，那么“马克思主义”则是中国特色社会主义理论体系的质的规定性。中国特色社会主义理论的科学体系一般包括四个不同层次的内容①：一个鲜明的主题，就是建设中国特色社会主义；理论基础是马克思主义、毛泽东思想；解放思想、实事求是是中国特色社会主义理论的精髓；核心内容是党在社会主义初级阶段的基本路线。在此基础之上，形成了中国特色社会主义的一整套崭新的基本理论。这一整套理论包括：社会主义本质理论；社会主义初级阶段理论；社会主义改革开放理论；社会主义市场经济理论；社会主义民主政治建设理论；社会主义文化建设理论；社会主义和谐社会理论；社会主义对外关系理论；国防和军队建设理论；“一国两制”和祖国和平统一的理论；社会主义的领导力量和依靠力量理论；马克思主义执政党建设理论。改革开放30多年的历史证明，中国特色社会主义理论体系深刻而全面地反映了全国各族人民的根本利益和共同愿望，是中国各族人民共同价值诉求的理论表达；是实现社会主义现代化、实现社会科学和谐发展、逐步实现人的自由而全面发展的科学结晶。

中国特色社会主义制度是从新中国成立后开始建立和形成、改革开放

① 赵曜：《中国特色社会主义理论体系是最宝贵的精神财富》，《光明日报》2008年12月9日。

时期逐步丰富和完善的崭新的社会制度体系，是社会主义中国发展进步的根本制度保障，集中体现了中国特色社会主义的性质、特点和优势；是在推进社会主义制度自我完善和发展过程中，在经济、政治、文化、社会等各个领域形成的一整套相互衔接、相互联系的制度体系。“中国模式”的核心是中国特色社会主义制度。对于中国特色社会主义事业来说，“道路”指明了发展方向，“理论体系”解决了如何发展的问题，二者绘就了美好蓝图。有了制度，才标志着中国特色社会主义事业步入发展佳境。中国特色社会主义制度是“中国模式”的根本政治前提，它决定了“中国模式”的社会主义性质。而“中国模式”在内涵上体现了中国特色社会主义的价值理念，是中国特色社会主义发展道路与发展经验的总结。因此说，成功的中国发展模式，其核心必然是中国特色社会主义制度。

总之，“中国特色社会主义”是中国模式、中国道路、中国经验、中国制度的集中概括和理论表达。“中国特色社会主义”包括旗帜、道路、理念、制度、模式等不同维度和层面。它既是一种价值理念，又是一个制度模式；既是一面旗帜，又是当代实践；既是一个科学的理论体系，也是一个制度文明模式创新。中国特色社会主义是当代中国化的马克思主义，是适合中国国情的制度安排和道路选择，是中国共产党带领中国人民坚定不移地走自己路的宝贵经验和政治智慧的结晶。其实质就是基于中国的历史、文化和现实国情，经过不断的、反复的实验，能够推进中国经济持续高速增长、社会长期稳定和谐、人民普遍幸福、国力不断增强而形成的一整套改革开放发展的理论体系和制度构架，是中国式发展的旗帜、道路、理念、模式。从发展道路和经验的角度定义“中国特色社会主义”，特指中国改革开放以来的社会发展道路或发展经验，是从全球化的角度或世界视野来看待中国社会发展道路的，也称为“中国模式”“中国道路”“中国经验”。

当然，“中国特色社会主义”“中国模式”和“中国道路”三者的认识维度不一：“中国特色社会主义”的成功经验构成了“中国模式”的主要内容，只是在考察角度上，“中国特色社会主义”概念着眼于政治和意识形态取向，而“中国模式”概念着眼于社会发展，更便于人们在全球化的宏观背景下，从世界视野考察我国的现代化。“中国模式”和“中国道路”也是两个既有联系又有区别的概念。它们的联系在于：

两者的精神实质都归结为中国特色社会主义。它们的区别在于：“中国模式”呈现的是中国特色社会主义的空间概念，透视着中国特色社会主义的横断面；“中国道路”呈现的则是中国特色社会主义的时间概念，透视着中国特色社会主义的纵剖面。新制度模式的核心结构是“中国特色社会主义”，中国道路是中国特色社会主义的表现形式。中国特色社会主义理论体系是中国特色社会主义的理论形态，中国特色社会主义道路是中国特色社会主义的实践形态。

第二章　社会主义制度文化的历史演进与启示

160 多年来，世界社会主义思潮和运动可谓风起云涌、一脉多流、曲折坎坷、跌宕起伏。社会主义作为一种学说、运动和制度，在 1848 年《共产党宣言》发表以来的历史进程中，经历了从空想到科学，从理论到现实，从一国到多国实践的凯旋式进军，又遭遇过大大小小的挫折。从经典社会主义的遗憾到传统社会主义的困惑，从苏联模式的求解到中国特色的探索，前进与曲折、继承与超越贯穿全程；经验与教训、胜利和失败交织其间。中国特色社会主义的提出及其实践，遵循和反映了社会主义制度文化演进的一般规律，又深深地打上了时代特色和民族文化的烙印。可以说，中国特色社会主义凝聚了几代中国共产党人不懈探索的智慧和心血。中国特色社会主义道路形成于以邓小平为代表的第二代中国共产党人的改革开放实践中；完善于以江泽民为代表的第三代中国共产党人在新时期全面建设社会主义小康社会的奋斗中；发展于以胡锦涛为代表的新一代中国共产党领导人民在新的历史时期发展中国特色社会主义伟大事业的进程中。新时期中国制度文化创新不断取得新突破，形成领导、文化、制度、模式协调运行的新型治理模式和制度文化，社会主义制度文化演进给我们留下了丰厚的经验教训和难得的历史启迪①。

第一节　从经典社会主义到苏联模式社会主义

从世界社会主义运动发展过程及全局看，制度文化体制改革是其中一个必经的发展环节，是我们时代提出的前沿性历史课题，是科学社会主义

① 李屏南、张西山：《社会主义制度文化的演进和启示》，《当代世界与社会主义》2010 年第 1 期。

重新焕发出生机和活力、保持与时俱进理论品质的重要命题。而社会主义在实践中往往遭到重大挫折，集中表现为其发展历程中价值理念与制度建设的脱节，没有形成一个解放生产力、发展生产力并将社会主义制度优越性体现出来的制度文化体系。

在社会主义发展史上，空想社会主义者在其著作中就闪现出了“共产主义思想的微光”，阐明了社会主义对于无产阶级运动的意义，他们阐发了未来社会主义的制度文化理念：人的个性全面发展、消灭私有制、消灭雇佣劳动、提倡社会和谐等，圣西门提出“实业制度”，傅立叶提出“和谐制度”，欧文提出“新和谐公社”。但是空想社会主义者所追寻的社会主义理想由于缺乏深厚的现实基础，注定是一个无法实现的空想。马克思主义经典作家以批判的眼光看待资本主义社会现实，并对社会主义社会进行制度设计和共产主义的展望。马克思主义价值观是实现人的自由和全面发展。马克思和恩格斯的主要贡献是创立了马克思主义，在唯物史观和剩余价值学说的基础上，使社会主义理论由空想变为科学，为工人阶级的解放斗争作了思想理论准备。社会主义之所以产生，就是因为进步的人们看到资本主义的丑恶和残酷，希望寻求一种合理、公正的社会制度。马克思和恩格斯通过对资本主义社会形态的异化、剥削、压迫、不平等的批判，发现了社会主义制度文化的价值内涵，包括生产力的高度发展，生产资料公有制，按劳分配，对社会生产进行有计划的指导和调节，用产品经济代替商品经济，国家逐步消亡，人的自由全面发展等。这种社会主义制度文明“深藏在物质的经济的事实中”，“社会主义不应当从头脑中发明出来，而应当经过头脑从生产的物质事实中发现出来”。他们认为，在特定条件下，东方国家能够不通过资本主义制度的“卡夫丁峡谷”，而实现社会形态的跨越式发展，走向社会主义。

马克思主义经典作家创立了科学社会主义，开创了工人运动和社会主义运动的新格局。1844 年马克思最早提出“政治文明”这一概念[①]。1848 年，马克思恩格斯在《共产党宣言》中，第一次完整系统地论证了资本主义必然灭亡，共产主义必然胜利这一客观规律。1859 年，马克思在《〈政治经济学批判〉序言》中指出：“无论哪一个社会形态，在它所容纳的全部生产力发挥出来以前，是决不会灭亡的；而新的更高的生产关系，在它的物

① 《马克思恩格斯全集》第 42 卷，人民出版社，1979，第 238 页。

质存在条件在旧社会的细胞里成熟以前，是决不会出现的。"[①]"共产主义革命就是同传统的所有制关系实行最彻底的决裂；毫不奇怪，它在自己的发展进程中要同传统的观念实行最彻底的决裂。"[②] 恩格斯说："我们是不断发展论者"，"为了使社会主义变为科学，就首先把它置于现实的基础之上"。晚年恩格斯在 1890 年致奥·伯尼克的信中指出："所谓'社会主义社会'不是一种一成不变的东西，而应当和任何其他社会制度一样，把它看成是经常变化和改革的社会。"[③] 按照科学社会主义创始人马克思、恩格斯的提法，它是共产主义社会的第一阶段。他们认为资本主义有它的问题，存在着剥削，存在着无政府状态，造成经济危机，这种资本主义由于它的私有制和社会化生产的矛盾，必然要走向一个新的社会就是共产主义。当然，共产主义社会有若干个阶段，第一个阶段就是社会主义阶段，社会主义必然代替资本主义。这是他们提出的一个理论，中国共产党按照这个理论搞革命，推翻了三座大山，建立了社会主义新中国。但遗憾的是，由于这些经典作家受历史条件的限制，不可能对社会主义的发展道路和具体形式作出详尽的说明。例如，马克思和恩格斯所设想的社会主义社会，生产资料完全由社会直接占有，没有商品，没有货币。而我国的实际情况与此大不相同。经典社会主义只论述了社会主义理念对无产阶级的意义，没有实现这种意义的制度保障，留下了未来马克思主义者的求解之谜。

在社会主义运动史上，对社会主义建设模式的探索，从苏俄社会主义政权建立时就开始了。列宁时期的军事共产主义向新经济政策道路的转变，列宁逝世后托洛茨基方案、布哈林方案与斯大林方案之间的激烈论争，都属于社会主义建设模式在选择过程中发生的模式转换或碰撞。十月革命的胜利，社会主义从理想变成现实。列宁把"实践"尖锐地提到人们的面前，他指出："对俄国来说，根据书本争论社会主义纲领的时代也已经过去了，我深信已经一去不复返了。今天只能根据经验来谈论社会主义。"[④]"现在一切都在于实践，现在已经到了这样一个历史关头：理论在变为实践，理论由实践赋予活力，由实践来修正，由实践来检验。"[⑤] 列宁早就指出："一切

① 《马克思恩格斯选集》第 2 卷，人民出版社，1995，第 33 页。

② 《马克思恩格斯选集》第 1 卷，人民出版社，1995，第 293 页。

③ 《马克思恩格斯选集》第 4 卷，人民出版社，1995，第 693 页。

④ 《列宁全集》第 34 卷，人民出版社，1985，第 466 页。

⑤ 《列宁全集》第 33 卷，人民出版社，1985，第 208 页。

民族都将走向社会主义，这是不可避免的，但是一切民族的走法却不会完全一样。”“我们的革命是开始容易，继续比较困难，而西欧的革命是开始困难，继续比较容易。”[①] 列宁认识到在一个小农国家里，在大生产不很发达的情况下，着急“直接过渡”是不可能的，“现实说明我们错了”[②]。错的不是列宁所追求的社会主义理念，而是忽视了保障这种理念实现的制度建设。晚年列宁更多关注制度文化建设，在反映被称为“政治遗嘱”的五篇论文和1922年12月《给代表大会的信》中，列宁指出：“我很想建议在这次代表大会上对我们的政治制度作一系列的变动。”[③] 他曾说：“斯大林同志当了总书记，掌握了无限的权力，他能不能永远十分谨慎地使用这一权力，我没有把握。”他试图通过建立一个健全的制度体系，改革党政关系、监察制度、国家机构等来保障社会主义理想的实现。但斯大林时期高度集权体制下民主和法制遭到破坏，个人专权和决策的严重失误破坏了党内民主和人民民主。政治体制上党权高于一切，思想意识形态领域中的一元主义和文化专制，普遍的委任制、缺乏健全的监督制，导致官僚特权阶层形成，社会主义制度文化建设遭受困厄。斯大林建立的社会主义制度的苏联模式忽略了苏联相对于西方诸发达资本主义国家落后的生产力，忽略了市场经济的必经性，逐渐形成了高度僵化、高度集中的经济政治体制，束缚了生产力的发展，束缚了人民积极性的发挥，束缚了社会主义制度优越性的发挥。斯大林模式的实质是制度异化和制度乌托邦，这种不考虑制度成本和操作可能性、超越历史阶段的制度文化，最终使社会主义大厦功亏一篑、解体倒塌。苏东剧变的根本原因或者说更深层次原因是苏联社会主义模式丧失了动力机制，它的弊端日益暴露和日趋严重，成为社会发展进步的主要阻力。苏东剧变是苏联模式社会主义的失败，而不是科学社会主义的失败。失败的不是社会主义思想，失败的是苏联所代表的制度模式。苏联模式的失败，并不是社会主义失去了意义，恰恰是因为在实践中没有一个能够保障社会主义价值实现的制度设计，即没有从制度上提供人民享有平等、自由、富裕、幸福的保障模式。

社会主义阵营的兴起、发展和衰落是20世纪最引人注目的一系列历史

① 《列宁全集》第34卷，人民出版社，1985，第343页。

② 《列宁选集》第4卷，人民出版社，1995，第570页。

③ 《列宁全集》第43卷，人民出版社，1987，第337页。

现象，而这一切的现象从始至终都伴随着一条线索，那就是斯大林模式。斯大林模式作为20世纪社会主义阵营普遍采用的一种发展方式，对整个社会主义世界尤其是苏联自身的影响无疑是不可估量的，在苏联的强大和衰亡的历史过程中，可以说斯大林模式起着“成也萧何、败也萧何”的作用。在斯大林的领导下，这一发展模式逐渐积淀为制度性痼疾。20世纪50年代开始的一浪接一浪的改革，包括南斯拉夫模式、匈牙利模式等，都没能从根本上冲破这一模式的桎梏。英国记者雷切尔·沃克在《震撼世界的六年》一书中分析了苏联体制的灭亡过程。他认为，苏联之殇，是一套政治制度和意识形态系统的覆亡。“斯大林模式”的最大教训在于把对于社会主义的信仰变成一种“制度拜物教”，体制吞噬了文化，权力出现了异化。斯大林模式的社会主义的最大弊端，就在于缺乏制度化的民主机制，造成了共产党脱离群众。我们还能从斯大林模式的正反两方面的作用中总结经验和教训，为我国的社会主义现代化建设提供历史之鉴，更好地建设有中国特色的社会主义。戈尔巴乔夫的所谓“公开化”“民主化”和“多元化”的人道的民主社会主义教训是“民主无边界，公开无底线”，导致苏联解体。

文化和制度的失衡、理想和现实的背离，这是传统社会主义的永恒困惑。现实社会主义如何矫正经典社会主义的遗憾和传统社会主义的困惑，实现社会主义制度文化的动态和谐发展是一个严峻的挑战。

第二节 从传统社会主义到中国特色社会主义

中国人民在中国共产党的领导下选择社会主义道路，其根本动因源于对社会主义制度文化的探索追求。中国社会主义理论与实践探索的最大成就，就是彻底打破了苏联模式的束缚，开辟了中国特色社会主义道路，形成了社会主义建设的新模式。中国人民选择了社会主义道路，但如何建设社会主义，发挥社会主义制度的优势，使国家更快发展起来，却是一个崭新的课题。在这样的历史背景下，毛泽东提出了“以苏联为鉴戒”，走自己的路的建设思路。苏共二十大后，毛泽东提出“以苏为鉴”，指出现在中国处在社会主义革命和建设时期，要求“进行第二次结合”，强调“在结合上下功夫”，“努力找出在中国这块大地上建设社会主义的具体道路”。中央第一代领导集体为此进行了艰辛探索，奠定了中国特色社会主义的基础。

1956年，社会主义改造基本完成以后，毛泽东“总觉得不满意，心情不舒畅"[1]。同时，在国际共产主义运动中，自斯大林逝世后，在苏联发生了一系列令人震惊的事件，使人们看到苏联社会主义制度文化建设并非完美无缺。这时，通过对斯大林所犯错误的深入思考，总结我国社会主义建设的经验，党中央和毛泽东重新审视苏联模式的利弊得失。毛泽东说："在社会主义建设上，我们还有很大的盲目性。社会主义经济，对于我们来说，还有很多未被认识的必然王国。拿我来说，经济建设中的许多问题，还不懂得……我注意得较多的是制度方面的问题，生产关系方面的问题。"[2] 1956年4月，毛泽东在《论十大关系》一文中指出："特别值得注意的是，最近苏联方面暴露了他们在建设社会主义过程中的一些缺点和错误，他们走过的弯路，你还想走？过去我们就是鉴于他们的经验教训，少走了一些弯路，现在当然更要引以为戒。"[3] 可见，作为一位伟大的探索者，毛泽东力求超越苏联经验，寻找自己的建设道路的思想更加明确了。随后，通过深入调查研究，提出我国社会主义建设中必须正确处理的十大关系问题，开始探索自己的建设道路。毛泽东领导执政的中国共产党和全国各族人民进行长期艰苦的探索，创建的人民民主专政制度、人民代表大会制度、共产党领导的多党合作和政治协商制度、民族区域自治制度等根本政治制度，为后来的中国特色社会主义事业奠定了坚实的制度文明基础。但是，毛泽东晚年关注的只是制度性质变不变的问题，对党内现实作出了"存在一个资产阶级"的错误判断，在指导思想上始终贯彻"以阶级斗争为纲"，在方法上又采取"大民主"的群众运动，并没有在制度设计和制度建设上发现问题的真正症结；崇尚非理性思潮，试图依靠群众运动，由天下大乱达到天下大治，结果南辕北辙，与斯大林殊途同归。文化和制度的失衡、理想和现实的背离，这是传统社会主义的永恒困惑。

如果说马克思和恩格斯完成了社会主义由空想到科学的过程、列宁完成了社会主义由理论到实践的过程，那么，中国特色社会主义则实现了社会主义由传统到现代的过程。从马克思到列宁，再到毛泽东，他们面临的历史性课题和主要任务，是革剥削"制度"的命，是争取推翻剥削阶级统治和建立社会主义新制度。新时期，邓小平面临的历史性课题和主要任务，

---

① 《毛泽东文集》第8卷，人民出版社，1999，第117页。

② 《毛泽东著作选读》下册，人民出版社，1986，第829页。

③ 《毛泽东文集》第7卷，人民出版社，1999，第23页。

则是在坚持社会主义基本制度的前提下，革传统的僵化“体制”的命，即通过体制改革和体制创新，通过完善基本制度，使社会主义重新焕发出生机和活力。这种体制性的革命是其制度性革命的继续和深入。邓小平同志说得很明白：“社会主义究竟是个什么样子，苏联搞了很多年，也没有完全搞清楚。”又说，对于“什么叫社会主义的问题，我们现在才解决”。邓小平同志讲：“我们建立的社会主义制度是个好制度，必须坚持。”“但问题是什么是社会主义，如何建设社会主义。我们的经验教训有许多条，最重要的一条，就是要搞清楚这个问题。”长期以来形成的思维定势，认为社会主义至少有五大要素：生产资料公有制、按劳分配、计划经济、无产阶级专政、马克思主义为指导。过去苏联模式和斯大林体制的公式是：社会主义 = 生产资料单一公有制 + 计划经济 + 无产阶级专政。现在的社会主义不是这样的了。邓小平同志进行改革思考和设计时，从一开始就是着眼于苏联模式属于“僵化了”的、“落后的东西”，是从中国和苏联的体制、模式和制度的层面上着眼改革的。邓小平同志就说过：“从总的状况来说，我们国家的体制，包括机构体制等，基本上是从苏联来的，是一种落后的东西……有好多体制问题要重新考虑。”[①] 他在 1985 年 8 月接见姆加贝时又说：“社会主义究竟是个什么样子，苏联搞了很多年，也没有完全搞清楚。可能列宁的思路比较好，搞了个新经济政策，但是后来苏联的模式僵化了。”[②] 社会主义应该是包容人类文明优秀成果的社会制度，社会主义首先应该强调公平正义，同时社会主义也应强调完善的市场、重视民主和自由、实现人的全面发展和社会进步。照搬马克思设想的社会主义模式搞计划经济，这也走不通，因为中国生产力落后，马克思设想的社会主义是在生产力发达的国家实现的，苏联搞计划经济也是不成功的。

社会主义革命成功之后，落后的国家到底怎样建设社会主义，必须从实践和理论上给予回答。中国特色社会主义道路的成功开创，破解了这一重大课题，走出了一条社会主义建设的成功道路。“文化大革命”结束后，我们面临的一个重大问题，就是社会主义中国向何处去？是按照“两个凡是”的思路，沿着“左”的老路走下去；是放弃社会主义理想，走向右的邪路；还是从中国实际出发，开辟一条有中国特色社会主义新路？结论是

---

① 《邓小平思想年谱》，中央文献出版社，1998，第 77 页。

② 《邓小平文选》第 3 卷，人民出版社，1993，第 139 页。

要坚持社会主义，就一定要闯新路，进行改革。邓小平多次讲过“模式”问题。他说：“世界上的问题不可能都用一种模式解决。中国有中国自己的模式①……在革命成功后，各国必须根据自己的条件建设社会主义。固定的模式是没有的，也不可能有。”② 由此，中国特色社会主义道路得以明确并不断推向前进。在改革开放的新时期中，我们已探索和塑造出中国特色社会主义的市场经济体制、民主政治体制、先进文化体制与和谐社会体制，走出了一条有中国特色的社会主义康庄大道。邓小平针对多年来离开发展生产力，抽象谈论社会主义的历史教训，在坚持社会主义特征即社会主义基本制度的前提下，在社会主义发展史上首次提出了“社会主义本质”。他指出：“社会主义的本质，是解放生产力，发展生产力，消灭剥削，消除两极分化，最终达到共同富裕。”“科学技术是第一生产力”，“没有民主就没有社会主义，就没有社会主义的现代化”，“国际共产主义运动没有中心，独立自主才真正体现了马克思主义”……邓小平这些关于社会主义本质的科学论述，把人们对社会主义的认识提高到一个新境界。社会主义的首要任务就在于要不断提高社会生产力，在提高生产力的基础上发展科学与民主。我们科学运用科学社会主义，加快严重滞后的制度文化体制改革，大力发展社会主义民主，才能彻底克服苏联模式的各种弊病，全面建成中国特色社会主义。我国还处在社会主义初级阶段，巩固和发展社会主义制度需要我们几代人、十几代人甚至几十代人坚持不懈地努力奋斗；用“一国两制”的科学构想解决台湾问题和香港问题、澳门问题等。在邓小平对社会主义的求索中，我们经常可以看到人民利益、小康社会、自由平等、共同富裕等字眼，并把这种理念体现于各种政策制度实践维度中。邓小平的伟大之处是不仅看到社会主义对于人民的意义，而且努力探寻社会主义理想的制度保障。江泽民同志指出：“建设中国特色社会主义是‘一篇大文章’，邓小平同志为它确定了基本思想和基本原则，我们的任务就是要把这篇文章做好。”江泽民多次谈到“改进党的领导方式和执政方式”，实现科学执政、民主执政、依法执政。以胡锦涛同志为总书记的党中央，创造性地提出了科学发展观、和谐是社会主义的本质特征，构建社会主义和谐社会的战略思想。我们党提出了全面建成中国特色社会主义，达到富强、民

① 《邓小平文选》第3卷，人民出版社，1993，第261页。

② 《邓小平文选》第3卷，人民出版社，1993，第292页。

主、文明、和谐的现代化国家的制度文化目标。中共十六大强调“党内民主是党的生命”，十七大进而提出“人民民主是社会主义的生命”，十八大提出“健全社会主义协商民主制度，把制度建设摆在突出地位”。

中国特色社会主义是中国共产党领导中国人民创立的一种新型社会制度。它是既坚持科学社会主义的基本原则，又具有鲜明的时代特色和民族特色的新型制度模式，是人类制度文明的重大创新。我们已经走出了制度文化设计的不切实际的困境，正在实现中国特色社会主义的动态和谐发展。“中国模式”是对苏联模式的突破和资本主义模式的超越。这是一条不同于经典社会主义与传统社会主义的新路，“中国模式”和“北京共识”为世界瞩目，证明了文化与制度和谐的中国特色社会主义制度模式的价值合理性。而苏联模式的最终失败，就在于未能掌握社会主义的真谛，中国特色社会主义制度文化建设的成功要充分吸取苏联模式失败的教训。我们正在积累对社会主义的理解和形成新的经验，可以说我们正在探索和形成一个富裕、民主、文明、和谐的中国特色社会主义，一种社会主义国家发展的“中国模式”。我们对未来社会主义发展的图景充满信心。

第三节 社会主义“制度文化之谜”的历史启示

赵曜教授提出，以1919年的“五四”运动、1949年的中华人民共和国成立、1978年12月党的十一届三中全会召开为标志和界限，社会主义在中国大体上有三个30年。第一个30年，是社会主义理想追求的30年；第二个30年，是社会主义艰辛探索的30年；第三个30年，是社会主义成功实践的30年①。总结“社会主义三个30年”制度文化的选择与创新的历程，我们可以得到以下启示。

第一，制度文明演进的一元与多样的统一，是每一种社会形态的制度文明建构遵循的普遍规律。

“各国文明的多样性，是人类社会的基本特征，也是人类文明进步的动力。”② 人类文明的演进是以社会形态的递进为标志的，马克思主义所指出的人类社会递进的五种形态仍然是社会制度文明演进的载体；但每一种社

① 赵曜：《中国社会主义的三个30年》，《光明日报》2009年2月3日。

② 《江泽民文选》第3卷，人民出版社，2006，第298页。

会形态的制度文明并非只有几种固定的模式，即使社会制度相同的国家，在政治体制上也有很大的差异。制度文明体现了现代性和民族性、普遍性和特殊性、继承性和创新性的统一。可以说，世界上根本没有也不可能有一种放之四海而皆准的政治发展道路和政治发展模式，也没有一成不变的政治发展道路和政治发展模式。就拿西方国家来说，美国实行的是总统制，英国、日本是内阁制，法国是半总统制。即使同一类型的政治体制，其权力架构和运行也存在这样那样的差别。如英国、日本、德国同样是议会内阁制，但它们之间还是各有特点。中国的制度文化现代化不能走西方资本主义的老路，也不能走传统社会主义的老路，中国的具体实际决定了中国必须走自己的路。科学社会主义现代化就是使科学社会主义始终与国情相结合、与时代同进步、与人民共命运。中国特色社会主义是中国共产党领导中国人民创立的一种新型社会制度。它是既坚持科学社会主义的基本原则又具有鲜明的时代特色和民族特色的新型制度模式，是人类制度文明的重大创新。

第二，不同制度文化的交流、融会、对话，实现从传统向现代、从对抗到和谐的转换，是进行制度文化建设、创新制度文明的“常识”和共识。

人类历史发展的过程，就是各种文明不断交流、融合、创新的过程。现代化是人类文明的一种深刻变化，是文明要素的创新、选择、传播和退出交替进行的过程。如何实现从传统到现代、从西方到中国的现代转换，已成为中国制度现代化的历史诉求和理论逻辑。文明的多元性和多样性共存是人类社会的客观现实，是当今世界的基本特征，也是人类进步的重要动力。胡锦涛在美国耶鲁大学的演讲中指出：“一个音符无法表达出优美的旋律，一种颜色难以描绘出多彩的画卷。世界是一座丰富多彩的艺术殿堂，各国人民创造的独特文化都是这座殿堂里的瑰宝。一个民族的文化，往往凝聚着这个民族对世界和生命的历史认知和现实感受，也往往积淀着这个民族最深层的精神追求和行为准则。人类历史发展的过程，就是各种文明不断交流、融合、创新的过程。”① 我们要遵循各种社会文明长期共存、竞争比较、相互融合规律，积极吸纳世界各国优秀文明成果。我们的制度文化建设既有中国特色，又反映人类政治文明的共同趋势；我国的政治体制改革，既不能抄袭外国政治理论和外国政治体制，也不能拒绝与西方政治

① 胡锦涛：《在耶鲁大学的演讲》，《人民日报》2006年4月23日，第1版。

思想的对话与交流。制度的多元性固然会引发不同文明的冲突，但我们应该走出“唯对立唯冲突”的传统思维，坚持世界发展的多样性，推动不同文明的对话和交融，维护世界的和平与发展。在“一”与“多”、“管”与“放”、“扬长”与“治短”之间找到一个恰当的平衡点。列宁说：“哲学史和社会科学史都十分清楚地表明：马克思主义同‘宗派主义’毫无相似之处，它绝不是离开世界文明发展大道而产生的一种故步自封、僵化不变的学说。”科学社会主义中国化既在社会主义发展史上赢得了特殊的地位，实现了从西方到中国的转变；也在中国思想文化史上赢得了特殊的地位，开始了从传统到现代的转变。邓小平对时代主题的新判断，江泽民反复强调的世界多样性和多彩性，胡锦涛提出的建设和谐社会、和谐世界的新举措，都深刻体现出当代中国共产党人的辩证理性精神和超越现实社会主义困厄的现代性追求。

第三，坚持马克思主义指导性和民族文化主体性相统一、批判、学习和继承共存在原则，是中国特色社会主义制度文化不断发展的永恒的现代性课题。

传统现代二分以及非此即彼的思维模式曾经阻碍过中国社会主义的发展，我们应学会在异中求同、在对立中共学的共处观、共赢观。这是一种理念的文明，对各国的制度文明当然有推动。比如西方发达资本主义的市场体制、权力制约的理论和实践，对我们当代的制度文明建设就已经并将继续起着良好的借鉴作用；我们自己民族当中更蕴藏着不少有开发价值的思想资源。我们不能割断历史，更不能割裂世界，要在对立中学会共处、共学、共赢。但是，社会主义与资本主义毕竟是一种谁战胜谁的取代关系，如何防范风险，如何保证执政安全，如何坚持“四项基本原则”，则是时刻要注意的问题。马克思主义是丢不得的，丢了马克思主义，共产党就丢了魂，社会主义就丢了命，历史就要倒退，人民就要遭殃。如果忽视或者放弃马克思主义的一元指导，各种思潮如新自由主义、民主社会主义、历史虚无主义、复古主义等就会泛滥，社会主义核心价值体系建设就会紊乱。事实证明，民主不是万能的，它不必然带来稳定和发展，盲目照搬只会适得其反；只有适合一个国家经济社会发展阶段和历史文化传统，符合经济、社会、政治、文化等发展要求并且能促进这种发展的民主，才是“好东西”。我们放弃苏联模式，又放弃以阶级斗争为纲的模式后，向西方学习一切有益的东西，除科学技术、先进管理经验外，还包括资本主义国家的市场经济、民主法治、自由人权等。但我们反对全盘西化，反对照搬西方的各种模式，而是从我国的国情出发，有条件、有选择地吸收其有益的成分，并同我国传统文化相结合，进行吸收融合再创新，为我所用，表现为中国特色。

第四，中国特色社会主义的理论和实践，代表了当代中国制度文化现代化演进的科学路向。

“中国向何处去?”这个问题始终伴随着历史的选择和选择的历史。而选择什么样的“社会制度”，则是它追求现代化的决定性因素。制度选择的结果，直接决定着现代化道路的成败与否。近代中国面临多重危机和政治文化认同问题，存在“古今中外”之纷争。从某种意义上说，近代以来的政治革命其实质都是以“主义”为制度构建的根据，是由谁执政、为谁执政、如何执政的制度文化选择。国民对于国家制度文化的认同，其实就是对于主义的认同。主义之争，意识形态冲突，从来就不是纯粹的思想观念之争，而是由谁执政、为谁执政、如何执政的制度文化选择。不同的主义决定了不同的当政者和执政方式，主义是现代国家的立国之本，主义的选择就是制度文化的选择。

任何民族的崛起或发展都面临道路选择问题。制度文明模式是人类政治文明的成果，在特定的历史条件下，各国情况不同，制度文明的发展道路和模式是多样化的。受不同国情和历史环境、文化传统的影响，各国现代化的发展在遵循普遍规律的基础上，也呈现出不同的发展路径和制度文化现代化模式。马克思指出：“理论在一个国家的实现程度，总是取决于理论满足这个国家的需要的程度。”① 20 世纪是人类现代化寻求新的发展道路和模式的世纪。中西古今关于中国的争论，实质是主义之争、社会制度之争。不同的时代条件与国情特征，决定了中国制度文化必须走社会主义道路。走社会主义道路是近代以来中国社会发展的必然选择。科学社会主义中国化使中国制度文化整合出现了转机和新生，体现了更理性、更自觉的主体性文化选择。中国特色社会主义是中国人民经过百年求索，付出无数鲜血和生命的代价后选择的道路。科学社会主义之所以被中国人民所认同、接受，并成为中国民族制度文化的一部分，不仅因为其高度的科学性和革命性，具有普遍的指导意义，而且是中国近代历史对外来制度文化的必然选择，是中国制度文化合乎逻辑的发展。

---

① 《马克思恩格斯选集》第 1 卷，人民出版社，1995，第 11 页。

第三章　中国特色社会主义的制度文化探索

第一节　中国特色社会主义制度文化的价值理念追求

什么是社会主义？人们对它的定义众说纷纭、理解千差万别，充满歧义[①]。蒲国良指出，中国人对社会主义的认知迄今大致经历了三个发展阶段。从对资本主义的否定认识中界定社会主义：社会主义是什么；从对社会主义的自我批判中深化对社会主义的认识：什么不是社会主义；从自我确证中解读中国特色社会主义：在中国特色社会主义语境下重新思考社会主义是什么[②]。辛向阳指出，历史上看，对于“什么是社会主义”存在着多种解析[③]：表象性解析（非马克思主义者）、科学性解析（马克思恩格斯）、改良性解析（伯恩施坦）、现实性解析（列宁毛泽东）、价值性解析（爱因斯坦）、本质性解析（邓小平）等。

热心社会主义的人士对社会主义的描述是：社会主义是建立在自由、平等、博爱基础上的一种新社会的概念（艾尔斯）；社会主义是经济上的明智，政治上的拯救，宗教上的时间（鲍恩）；社会主义是与艺术结合的科学（索伦斯）；社会主义是常识的胜利（斯塔尔）。反对社会主义的人对社会主义的评价是：宗教的伤感、勤劳、疯狂和暧昧的道德的混合物（赫恩肖）；不适者生存（哈伯德）；整个社会主义都是奴役（斯宾塞）；社会主义就是通向奴役的道路（哈耶克）；社会主义就是“多数对个性的压制”（约翰·穆勒）。从英国的托马斯·莫尔设想的“乌托邦”到德国的托马斯·闵采尔

---

① 米塞斯：《社会主义：经济与社会学的分析》，中国社会科学出版社，2009，第 18 页。

② 蒲国良：《认知社会主义的三个阶段》，《光明日报》2010 年 10 月 19 日。

③ 辛向阳：《“什么是社会主义”的多维解析》，《红旗文稿》2009 年 12 月 28 日。

设想的“千年太平天国”，从意大利的托马斯·康帕内拉设想的“太阳城”到法国的空想社会主义者傅立叶设想的“法朗吉”，再到英国的欧文设想的“新和谐公社”，这些理想中的社会模式虽然非常美好，但最终未能实现，甚至付出了惨痛的历史代价。但可以肯定的是，作为重要的运动，社会主义是一种近代现象，是欧洲对工业主义的一种反映；作为一种思想体系，它发端于对自由主义的批判。简言之，社会主义主张通过公共（社会）拥有生产手段来达到使收入、财富、机会和经济力量的分配尽可能接近均等的目的[①]。社会主义就是一种价值的存在，一种向世界宣示其存在的客观价值。社会主义基本价值和理念是社会主义对社会主体的功能和积极意义，是无产阶级和劳动人民的最高社会理想，是社会发展规律和社会主义本质的集中反映。社会主义价值是人类价值目标追求的延续和发展。

从价值视角解读社会主义，是中国特色社会主义研究的新趋向。美国左翼杂志《异议》（*Dissent*）在其50多年的历史中，一直致力于促进社会主义的民主理想，曾发表论社会主义的专题讨论，引起思想界的关注，掀起“论社会主义”热潮。爱因斯坦晚年指出，社会主义追求一种社会－伦理目的。社会主义是由那些具有高尚的道德理想的人物构想出来的克服并超越人类发展掠夺阶段的一套价值体系[②]。当代政治哲学家沃尔泽则指出，应当将社会主义理解为总是“在造就中”的事业远景，而不是一种有待建成的体制。即便这种远景永远无法完全变成现实，它仍然是一种“最为人道和最令人振奋的道路”，人们由此不断迈向“梦想的社会”。卡斯特罗讲：社会主义是榜样的科学。“古巴之谜”的成就主要来自于社会制度的价值取向。高放指出，社会主义顾名思义，理应以社会为主义，为社会而主义，由社会出主义，靠社会显主义。

马克思、恩格斯在创建科学社会主义理论的同时，也对社会主义价值进行了探索和界定。他们由于没有社会主义的具体实践，还不可能根据社会主义本身发展规律的角度来论述社会主义，而是更多地从社会主义与资本主义的比较及其资本主义发展的内在趋势中，以及社会主义的基本特征和基本趋向上论述。恩格斯指出，我们对未来社会没有“任何一劳永逸的

① 戴维·米勒等：《布莱克维尔政治学百科全书（修订版）》，邓正来等译，中国政法大学出版社，2002。

② 《阿尔伯特·爱因斯坦晚年文集》，北京大学出版社，2008，第101～102页。

现成方案”，“我们不打算把什么最终规律强加给人类”[①]。马克思把社会主义的价值目的规定为：每个人最全面而自由的发展。随着时代的发展，科学社会主义理论也在不断发展和完善，但以“人的自由而全面的发展”为基本原则和根本追求一直是科学社会主义坚持的基本原理和宗旨，人的全面发展是马克思主义的最高命题。在社会主义制度的基本价值中，人的全面而自由的发展更具有核心的意义。以人为本是历史唯物主义的一项基本原则，追求人的全面发展是马克思主义的基本价值取向。马克思、恩格斯在理论与实践中始终坚持和贯彻了这一原则，因而这也正是科学社会主义的最高价值原则。根据马克思主义经典作家的阐释，“人的自由而全面的发展”是社会主义在价值层面的本质规定和根本追求，而富强、民主、文明、和谐分别表达了形成有利于促进和实现人的自由而全面发展的物质条件、政治条件、精神文化条件、社会环境条件的要求。人的全面发展是马克思主义的最高命题。因此，实现“人的自由而全面的发展”是中国特色社会主义的本质要求，也是中国特色社会主义的基本价值理念。以公有观念为主的社会主义，代表着公平、正义、平等，人的自由全面发展，人与自然的和谐相处。从理念和目标上看，富强、民主、文明、和谐是社会主义核心价值体系的价值理念和价值目标。以人为本、促进人的全面发展是我国社会主义建设和发展的价值尺度。富强、民主、文明、和谐就是体现“人的自由而全面的发展”要求的经济价值理念、政治价值理念、文化价值理念、社会价值理念。

虽然马克思主义经典作家似乎并未专门从正义的角度解释社会主义，但是这并不表明社会主义与正义没有关联。马克思和恩格斯在《共产党宣言》中对资本主义带来的不公平、非正义和社会不和谐现象，展开了深刻揭露和猛烈批判，并在此基础上提出了科学的公平观、民主观、人权观、和谐观。马克思主义创始人把无产阶级专政与实现社会主义民主联系起来，不仅提出了“政治文明”概念（1844），而且在《共产党宣言》中这样说：“共产党人可以把自己的理论概括为一句话：‘消灭私有制’。”[②] 马克思主义的人权观是具体的、历史的，是阶级性和社会性、批判性和建构性的统一。马克思认为：“权利决不能超出社会的经济结构以及由经济结构制约的社会的文化发展。”社会和谐的理念和目标，是科学社会主义的本质规定，

① 《马克思恩格斯全集》第 22 卷，人民出版社，第 628 ~ 629 页。

② 《马克思恩格斯选集》第 1 卷，人民出版社，1995，第 286 页。

是社会主义文明发展的更高境界和奋斗目标。马克思、恩格斯指出，代替资本主义社会的未来理想社会是充满公平正义、和谐美好的社会。他们还把公平正义的实现同人的解放和全面发展结合起来，认为和谐社会的最高境界是“自由人的联合体”。社会发展与人的全面发展的和谐一致是马克思、恩格斯关于未来和谐社会的重要思想，也是马克思主义追求的价值目标。富足、平等、自由、和谐、尊严是马克思对未来理想社会的建构的价值理想。这表明，未来社会主义社会将是一个真正公正、民主、自由、平等、博爱的社会。总之，使人类从根本上实现民主、自由、和谐、人权、幸福等，是科学社会主义的重要内容。科学社会主义是代表最广大人民群众根本利益，体现科学真理性与价值合理性有机统一的科学理论。无产阶级“只有解放全人类才能最后解放无产阶级自己”的特殊历史地位和历史使命，决定了无产阶级民主、自由、人权与最广大人民的根本利益是完全一致的，是与社会主义的性质和历史使命根本一致的。社会主义为最广大的人民群众真正享有民主、自由、人权，提供了根本的制度保障和广阔的发展空间。人类解放和人的幸福是千百年来人们追求的理想。社会主义实质上就是人民幸福主义，就是普遍幸福主义，就是要让大家都能过上好日子。共产党人坚持科学社会主义必然坚持社会主义价值。过去很长一段时期，我们对社会主义的认识“不是完全清醒的”，主要是忽视了社会主义本质规定和社会主义价值，甚至把公正、民主、自由、平等、博爱、人权、人道主义等原则当作资产阶级的专利加以否定和批判，使社会主义建设长期见“物”不见“人”、见“原则”不见“人”，偏离人民群众生存和发展的各种需求，结果付出了沉重的代价。

在把马克思主义这门科学全面推向前进方面，列宁最重要的贡献就是对经济文化落后的俄国“如何认识社会主义，怎样建设社会主义”这一历史性课题进行了初步的探索，丰富和发展了马克思主义。在如何认识社会主义的问题上，列宁强调实践这一检验真理的标准，强调根据实践及其经验而非根据“本本”来谈论“什么是社会主义”。列宁说过：“一切民族都将走向社会主义，这是不可避免的，但是一切民族的走法却不会完全一样，在民主的这种或那种形式上，在无产阶级专政的这种或那种形态上，在社会生活各方面的社会主义改造的速度上，每个民族都会有自己的特点。”①

① 《列宁全集》第28卷，人民出版社，1990，第163页。

在如何建设社会主义的问题上，列宁在总结实践经验与教训的基础上认为，俄国不能按照马克思主义创始人关于共产主义特征的设想来组织社会经济生活，不能走"向纯社会主义形式和纯社会主义分配直接过渡"的道路，而要走一条适合本国特点的"间接的、迂回的"新路，也可以说是一条"新经济政策"的道路。从战时共产主义向新经济政策的转变，可以看作列宁对社会主义特殊模式的最初尝试。列宁的伟大不在于不犯错误，而在于他能正视错误、承认错误，勇于修正错误，并借纠错契机对传统社会主义进行深刻反思，冲破传统社会主义观念的束缚，大胆提出社会主义新认识。特别重要的是列宁强调根据经验、实践来认识"什么是社会主义"。列宁在1918年11月7日马克思恩格斯纪念碑揭幕典礼上的讲话中说："我们处在一个幸福的时代，处在两位伟大的社会主义者的这个预见开始实现的时代。"① 列宁曾说过，社会主义生产"就是如何使全体劳动者过最美好最幸福的生活"②。为人类谋幸福，这就是社会主义的最高价值原则。中国特色社会主义理论是对列宁特色社会主义思想的继承和发展，是对传统社会主义的重大突破。

中国特色社会主义的探索和完善过程，应该是一次高扬社会主义的理想性和价值性之旅。社会主义核心价值观应包括经济、政治、文化、社会建设领域中最核心的价值理念，具有以下基本要素：以人为本、共同富裕、公平正义、文明和谐。维护和实现社会公平正义、促进社会进步和谐幸福是中国特色社会主义的本质要求，也是中国共产党的一贯主张。中国共产党所倡导和坚持的"中国特色社会主义"，其在价值追求上是一切从人民群众的根本利益出发。中国特色社会主义之所以是马克思主义中国化的最新成果，就在于它是既符合中国基本国情又符合全国各族人民根本利益的社会主义，是人民群众自己的"主义"。建设中国特色社会主义从根本上来说，就是在大力发展生产力和不断完善社会主义基本制度的基础上，实现社会的公平和正义，建立各尽其能、各得其所而又和谐相处的社会主义和谐社会，促进人的全面发展和社会的共同富裕，使社会主义的目的、制度和属性有机地统一起来。公平正义是科学社会主义的核心价值。我们党始终把维护和实现社会公平正义作为崇高的价值追求。邓小平同志关于社会

---

① 《列宁专题文集》，人民出版社，2009，第82页。

② 《列宁选集》第3卷，人民出版社，1995，第571页。

主义本质的理论，廓清了不合乎时代要求的模糊认识，摆脱了长期以来拘泥于具体模式而忽略社会主义本质的倾向，深化了对科学社会主义的认识。新世纪新阶段，我们党把社会公平正义摆在了更加突出的位置。所谓科学发展，就是建设民主法治、公平正义、诚信友爱、充满活力、安定有序、人与自然和谐相处的和谐社会。社会和谐是体现中国特色社会主义本质的本质属性，它展现着中国特色社会主义的优越性。2008 年 12 月在纪念党的十一届三中全会召开 30 周年大会上的讲话中，胡锦涛总书记对于“什么是社会主义”提出了两个新的科学论断：坚持效率和公平有机结合才能更好体现社会主义的本质；物质贫乏不是社会主义，精神空虚也不是社会主义。坚持社会主义价值，就是要求中国特色社会主义经济制度、政治制度、文化制度、社会制度框架和实践进程都必须围绕这些价值原则展开。社会主义的基本价值就是公平正义、民主自由、和谐文明等。中国人民走社会主义道路不是因为社会主义这个名称，而是因为社会主义有建立平等、自由、正义、人道、和谐的社会价值理想。人们在追问社会主义是什么，就是因为他们在追求和向往一种经济富足、政治民主、思想自由、人尽其才、社会公平的社会主义。中国特色社会主义本质中最为核心的是“共同富裕”。这不仅是社会主义本质的核心，也是对社会主义本质定义的经济运行目的的社会主义原则的概括。这种概括既否定了平均主义，也否定了两极分化，更否定了资本主义社会的少数人的富裕和大多数人的贫穷，从而表现出社会主义是超越于资本主义社会之上的更加符合人性和人道的“人的社会”，而不是人的异化的社会。

民主法治、自由平等、公平正义、人权和谐、尊严幸福是社会主义的本质要求，也是我们党孜孜以求的奋斗目标。改革开放以来，我国总结了社会主义实践的深刻教训，逐步提出以人为本的价值取向和公平、正义、民主、自由、人权、监督、共富、和谐、幸福、尊严等普世价值理念，体现了人类社会制度文明发展趋势和社会主义本质规定，反映了我国最广大人民群众的愿望和人类的共同社会理想。胡锦涛总书记指出：“中国共产党 85 年的历史，就是为中华民族的独立、解放、繁荣，为中国人民的自由、民主、幸福而不懈奋斗的历史。”党的十七大报告还指出：“加强公民意识教育，树立社会主义民主法治、自由平等、公平正义理念。”这表明在“中国特色社会主义”的旗帜下，中国共产党在接受了市场经济的全球化浪潮后，对普世价值的认识达到一个新的高度。著名学者俞可平曾梳理许多新的现代性理念和价值：人权、法治、治理、善治、善政、宪政、合法性、以人为本、公民社会、和谐社会、政治文明、全球治理、政府创新、增量民主、透明政府、责任政府、服务政府、效益政府等。这些都深刻地体现自由、平等、正义、和谐、幸福、尊严等人类社会的核心价值。[①]

中国特色社会主义所处的是一个全球化的时代，我们要做到与时俱进，就要吸取全人类的文明成果丰富自身，这自然包含吸取资本主义主流文化的合理成分。我们应该借鉴世界各国包括西方发达国家政治发展的有益经验，坚持中国特色社会主义制度文化现代性之路。温家宝说，要让每一个人都具有自由发展的条件，成为一个全面发展的人，都能享受幸福和尊严。政治体制改革的最终目标就是要让民众过上有尊严的生活，确保社会的公平正义。新中国成立的前夕，毛泽东在回答民主人士所担心的历史上经常出现的周期兴衰的现象的问题时，非常自信地说："我们已经找到了新路，我们能跳出这个周期率，这条新路，就是民主。"民主是引导革命胜利、新政权兴旺发达的良好药方。温家宝总理在十一届全国人大三次会议上所作的政府工作报告中庄严承诺："我们所做的一切都是要让人民生活得更加幸福、更有尊严，让社会更加公正、更加和谐。"新世纪的中国把"社会主义政治文明""保护人权""以人为本"等写入宪法，标志着社会主义制度文明建设的巨大进步。十六大以来，中央提出以"科学发展观"为指导，以"全面建设小康社会"为发展目标，构建社会主义和谐社会的宏伟蓝图。科学发展观作为马克思主义中国化、当代化的最新成果，是中国特色社会主义理论体系的前沿内容，其核心是以人为本。党的十七大、十八大提出"以人为本""人民民主是社会主义的生命""人民当家作主是社会主义民主政治的本质和核心""健全社会主义协商民主制度"的执政理念和公平正义的社会价值诉求，从而为中国制度文化建设指明了方向，这也是对社会主义认识的拓展。党的中国特色社会主义旗帜的高扬强有力地证明着社会主义的继续存在和发展的现实性。总之，人类社会的发展规律告诉我们，建立在生产资料私有制基础上的资本主义文明时代，终将被共产主义文明时代所代替，在这种共产主义文明时代，取代那作为阶级社会基础的剥削和压迫的，将是"每个人的自由发展是一切人的自由发展的条件"。[②] 中国特

① 闫健：《让民主造福中国——俞可平访谈录》，中央编译出版社，2009，第95～96页。

② 《马克思恩格斯选集》第1卷，人民出版社，1995，第294页。

色社会主义所践行的以此为最终目标的道路，是一条追求制度文化现代性的新路。

第二节　中国特色社会主义的制度文化逻辑及其特点

社会主义在中国的思想传播与中国特色社会主义制度文化选择是近现代以来中国制度文化的必然选择。从制度文化变迁的角度看，它有以下几个特点。

一　中国特色社会主义是中国近现代以来中国最重大的制度变迁和文化创新

科学社会主义不仅是一种理论建构，而且是一种现实的政治选择。马克思主义从根本思想来讲是一种改造社会的理论，科学社会主义的传入首先是作为改造国家命运的工具加以运用的。要救国就要有救国的学说，要反帝就要有反帝的武器，科学社会主义正是这样一个救国反帝的武器，它能发挥改造世界的功能，科学社会主义体现了这种实践品格。民族主义的本质是要为民族国家提供一个制度基础。近代中国从孙中山到毛泽东的各种革命都是为了建立这样一种制度基础。

中国人对西方文化的认识和接受经历了器物文化－制度文化－文化心理的不断求索，这成为中国社会向前发展的重要阶梯。洋务运动－戊戌变法－辛亥革命－新民主主义革命－社会主义改造－改革开放，这基本可以看作是中国制度文化现代化的发展线索。中国的先进分子接受马克思主义、选择社会主义道路，绝不是凭一时的激情，而是经过长期失败后的新觉醒，是反复比较后的新选择。正如梁启超所概述的那样“第一期，先从器物上感觉不足……第二期，是从制度上感觉不足……第三期，便是从文化根本上感觉不足”①。有论者指出，鸦片战争后开始“洋务运动”学西方技术；甲午战败后转学制度；戊戌变法失败后，“辛亥革命”推翻帝制建立民国，但中国仍然没有摆脱困境，这便使国人特别是精英们认定是中国的思想文化有问题，于是打倒“孔家店”，走上了器物、制度、理念现代化之路。中

① 《梁启超选集》，上海人民出版社，1994，第833～834页。

国的先进分子对各种各样的主义和方案经过反复比较，选择了马克思主义，选择了社会主义，选择了俄国十月革命道路，这是中国人民作出的郑重历史选择。著名学者金耀基曾深刻地总结道："从客观的现象去理解，百年来中国知识分子所主张的保守主义也好，全盘西化也好，中西合璧也好，都是古典中国在西方文明的挑战下所产生的本土化运动的几个方向……但从文化认知的观点来看，都不免有令人失望的地方……世界摆在我们的面前，我们已明白地看出，中国的出路不应回到'传统的孤立'中去，也不能无主地倾向西方（或任何一方），更不能日日夜夜地在新、旧、中、西中打滚。中国的出路只有一条，那就是中国的现代化。"① 从激荡到较量、从多元到一元、从误读到正读②，先进的中国人终于找到了适合中国国情需要的制度模式和文化认同。

中国特色社会主义是科学社会主义在当代中国的成功实践，中国模式是社会主义的中国实现形式。尽管科学社会主义诞生以来，不断遭受各种诽谤、攻击、谩骂，但科学社会主义真理如燧石一样，越敲击越放出耀眼的光芒。中国一定要走社会主义道路，而且一定要走中国特色社会主义道路，这是中国历史的必然选择，是中国人民的现实选择，是科学社会主义在中国的成功实践。"中国道路"是对"卡夫丁峡谷"的创造性成功跨越。从经典社会主义到中国特色社会主义——马克思主义的灯塔指引着中华民族的伟大探索。中国特色社会主义事业的巨大成功，以无可辩驳的事实证明，科学社会主义的基本原理具有强大的生命力。中国特色社会主义道路是引领当代中国发展的正确道路，是实现中华民族伟大复兴的康庄大道。中国共产党人始终以巨大的理论和实践勇气直面挑战、破解难题，中国特色社会主义事业的创新探索为科学社会主义注入了新鲜的时代和民族元素。

二　革命是中国特色社会主义现代化的制度前提，改革开放是中国特色社会主义制度变迁的必然选择，改革开放本身就是一种内生的制度创新

改革开放以来我们在探索中国特色社会主义道路的过程中，一直面临着关于什么是社会主义的反思和追问。这一反思和追问不仅表明这 30 多年当中在对什么是社会主义的认识上始终存在着不同的解读，而且也表明中

① 金耀基：《从传统到现代》，中国人民大学出版社，1999，第 12 页。

② 李屏南：《选择与创新——科学社会主义观在中国》，人民出版社，2006，第 2 页。

国特色社会主义的探索始终伴随着社会主义“革命”和“现代化”话语合法性论证的问题。[①] 从现代性与革命历史叙事的视角看待20世纪中国革命时，我们今天还生活在20世纪的影响中，这是一个特殊的政治创制时代。“欲求文明之幸福，不得不经文明之痛苦，这痛苦就叫做革命。”关于中国革命与制度现代化的关系追问，蕴涵着探索并借鉴古往今来的佳制与良思，探讨中国制度文明兴衰的机理的任务，蕴涵着关于社会秩序和制度建设的深层机制以及内在合法性的思考。

如何认识革命和现代化的关系，是分析新中国制度文化的逻辑前提。革命是20世纪非西方世界现代性的先导，是实现执政合法性的前提。中国近代以来制度的形成有一个基本特征，就是通过革命来实现制度的变换，以新制度替代旧制度。中国革命与社会主义现代化具有内在的逻辑：革命为中国式现代化开辟了道路，提供了制度前提。民族独立是现代化的前提，实现民族独立的革命性质决定了现代化道路的方向。中国要实现自己的现代化梦想，必须争得民族独立和人民解放，彻底扫清走向现代化的内忧外患。中国特色社会主义道路是近代以来中国革命发展的必然结果，“社会主义现代化”是中国革命道路选择的真正超越。20世纪初中国陷入了半殖民地半封建社会的深渊。中国革命性质这种重大的历史转换，必然性地提出了中国现代化道路新的选择的问题。中国的先进分子越来越清晰地认识到，没有民族独立，现代化是不可想象的。近代以来中国人民在探索自己发展道路过程中实现了理性自觉，认识到社会主义与现代化价值目标的一致性。中国的主要问题已经不再是要不要一个独立的民族国家的问题，而是应该建立一个什么样的民族国家的问题。中国共产党带领人民完成了救亡图存的百年命题，开启了民族复兴的曙光，奠定了现代化建设的制度基础。从现代化的角度看，十月革命的意义开辟了一条社会主义现代化的新路径，向经济文化相对落后的中国昭示出另一种现代化道路的选择。由于历史的机缘和吊诡，中国最终放弃了资本主义的选择，从而改变了中国制度文化现代化道路选择的方向。当中国的现代化放弃资本主义而选择社会主义道路时，无论是在实现方式还是在历史任务上都发生了根本性的变化。60多年前新中国的成立，完成了由半殖民地半封建社会到新民主主义社会的历史性转变，彻底扫清了中国走向现代化的制度障碍，为当代中国一切发展

---

① 陈建华：《“革命”的现代性：中国革命话语考论》，上海古籍出版社，2000，第5页。

进步奠定了根本政治前提和制度基础。“社会主义”是新中国、新道路的起点，新中国的成立和社会主义制度的建立，是“中国道路”的奠基礼。有学者认为，在革命与社会主义现代化之间，以解放和发展生产力为桥梁，形成这样一种关系：只有破除旧的生产关系，解放生产力，才能发展生产力，实现社会主义现代化；而要解放生产力，必须进行社会革命。换言之，革命是实现社会主义现代化的必经阶段，为题中应有之义。事实表明，革命绝不是同现代化相矛盾、相对立的，革命是现代化最重要、最强劲的推动力量；如果没有革命为现代化创造民族独立、人民解放这个前提条件，中国的现代化就永无实现之日。

正确认识新中国成立以来两个30年的关系，也是中国特色社会主义研究不可绕开的重要课题。吴波指出，对于“中国模式”的认识和把握，需要基于新中国60年的整体性视野。如何看待这两个30年的关系，已经超越了对前30年和后30年各自的历史评价的问题，直接关乎对“中国模式”内涵的认识和把握。割裂新中国两个30年并作简单片面的评判，会使“中国模式”的研究不可避免地进入误区①。有学者指出，两个30年的内在统一构成中国特色社会主义道路的完整形态。近年刘国光发表文章指出：共和国六十年，是怎么走过来的？前30年，从新民主主义走起，走向建设社会主义；“改革开放”后，又从中国原有的社会主义，走向“有中国特色的社会主义”②。香港学者甘阳2007年发表了《中国道路：三十年与六十年》一文，提出了正确认识新中国改革开放前后两个30年的问题，反对那种把新中国前后两个30年对立起来、互相否定的不负责任的态度，论述了前后两个30年是共通的、一脉相承的。新加坡国立大学东亚研究所郑永年教授认为，改革开放30年的成绩离不开前面的30年。正因为计划、集权、没有自由、封闭、贫穷的社会主义已被证明为行不通，才使得无论是领导层还是中国社会普遍接受并追求市场、分权、开放和富裕生活等价值。有人以虚无主义的态度贬低传统、歪曲历史，把中华民族五千年文明史描绘成漆黑一团，认为革命只能起破坏性作用而没有建设性意义，为此而鼓吹“告别革命”，并把“五四”以来中国人民选择社会主义发展道路看作误入歧途。有人把矛头指向近代以来的启蒙与革命，妄图把儒教意识形态化，以

① 吴波：《中国模式与两个30年》，《光明日报》2010年11月23日。

② 刘国光：《从新民主主义到中国特色社会主义》，《光明日报》2009年9月22日。

儒教去代替马克思主义。还有一些人以“反思历史”为名，歪曲“解放思想”的真意，从纠正“文化大革命”的“左”的错误，走到“纠正”社会主义，认为我国不该过早地搞社会主义，而应该让资本主义充分地发展，这是历史虚无主义思潮的一个突出表现。[①] 对于这些，我们要明辨廓清，以正视听。

中国特色社会主义制度是建立在中国共产党领导的新民主主义革命基础上的，是在90年来中国共产党人对社会发展规律的深刻认识和把握的基础上内生出来的，是“摸着石头过河”和理性设计交织演进的实践成果。中国特色社会主义制度之所以能在中国取得成功，主要在于坚持独立探索的路径；它是内生于中国国情基础上的制度，而不是外来嫁接的制度。改革是历史永恒的主题，只有不断地改革，党和国家才会充满生机和活力。中国特色社会主义道路的形成和发展具有鲜明的特点，它是以改革开放为内在动力的，改革开放本身就是一种制度创新。制度的形成与演进有哪些规律，是制度研究中首先需要回答的问题。“摸着石头过河”“顶层设计”是制度形成的不同方式。改革开放是发展中国特色社会主义的必由之路。改革开放发展了中国，改革开放发展了中国特色社会主义。中国的改革开放是对社会主义的新认识、新探索、新发展。改革是体制演进的方式，也是制度生存的方式。开放是体制变迁的历史发展，也是制度创新的时代选择。通过改革传统社会主义模式，实现了一系列重要的体制机制创新，形成了比较完整的具有鲜明中国特色的社会主义制度体系。改革是中国特色社会主义制度的自我完善，是发展中国特色社会主义、加快转变经济发展方式的强大动力，是一个长期的艰巨的系统工程。在此项宏大的系统工程中，政治体制改革与经济体制改革应该协调推进。政治体制改革，既包括党的领导体制改革，又包括政府机构改革；既包括基本政治制度的坚持和完善，又包括公民有序政治参与的逐步扩大；既包括行政体制改革，又包括权力运行的监督和制约。

三　中国特色社会主义既遵循了科学社会主义的基本原则，又具有鲜明的时代特色、民族特色和实践特色

党的十七大指出：“中国特色社会主义道路之所以完全正确、之所以能

---

① 梁柱：《历史虚无主义思潮评析》，《红旗文稿》2009年5月13日。

够引领中国发展进步，关键在于我们既坚持了科学社会主义的基本原则，又根据我国实际和时代特征赋予其鲜明的中国特色。”这一重要论断，揭示了“中国特色社会主义”的本质属性、科学内涵和基本经验。党的十八大报告指出：“我们一定要毫不动摇坚持、与时俱进发展中国特色社会主义，不断丰富中国特色社会主义的实践特色、理论特色、民族特色、时代特色。”中国特色社会主义作为一种科学理论，包含两个方面的内涵：一是符合科学社会主义的基本原理；二是符合中国的基本国情，是根据马克思主义的基本原理在中国历史、现实和实践基础上的创新。中国特色社会主义既坚持了马克思主义经典作家关于社会主义的基本原则，又适应时代的新变化和实践的新发展，根据我国实际和时代特征赋予其鲜明的中国特色。中国特色社会主义是科学社会主义基本原则与中国具体实际和时代特征相结合的社会主义，是扎根于当代中国的科学社会主义，体现了社会主义普遍性和特殊性、现代性和民族性、历史性和当代性的统一。它既坚持了科学社会主义基本原则，又具有鲜明的实践特色、民族特色、时代特色；既破除了对马克思主义的教条式理解，又抵制了抛弃社会主义基本制度的错误主张；既继承前人，又有创新发展，开拓了马克思主义发展的新境界。

“科学社会主义基本原则” + “时代特色” + “民族特色” + “实践特色”。构成中国特色社会主义的基本特征。所谓中国特色，就是在中国这样一个大熔炉里发生的一系列理论创新、实践创新和制度创新，其关键在于切合中国的实际。社会主义必须是切合中国实际的有中国特色的社会主义。“中国模式”要具有鲜明的中国作风、中国气魄和中国风格。走中国式现代化道路，建设中国特色社会主义，是对矛盾普遍性和特殊性辩证关系原理的创造性运用。中国特色社会主义是科学社会主义本质特征、基本原则与中国特色相结合的生动体现，是根据马克思主义基本理论和中国实际在中国这个东方大国中作出的伟大的实践创造和理论创新。这里，普遍性体现为马克思主义所揭示的建设社会主义的一般规律和社会主义的共同特征，特殊性体现为中国的特殊国情以及由这种特殊国情所决定的中国社会主义建设的特殊规律。我们在建设中国特色社会主义理论与实践上，既要注重社会主义质的规定性，坚持社会主义基本制度和基本方向不动摇，又要积极借鉴吸纳世界各国的优秀文明成果，不断提升社会主义制度文明水平；既要注重从本国实际出发，走出一条具有本国特色的社会主义建设道路，又要遵循社会发展的一般规律，推进社会主义制度文化现代化进程。

首先，中国特色社会主义坚持了科学社会主义的基本原则。中国特色社会主义坚持了马克思主义经典作家关于科学社会主义的重要思想，贯穿了马克思主义的立场、观点、方法，在理论和实践上都遵循了科学社会主义的基本原则。赵曜说，科学社会主义与中国特色社会主义联系最为紧密。社会主义越向前发展，科学社会主义的地位就越突出。一方面，坚持社会主义的普遍性，深刻领会中国特色社会主义所体现的马克思主义世界观和方法论及所蕴涵的科学社会主义基本原则。普遍性原理告诉我们，中国所走的道路，是在新的时代和实践条件下不断探索的科学社会主义之路，而不是什么别的道路。邓小平说过，我们搞改革开放没有丢老祖宗，老祖宗不能丢。从思想渊源上讲，中国特色社会主义是对马克思主义，特别是对科学社会主义的继承和创新，是科学社会主义基本原则在中国的创造性运用和发展。科学社会主义的基本原则是中国特色社会主义理论体系之“脉”，是中国特色社会主义理论体系的理论渊源。因此，我们可以说，中国特色社会主义的基本原则与科学社会主义的基本原则一脉相承，是一致的。

其次，中国特色社会主义具有鲜明的时代特色。中国特色社会主义在理论和实践上遵循了科学社会主义基本的原理和原则，是科学社会主义中国化的新形态，是对科学社会主义的丰富和发展。对当今时代的发展变化和中国特色社会主义实践的客观要求作出准确判断和科学回应，是当代中国马克思主义具有生命力、创造力、感召力的根本所在。每个时代都有属于自己的问题。在新的历史条件下，我们党深刻把握和平与发展的时代主题，立足我国正处于并将长期处于社会主义初级阶段的现实国情，反映时代精神、回答时代问题、引领时代潮流，开拓了马克思主义新境界。20 世纪 70 年代末以来，和平与发展成为时代主题。面对国际形势的重大变化，我们党以宽广的眼界观察世界，以科学思维审视时代，敏锐把握时代主题和人民愿望，在总结正反两方面经验教训的基础上作出实行改革开放的重大决策，开辟了中国特色社会主义道路。同时，这条道路又从中国的实际出发，从制度、体制和做法等方面，对科学社会主义进行了探索与创新。例如，坚持公有制为主体、多种所有制经济共同发展的基本经济制度，坚持按劳分配为主体、多种分配形式并存的分配制度，建立和完善社会主义市场经济体制，坚持人民民主专政和人民代表大会制度，发展民族的科学的大众的社会主义先进文化，构建社会主义和谐社会，坚持以人为本和人的自由全面发展等。这些都表明中国特色社会主义道路与科学社会主义既一脉相承，又与时俱进，使社会主义在中国获得了生机活力和时代特色。

马克思主义中国化历史发展中的时代化和大众化，是百年来马克思主义在中国发展与传播的重要特点，也是马克思主义在21世纪中国发展的崭新要求。马克思主义中国化的历程体现了中国化与时代化的统一，既表明了中国化是马克思主义的存在方式，也充分展现了马克思主义与时俱进的理论品格。从思想逻辑上讲，马克思主义中国化是一个会通和创新的过程。具言之，这是一个由世界性理论向民族性理论转化的民族化、由经典性理论向当代性理论转化的当代化、由普遍性真理向具体性实践转化的实践化、由精英化理论向大众化理论转化的大众化过程。科学社会主义中国化是时间维度与空间维度的统一：一方面要求科学社会主义随着中国历史进程的发展而不断发展，另一方面又要求科学社会主义与中国特定历史进程中的世情、国情、党情更加紧密地结合起来。把握这种时间维度与空间维度的统一，就是实现科学社会主义当代化。马克思主义大众化是马克思主义时代化的重要内涵。党的十七大报告指出，大力推进理论创新，不断赋予当代中国马克思主义鲜明的实践特色、时代特色，实现马克思主义大众化。我们对中国特色社会主义理论体系的理解，应具有广阔的理论视阈。从理论体系的思想渊源上，着重把握中国特色社会主义理论体系是坚持和发展了马克思列宁主义、毛泽东思想，是与马克思列宁主义、毛泽东思想一脉相承的思想体系；从理论体系创立主体上，着重把握中国特色社会主义理论体系是几代中国共产党人带领人民不懈探索的智慧和心血的凝结；从理论体系的地位上，着重把握中国特色社会主义理论体系是马克思主义中国化的最新成果，是党最可宝贵的政治和精神财富；从理论体系的指导意义上，着重把握中国特色社会主义理论体系是全国各族人民团结奋斗的共同思想基础；从理论体系的品质上，着重把握中国特色社会主义理论体系是不断发展的开放的理论体系。

最后，中国特色社会主义具有鲜明的民族特色。科学社会主义理论作为一种世界性的科学思想体系，是放之四海而皆准的科学真理。但是，这种世界性的真理必须同各国的具体实践、各民族的文化相结合，才能真正对这个国家和民族产生科学指导意义。社会主义的民族形式是社会主义本质内涵的具体表现，社会主义的优越性和生命力只有通过适当的、有效的民族形式才能得到充分发挥。中国特色社会主义是科学社会主义中国化的民族形态，民族化是中国特色社会主义发展的基本依托。正因为中国特色社会主义道路深深扎根于中国大地，才得到了中国最广大人民群众的支持和拥护；由此也决定了我们所要建设的社会主义必然带有鲜明的民族特色，带有显著的中国风格和中国气派。当代中国马克思主义立足中国国情，吸收了中华民族的历史传统、文化底蕴、经验智慧，注重从中国优秀文化传统中汲取智慧和养分，具有鲜明的民族特色。如当今我们耳熟能详的“中国特色社会主义”“小康社会”“和谐社会”等术语已把党的路线方针化为广大人民群众的自觉实践；在“三个代表”重要思想和“以人为本”的科学发展观中就具有传统文化底蕴和鲜明的时代特点之内容。中国特色社会主义理论体系中所蕴涵的实事求是精神、以人为本情怀、统筹兼顾方法和小康社会、和谐社会、和平发展理念等都充分体现了这一点。“中国模式”是中国共产党人为迎接全球化、信息化、知识化、工业化时代的挑战，把古代社会的“和合文化”“小康理想”与社会主义现代化进程联系起来的新突破和新创造。科学发展观的“以人为本”理念是对我国古代民本思想和孙中山“民生史观”的继承和超越。它与原创性科学社会主义的联系不仅是继承性的，而且带有与中国国情相伴的独创性。

十一届三中全会以来我党所概括的实事求是、与时俱进、以人为本、和谐社会、和平发展等重要思想观念，其理论实质当然是马克思主义的，但其语言风格、精神底蕴无疑浸透着中国文化色彩。如不同历史时期的“小康社会”“发展才是硬道理”“摸着石头过河”“两手抓，两手都要硬”“三个代表”“德治和法治”“与时俱进”“科学发展”“以人为本”“和谐社会”等，既高度凝练又通俗晓畅的格言警句广为传布，成为人民群众投身革命、建设和改革事业的思想遵循和行动指南。其浅显直白却寓意深刻，以简明扼要、通俗易记、形象生动的语言表达出来，让大众看得明、听得懂、学得进，在人民群众中产生了深刻影响。“实事求是”“拨乱反正”“义无反顾”“异军突起”“当断不断，反受其乱”“礼之用，和为贵”等中国传统典籍中的成语或警句，经常被邓小平同志用来表达马克思主义的深刻道理，并被中国老百姓所乐于接受。“三个代表”重要思想和科学发展观也是既充满着马克思主义的精神和时代内容，又吸收了中华民族传统文化的精粹，同时又赋予它们以新的时代内涵。江泽民提出的在建设社会主义市场经济中坚持以德治国、把德治与法治统一起来，胡锦涛提出的和谐社会、以人为本、社会主义荣辱观等，都是从中华民族优秀的传统文化中汲取丰富的营养，以广大人民群众耳濡目染的语言方式，生动地表达了中国化马克思主义的理论精髓和思想特质。儒家的民本理念和合文化，寻求人与人、人与自然和谐共处的思想，在新的时代发展为胡锦涛的和谐社会和谐世界理论。在中国封建主义社会的主流文化中，“仁”“义”“孝”价值观，以及“修身、齐家、治国、平天下”的人生观等，经过批判都可以在一定程度上和社会主义核心价值衔接起来。如在社会主义荣辱观中，“以服务人民为荣”，可以和传统的“仁”相联系；“以损人利己为耻”，就可以和传统的“义”相联系；“以诚实守信为荣”，也可以和传统的“孝”联系起来。

四　中国特色社会主义蕴涵着如何建立一种新的现代性来代替传统现代性的新探索，中国特色社会主义之路就是中国的现代性生成过程

马克思主义通过对资本主义危机和现代性问题的分析，揭示了社会主义代替资本主义的历史必然性。马克思主义作为人类思想史上的奇葩，融进了西方优秀文化的现代性文明，代表了一种全新的思想体系。马克思主义的传入，体现了中国人更理性、更自觉的主体性文化选择，使“五四”以后的制度探索和文化追求获得了现代性视野。马克思主义中国化蕴涵着传统与现代、东方与西方、普遍与特殊、继承与创新的现代性主题，中国人民选择社会主义道路蕴涵着建构新的现代性的价值诉求。马克思主义智慧之光的传播，使中国人民真正开始了伟大文明的复兴。马克思主义在改造中国社会的基础上，也极大地提高了中华民族的思维能力和文化水平，促进了中华民族的觉醒。马克思主义传入中国是中国社会发展对现代性诉求的必然反映，中国特色社会主义就是最高意义上的现代性成果。

中国特色社会主义蕴涵着如何建立一种新的现代性来代替传统现代性的新探索，中国特色社会主义之路就是中国的现代性生成过程。近代中国面临着现代性危机，对现代化的追求是以世界资本主义的发展为背景的，而对资本主义的判断又使启蒙思想家选择了社会主义。马克思指出，在一定的历史环境下，某些民族可以跨过“卡夫丁峡谷”，走上社会主义道路，避免资本主义的灾难，以人道的方式汲取资本主义的文明成果。20 世纪的中华民族，在中国共产党的领导下，发挥历史的主动性、创造性，走上了社会主义的发展之路。现代化与社会主义、现代性与民族性的统一，是中国特色社会主义发展的客观要求。现代性作为一个多维度的“总体转变”的历史过程，在现代性的中国语境下培育和谐社会，必须充分重视现代性

问题，并摆脱西方错误的现代性建构模式，在推进现代化的同时克服现代性问题。社会主义在中国的传入和选择，体现了探索中国国情的现代化模式，如何处理好现代化与社会主义的关系，克服所谓的“现代化病”，就成为关系中国社会主义发展的重大历史性课题。中国特色社会主义现代化之路不仅是对资本主义现代性的反思和批判，也意味着对苏联社会主义模式的否定和超越。中国特色社会主义是全球化背景下中国现代化的根本制度条件，是中国共产党人在21世纪为实现中华民族复兴所做出的现代性超越和制度文化抉择。而要搞清楚社会主义建设的基本问题，必须在社会主义观上不断创新，保持党的先进性和理论的创新性。中国特色社会主义理论体系、“三个代表”重要思想、科学发展观与和谐社会论就蕴涵着建构新的现代性的价值诉求。中国特色社会主义理论体系比较系统地初步解决了经济文化落后国家如何建设社会主义，如何巩固和发展社会主义这一当代最大的历史性课题，以一系列新思想、新观点丰富和发展了马克思主义。中国特色社会主义理论体系是对马克思列宁主义、毛泽东思想的继承和创新。中国特色社会主义道路将向人类表明：社会主义是必由之路，社会主义优于资本主义。

中山大学肖滨从中国现代性国家的成长角度观察思考制度文化变迁：从1949年到2009年，新中国已经走过60年的历程。有三个非常重要的时间观察点：一是1949年，二是1979年，三是2009年。从皇权帝国到主权国家（1949年以前）；从全能国家到市场国家（1949～1979年）；从政党国家到公民国家（1979～2009年）[①]。科学发展是一种与新型现代性相联系的发展观，即要实现科学发展、和谐发展、和平发展和人的全面发展。黄苇町教授指出，科学发展、和谐发展、和平发展被称为发展中国特色社会主义的新三大法宝。科学发展、和谐发展、和平发展之路的形成，也是社会主义制度文明模式的开拓。这是一条不同于经典社会主义与传统社会主义的现代化新路。20世纪中国特色社会主义发展道路和中国模式的勃兴引起了人们的关注和兴趣，并走出了一条科学发展模式的新型现代性之路。所谓新型现代性，是指那种以人为本，人和自然双赢、人和社会双赢，相互关系协调和谐，并把自然代价和社会代价减少到最低限度的现代性。对于

---

① 肖滨：《把握中国政治30年：叙述话语的选择》，《中山大学学报（社会科学版）》2008年第5期，第147～152页。

“中国模式”而言，如何辨清各种认识，继续在科学发展观的统领下，在现代化与民族化的制度文化实践中，实现社会和自然的协调发展和可持续发展、效率和公平的同时并重、加强民主治理和善政改革、保障公民权利、建立公民社会与政府之间的良好合作，建立起一个更加繁荣稳定、共同富裕、自由和谐、平等公正的社会，那就不再是一个过渡期的“转型模式”，而将是一个真正富有世界影响力的“文明模式”。科学发展观凸显了我党的执政理念，其政治意义在于体现了我党对社会主义现代化建设规律认识的新发展。科学发展观作为社会主义发展观的制度意义就在于，它为第三世界的国家如何实现现代性的内在超越提供了一个关于非资本主义生产方式选择的启示。

五　中国特色社会主义在制度文化建设中摒弃了过去价值理性的偏执和工具理性的滥用，实现了价值理性和工具理性的和谐探索与协调发展

一个健全的社会必须建立在工具理性与价值理性的统一之上，或者更进一步说，工具理性应当从属于价值理性。价值理性和工具理性应是统一的。工具理性只有在价值理性所提供的目标和前提下发挥作用，才是积极的。如何在“工具理性”和“价值理性”这两种本质上不同的“理性”准则之间保持合理的张力？这是一个难题。因为工具理性的极端发展可能使之征服了社会生活的一切领域，出现了工具理性对价值理性排拒，这就步入了形式化和工具化的歧路，其结果就是工具理性对价值理性的遮蔽与背离。最近学术界运用工具理性和价值理性的分析框架来反思和认识中国社会主义现代化的变迁和趋向①。这是一个有说服力和解释力的理论视角。如果把新中国的成立作为中国社会制度文化现代化的起点，从工具理性和价值理性关系模式看，我国制度文化现代化的演进趋向经历了改革开放前工具理性和价值理性的畸形统一到在现代制度文化体系构建中的调整矫正，促进了工具理性和价值理性的和谐探索。

改革开放前我国社会主义制度文化探索出现了偏差和误读——工具理性的僭越与价值理性的偏执。新中国成立，我们沿袭了传统的斯大林模式。

---

① 高艳萍、何美然：《当代中国社会主义制度现代化的基本趋向研究》，《科学社会主义》2009 年第 5 期。

概括起来就是：政治的集权化、经济的计划化、思想的一元化、社会的一体化。计划经济时期我国逐步形成和建立了人民民主专政的国家制度、高度集权统分统配的计划经济、舆论一律的文化体制、全能主义的社会体制。在这种革命式现代化模式下，我们强调意识形态对生产力发展的促进功能、突出党的一元化领导和集权统一、实行“大民主”的政治动员和群众参与。总体上看，传统体制是附属于当时我党的社会主义制度理想的，因而带有浓重的价值理性取向。这种做法只关注一种价值和理想原则，不考虑实行这些原则的后果；这种体制体现了偏重集体主义的工具理性的追求和滥用，国家集中有限的人力物力财力迅速实现国家工业化的动员式现代化模式的要求。传统社会主义发展模式和中国实际相脱节的问题也日益暴露出来，我国制度文化现代化的探索走入误区。人们对如何走适合中国国情的社会主义道路缺少规律性的认识，因而犯了超越社会主义发展阶段的“左”的错误，使社会主义建设付出了沉重的代价，留下了深刻的教训。改革开放以来，我们在坚持社会主义基本价值的同时，摒弃了过去的价值理性偏执和工具理性的滥用，在制度设计和建设中实现了价值理性与工具理性的协调发展。我国开始探索一种适合中国国情的现代化制度模式，在现代制度文化体系中建设中国特色社会主义。我国的改革开放是对经典社会主义的重大创新和发展。经过 30 多年的改革开放，我们认识到市场经济需要全新的社会体制支撑，需要确定核心价值，建立公认的社会公共规则和道德规范，如政治上的自由民主制度、经济上的明晰产权制度、道德上的以人为本等。我们党在领导人民进行革命、建设和改革的过程中，今后仍必须始终把维护和实现社会公平正义作为崇高目标和任务，以发展生产力来提升政治合法性的执政基础，以国家和社会关系的调整来消解全能主义政治的影响，以社会主义民主和法制建设来代替个人权威和迷信，以社会主义核心价值体系建设整合意识形态，以复合式程序化渐进式来提升人性的尊严和价值关怀。

毛泽东的一生，不论胜利和失败，贡献和错误，理论和实践，都是中国制度文化现代化的重要组成部分，对邓小平后来创立的中国特色社会主义具有极其深远的影响。毛泽东在探索中取得的重要理论成果无疑是邓小平创立中国特色社会主义的直接的思想来源，或者给他提供了重要的思想启示，就连毛泽东在探索中所犯的错误和遭遇的失败，也促使后人从中吸取教训。毛泽东同志一生对社会主义经济、政治、文化、社会制度的探索，始终贯穿着对社会公平正义的追求，这是弥足珍贵的。正如有学者所概括指出的，毛泽东在对中国社会主义建设道路的理论与实践探索过程中所积累的历史经验，是中国特色社会主义道路的实践前提；所提出的关于中国社会主义建设规律的理论成果，是中国特色社会主义理论体系的理论准备。但由于历史和时代条件的限制，由于实践与认识的局限，毛泽东对社会主义制度文化建设的理解简单化、单一化，形成、积淀了许多传统观念，他晚年对社会主义制度文化建设的探索走入误区，造成对社会主义制度理念的误读。毛泽东为保持革命的纯洁、建立理想的社会主义，这样的动机是无可挑剔的，但问题在于，目标过于脱离实际且达到这一目标的方式和手段出了问题。他没有放弃他在“大跃进”期间形成的以苏联模式为基础并带有一些空想成分的社会主义观念，很快就从过去对苏联模式一些具体弊端的批评转向了对苏联模式总体上的维护。“文化大革命”就是毛泽东为捍卫传统的社会主义原则、实现他的美好理想而发动的，也是在他的脱离中国实际的社会主义观的指导下进行的。毛泽东发动“文化大革命”的主观愿望是建设一个理想的社会主义新社会。他设想的制度理想无疑是以工具理性和价值理性的统一与和谐为初衷的，但他没有将发展生产力这一物质基础从实践上加以真正贯彻，这致使带有空想色彩的制度建构逐步趋于停滞。那些年我们学习苏联，“苏联的今天就是我们的明天”，一系列变革使我国从新民主主义的经济体制过渡到高度集中统一的计划经济体制，付出了沉重的代价。社会主义的传统计划经济体制模式，不仅在于离开了本国的实际，从实质上看，主要是离开了经济和社会发展的客观规律，离开了人类的文明大道。邓小平曾经说过：“我们现在的路线、方针政策是在总结了成功时期的经验、失败时期的经验和遭受挫折时期的经验后得到的”。邓小平在“南方谈话”中提出建立社会主义市场经济体制，表明我们对中国特色社会主义要遵循经济社会发展的客观规律的认识不断扩展，这是对中国特色社会主义的突破性认识。党的十四大明确提出了“社会主义市场经济体制”的改革目标模式，这是对传统社会主义模式的重大修正和跨越。

六　中国特色社会主义在制度文化变迁中实现了科学发展和模式转型

发展是当代中国的首要问题，也是中华民族伟大复兴的根本大计。发展观是关于发展的本质、目的、内涵和要求的总体看法与基本观点。随着对工业化、现代化认识的不断演进，人类对发展观的认识也越来越深刻。概括地说，人类发展观的演变大体经历了经济增长观、综合发展观、可持续发展观、人的发展观和科学发展观。纵观世界近现代史，西方国家作为工业化、现代化的先行者，在长期的实践过程中探索形成了相对成熟的现代化发展理念，但后果教训不少。20 世纪 50 年代，以刘易斯为主的美国经济学家将发展完全等同于经济增长，结果实践中有些国家出现了“有增长无发展”，甚至是“负发展”的现象。到 60 年代末，这种“发展 = 工业化 = 经济增长”的发展观和发展模式受到了更大的挑战。工业革命以来那种“高增长、高消耗、高污染”的发展模式和“先污染后治理”的发展道路被摒弃。到 20 世纪末，逐步形成了“发展 = 经济 + 自然 + 社会 + 人的发展”理念。20 世纪世界经济社会发展中出现的一些现象表明，传统的发展模式已不适应时代发展的要求。我们不能再走西方国家那种“先污染后治理、先积累后解决”的发展老路，必须走出一条新路，做到科学发展、创新发展、低碳发展、和谐发展。即将制定并实施的“十二五”规划，要在加快发展方式转变中完善发展模式，实现我国经济社会发展向科学发展轨道的全面转变。也就是将更加注重以人为本，更加注重全面协调可持续发展，更加注重统筹兼顾，更加注重保障和改善民生，促进社会公平正义。今后要进一步加快转变经济发展方式，更新发展理念、创新发展模式，把保障和改善民生作为根本出发点和落脚点，坚持做到在发展中促转变、在转变中谋发展。有学者认为，未来五年中国将开启经济与社会的双重转型，以转变发展方式和调整经济结构为主线，部署中国经济社会从外需向内需、从高碳向低碳、从强国向富民的三大转型。

新时期改革开放 30 多年来，以邓小平、江泽民、胡锦涛、习近平为主要代表的中国共产党人，在不同历史时期对发展问题进行了积极探索和实践，回答了中国“要不要发展”“为谁发展”和“怎样发展”的问题，丰富了马克思主义发展观的理论内涵，形成了具有中国特色的科学发展观，为中国的发展指明了方向，也创造了世界工业化、城市化和现代化发展史上的奇迹。但是那种依靠资源投入实现快速扩张的传统发展模式已经走到了尽头，我们必须面对“成长的烦恼”“转型的阵痛”。这既是传统发展模式之危，更是科学发展模式之机。今后何去何从？关键就看能否真正实现科学发展。我们必须在新形势下“走出一条新路”，实现模式的转型和超越。中国将坚持走中国特色发展道路，坚持科学发展，加快转变经济发展方式，走出一条均衡和可持续的发展道路。科学发展观是在总结世界各国发展经验教训，吸收当今世界发展理论精华，并深刻认识我国基本国情和阶段性特征的基础上提出来的，反映了当代世界最新发展理念，顺应了当今世界的发展潮流。科学发展观积极借鉴现代西方发展理念，积极借鉴当今世界有关发展的认识成果和世界各国发展的成败得失，对世界经济社会发展趋势作出自觉回应，是对世界上各种发展观的一次新概括和新总结，是对西方发展观的历史超越。而要实现这一转变，就必须从现代化传统发展模式的束缚中解放出来，必须从我们已经习以为常的一些旧经验、旧做法中解放出来，创新发展理念、方式和模式。中国应该从一个非科学的增长向科学发展转型。而中国的科学发展应该实现社会向全面、协调、可持续的科学发展向度的转换，实现创新型发展、公平与和谐发展、绿色发展、非依附性发展。1995 年，中共十四届五中全会提出了“经济增长方式”由粗放型向集约型转变。中共十七大提出转变发展方式，更新发展观念，创新发展模式。2010 年，中共十七届五中全会提出要加快“经济发展方式转变”。十八大提出生态文明理念，努力建设美丽中国，实现中华民族永续发展。大力推进生态文明建设，加快转变经济发展方式，作为我们党科学分析 21 世纪以来国内外发展环境新变化，尤其是应对国际金融危机冲击经验而提出的重大战略思想和指导方针，是深入贯彻落实科学发展观、全面建设小康社会的重要目标和战略举措，是探索中国特色发展道路、决定中国现代化命运的又一重大战略抉择，是最近新时期全党全社会的共同任务，这为体制机制改革和创新指明了方向。

我们必须走自己的科学发展之路。中国共产党提出的科学发展观重大战略构想，标志着党的执政理念实现了由以社会为本的发展观到以人为本的发展观的转变。科学发展观是全球化时代最大的发展中国家关于发展的世界观和方法论，它总结了当代中国发展的实践经验，反映了当代世界最新发展理念。科学发展观既是对社会发展实际趋势的思想提炼，又是对以往发展观的理论提升，是中国共产党对传统发展理念的继承创新，是党治国理政方略的重大转变。科学发展观是马克思主义在当代中国的运用和发展，集中反映了我们党对社会主义建设理论和实践的艰辛探索，凝聚着几代共产党人带领人民建设中国特色社会主义的智慧和心血，体现了深邃的历史意识和对当代人类生存处境的理性自觉。胡锦涛同志提倡的“包容性增长”“共享式发展”，十分准确地反映了中国政府所倡导的对外构建和谐世界、对内构建和谐社会的一以贯之的发展道路和执政理念。这种以民本、民生、民需为指引，以科学发展为核心的发展道路和发展模式，无疑是对苏联“唯意志论”的“大跃进”赶超发展战略的突破，尤其是对斯大林那种国家至上、忽视民生的发展道路和发展模式的突破。中国新的发展理念和模式开始在世界范围内产生影响，为那些探求不仅发展自身，而且还要融入国际秩序的国家提供了借鉴。我们要把科学发展观从思想转化为行动，就是要改变以高投入为手段、以高污染高能耗为代价、以总量倍增为目的的传统发展方式，突破发展理念中的拜物主义和拜金主义，实现创新发展、协调发展、低碳发展、绿色发展。十八大报告提出“美丽中国”论大有深意。我们要树立以人为本的科学发展观，实现国民经济又好又快发展，坚持以人为本，重视民生，做到发展为了人民，发展依靠人民，发展成果由人民共享。坚持全面协调可持续、统筹兼顾，从单纯追求经济规模的发展，转变为追求经济、社会、生态的全面协调发展是长期而艰巨的任务。有的人认为改革开放道路走错了，应当重新捡起计划经济时代的方针政策；有的人认为应当沿着传统发展道路继续走下去，搞什么转型是得不偿失……都是错误的。我们要实现从传统发展观到科学发展观的真正转型。

树立以人为本的科学发展观符合科学社会主义的基本精神，以人为本理念是对科学社会主义学说的突破性发展。科学发展观不仅坚持和拓展了“发展是硬道理”和“发展是党执政兴国的第一要务”的思想，而且将中国特色社会主义的正确发展方向、全面建设小康社会的和谐发展道路和中国共产党执政的科学发展理念贯通起来，把坚持以人为本和经济社会全面、协调、可持续发展统一起来，赋予党的发展理论以新的时代内涵和实践要求，深化了对于社会主义发展规律的认识，是中国化的马克思主义发展理论的新形态。推动科学发展，将使我们走中国特色社会主义道路的步伐更加坚定自信。因此，我们必须坚持发展这个“第一要务”不动摇，坚持科学发展、和谐发展与和平发展不动摇，这是在当代中国进一步坚持和发展中国特色社会主义、实现中华民族伟大复兴的基本思路。

第三节　中国特色社会主义制度文化的转型与创新

邓小平是我国改革开放和现代化建设的总设计师，他提出的“中国特色社会主义”命题既坚持社会主义又创新了社会主义。以江泽民同志为核心的党的第三代领导集体和以胡锦涛同志为核心的党中央领导集体带领全党全国各族人民在全面建设小康社会的实践中坚定不移地把中国特色社会主义继续推向前进。2012年，以习近平为总书记的新一代党中央领导集体，在新的历史起点上坚持和发展了中国特色社会主义。我们成功实现了从高度集中的计划经济体制到充满活力的社会主义市场经济体制、从封闭半封闭到全方位开放的伟大转折，极大地调动和激发了人民群众中蕴藏的创造活力，大大积聚和释放了全社会的发展能量。我们成功地进行了经济基础和上层建筑领域的深刻变革，建立起中国特色社会主义经济、政治、文化、社会以及各方面的制度体制，为社会主义的巩固和发展奠定了坚实的制度基础。走中国特色社会主义道路，我国社会主义制度的优势得到进一步发挥，社会主义伟大复兴伟业更加巩固。在社会主义中国化薪火相传、与时俱进的历史进路和现实境遇中一种不同于传统社会主义模式的新型社会主义制度日益呈现在世人面前。而在改革开放事业不断发展的成功实践中理论日益得到陶铸、丰富、涵化。中国特色社会主义的宏大伟业，不但表现了中国共产党和中国人民的革命气魄和求实精神，而且表现了中华民族的文化力量和政治智慧。中国经历了党内领导制度、农村家庭联产承包责任制、行政管理体制、基层民主制度、社会管理体制、文化体制改革等几次大的制度变迁和深刻的社会变革。社会主义市场经济体制由理论变为现实，中国特色的社会主义所有制和分配体制在改革创新中不断完善；中国特色的民主政治体制在改革创新中不断健全；中国特色的先进文化体制在改革创新中不断前进；中国特色的和谐社会体制在改革创新中不断再造；党的建设的伟大工程在制度创新中得以不断推进，党的执政能力明显提高。中国特色社会主义制度的确立，表明中国社会主义事业已经从“摸着石头过河”，从实践中探索的过程，过渡到把握了建设中国特色社会主义的基本规律，并已经将这些规律性的内容制度化、体系化、具体化。

一　政治体制改革率先从党内领导制度的改革入手

1980年的中共十一届五中全会决定恢复中央书记处，作为中央政治局和它的常务委员会领导下的日常工作机构。党的十二大明确提出了“继续改革和完善国家的政治体制和领导体制”。1982年的中共十二大对党的组织制度作了重要改革：一是设立了中央顾问委员会和纪律检查委员会；二是改主席制为总书记制。这一制度是对党中央权力过分集中于少数人特别是集中于主席个人的组织机构所作的重大改革，它对于加强党的集体领导、克服和防止个人独断的弊端具有重大意义。同时，中共十二大党章规定，中共必须严格在宪法和法律的范围内活动，这对于促进党依法治国和依法执政奠定了基础。1987 年的中共十三大更系统地提出了政治体制改革的总体构想，即进行政治体制改革，就是要兴利除弊，建设有中国特色的社会主义民主政治。改革的长远目标是建立高度民主、法制完备、富有效率、充满活力的社会主义政治体制。改革的近期目标，是建立有利于提高效率、增强活力和调动各方面积极性的领导体制。1992 年，党的十四大提出政治体制改革目标是建设有中国特色的社会主义民主政治。党的十五大提出依法治国、建设社会主义法治国家的目标，为社会主义政治建设的理论和实践增添了新的内容。十四大、十五大以后，在总结社会主义政治建设历史经验，把握社会主义政治文明发展规律的基础上，党逐步提出坚持党的领导、人民当家作主和依法治国的有机统一，是社会主义民主政治建设的基本原则。1997 年和 1998 年，我国政府先后签署了两个最重要的人权公约，即《经济、社会和文化权利国际公约》《公民权利和政治权利国际公约》，2001 年 7 月，经全国人大常委会批准的《经济、社会和文化权利国际公约》在我国正式生效。江泽民同志代表第三代领导集体提出，改进领导方式和执政方式，提高领导水平和执政水平。此后的十六大加以确认。江泽民在中国共产党成立 80 周年纪念大会上的讲话中指出："我们党已经从一个领导人民为夺取全国政权而奋斗的党，成为一个领导人民掌握着全国政权并长期执政的党；已经从一个在受到外部封锁的状态下领导国家建设的党，成为在全面改革开放条件下领导国家建设的党。"2004 年，十届全国人大二次会议通过宪法修正案，首次将"人权"概念引入宪法，明确规定"国家尊重和保障人权"。这是我国民主政治的一件大事，是中国人权发展的一个重要里程碑。党的新一代领导集体提出加强党的先进性建设的重大战略思想，把保持和发展党的先进性、提高党的执政能力以及始终做到科学执政、民主执政、依法执政十分突出、十分鲜明地提到全党面前，深刻论述了新的历史条件下加强党的先进性建设的一系列重大问题，丰富了马克思主义党的建设理论。党的十七大提出"中国特色社会主义政治发展道路"的范畴，为中国的社会主义政治建设提供了根本指针。十七大报告指出：人民民主是社会主义的生命，以扩大党内民主带动人民民主，以增进党内和谐促进社会和谐。党的十八大报告指出，坚持走中国特色社会政治发展道路和推进政治体制改革。改革开放以来，我国民主建设取得了长足进步。在党内民主方面，公推公选、党代表常任制、全委会票决制等改革一直在试点中稳步推进。主要做法是：改革党内选举制度，改进候选人提名方式；推进党务公开制度，并写入党章；实行党代表任期制，拓展党内民主制度空间；中央政治局向中央委员会全体会议、地方各级党委常委会向委员会全体会议定期报告工作并接受监督制度。

二　在国家政权制度体系探索方面，社会主义政治文明不断发展创新

我们从中国实际出发，坚持把党的领导、人民当家作主和依法治国统一起来，建立并不断完善人民代表大会制度、中国共产党领导的多党合作和政治协商制度、民族区域自治制度以及基层群众自治制度等一整套政治制度，丰富和发展了马克思主义国家学说；完善民主集中制，形成党务内部公开制度、集体领导制度、党员代表大会的常任制度、党委会组成人员的权利保障制度；听证制度、信访制度、公示制度、协商民主、有序参与、差额选举等逐步推行完善，扩大直接选举范围；深化干部人事制度改革，坚持民主、公开、竞争、择优，树立正确的用人导向，建立健全干部考核评价体系，加强对干部选拔任用的监督；规范、行使和维护党员和公民的政治民主权利纳入可操作的制度体系；扎实推进教育、惩治、监督并重的惩治和预防腐败体系等。现实中政治实践的代议制民主或宪政民主以宪法为基本框架，以限制政府权力、规制民众行为、保障公民权利为核心。截至目前，宪法至上原则、公民权利（包括财产权）不可侵犯原则、人民主权原则、法治主义原则、权力制约原则、有限政府原则等，成为民主政治的基本原则；人民代表制度（代议制度）、普选制度、政党制度、公务员制度（文官制度）以及广泛的社会监督制度等，已成为民主政治的基本制度。2008 年“大部制”改革思路清晰、初见成效，《政府信息公开条例》的出台标志着我国行政民主化改革步入法制化、制度化阶段，“公推直选”成为当前深化干部人事制度改革、扩大领导干部选任中的公众民主参与的有效尝试，行政问责制是从制度上保证建立一个“责任政府”的基本制度。李君如曾概括我国政治体制改革 30 年的八大特点：一是把政治体制改革与经济体制改革结合起来，并且以经济体制改革的名义推进；二是把发展民主与健全法制结合起来，强调民主要制度化、法制化，坚持依法治国；三是

把政治体制改革与尊重和保障人权结合起来，依法保证全体社会成员平等参与、平等发展的权利；四是把发展民主法制与完善基层群众自治制度和改善民生结合起来，让人民群众在改革中享受到直接的实惠；五是把执政党依法执政与参政党依法参政结合起来，完善了中国特色的政党政治；六是把共产党的党内民主与人民民主结合起来，以党内民主带动人民民主；七是把党内监督、行政监督、法律监督与公民直接监督结合起来，建立和完善了公民舆论监督和信访制度；八是把选举票决民主与协商民主结合起来，完善了公民有序的政治参与形式①。

在基层政权模式探索和农村制度创新方面，村民自治制度、城市居民自治、职工代表大会和其他形式的企事业民主管理制度得到了普遍落实，意在通过自下而上的改革推动，完成政治体制的重塑。《中共中央关于农业和农村工作若干重大问题的决定》指出："扩大农村基层民主，实行村民自治，是党领导亿万农民建设有中国特色社会主义民主政治的伟大创造。"发展基层民主是社会主义民主制度建设的基础性工作，是社会主义民主最广泛的实践。经过30年的建设，村民自治制度已经成为我国社会主义民主政治的重要组成部分，正以崭新的面貌在社会主义新农村建设中发挥着重要作用。我国村民自治制度是在人民公社制度废除及家庭联产承包责任制实施后逐步建立起来的。党的十一届三中全会以后，"政企合一"的人民公社制度解体，使得我国农村基层社会管理出现了暂时的"真空"。这时，特别需要一种新型的社会基层组织来填补制度空白。农村改革以家庭联产承包责任制为起点，打破了当时"政社合一""统一经营"的人民公社体制，实现了经营体制的重大转变。家庭联产承包责任制与随之而来的乡镇企业、村民自治，三者一起被后来人称为中国农民的三大创举。它们不仅在制度上创造了适应我国农村生产力水平的生产组织形式，也实现了工业化和城镇化道路的创新，还探索了农村基层政治民主的形式。我国已经初步实现了基层政府的行政管理与基层群众自治的有效衔接和良性互动，乡镇政府的行政权和村民的自治权，构成了在党的领导下农村社会"乡政村治"的总格局。继1982年宪法第一次确认村民自治制度的法律地位后，在实践中村民自治的内容又被提炼概括为"民主选举、民主决策、民主管理、民主监督"。党的十五大第一次把"四个民主"的内容写进了政治报告。"四个民

① 李君如：《中国政治体制改革的回顾与前瞻》，《北京日报》2008年9月8日。

主”逐步深入人心，村民自治制度日趋完善。中共十八大提出的“坚持四个民主”（民主选举、民主决策、民主管理、民主监督）、保障公民的“四种权利”（知情权、参与权、表达权、监督权）、基层群众实行“四个自我”（自我管理、自我服务、自我教育、自我监督），是一幅十分美好的民主政治蓝图。选举制度是党内民主的重要标志。有些地方实行的公推竞岗是从我们的国情出发，从我们的党情出发，加大竞争性干部选拔的力度，发展党内民主，以党内民主带动人民民主的一种方式。“公推直选”是近10年来党的建设中具有标志性的创新成果之一，也是基层党内民主建设中一种新的选举民主模式。今后要保障人民的知情权、参与权、表达权、监督权，增强决策透明度和公众参与度。

三　在市场经济体制建构方面，社会主义市场经济体制的根本原则和制度体系基本确立形成

改革开放前我国实行的是高度统一的计划经济模式，全国各地区、各行业采取的是同一个行为模式，整个国家的制度系统没有任何制度创新的空间和可能。改革开放以来，我们不仅确立了公有制为主体、多种所有制经济共同发展的基本经济制度，还创造性地把市场经济与社会主义基本制度结合起来，确定了建设社会主义市场经济的改革目标，既注重发挥市场的作用，又注重加强宏观调控，为不断解放和发展社会生产力提供了根本的制度保证。江泽民反复强调：“我们搞的市场经济，是同社会主义基本制度紧密结合在一起的。如果离开了社会主义基本制度，就会走向资本主义。”社会主义市场经济中的“‘社会主义，这几个字是不能没有的，这并非多余，并非‘画蛇添足’，而恰恰相反，这是‘画龙点睛’。所谓‘点睛’，就是点明我们市场经济的性质”[①]。把社会主义制度与市场经济体制结合起来，明确计划和市场都是手段，解决了计划和市场的所谓姓“社”姓“资”问题。回答怎样建设社会主义的问题，在社会主义条件下发展市场经济，用市场经济的办法建设社会主义，这是我们最伟大的创举之一。我们搞的社会主义是中国特色社会主义，是能够实现中国工业化、现代化，实现中华民族伟大复兴的社会主义。我国的市场化改革不是遵循市场原教旨主义，不是简单地复制其他国家现成的市场经济模式，而是根据中国本国

① 江泽民：《论社会主义市场经济》，中央文献出版社，2006，第202~203页。

国情，独立自主地、创造性地进行制度选择和制度安排，使市场经济的一般规律与中国经济的具体情况相结合，形成内生性的制度变迁轨迹，由此避免了那种强制性的制度移植和输入所带来的不良后果。我国经济体制上的突破和创新主要成果是：从“高度集中的计划经济”到“社会主义市场经济”，从“单一公有制”到“公有制为主体、多种所有制经济共同发展”，从“一大二公的人民公社”到“以家庭联产承包、统分结合的双层经营为基础的农村基本经济制度”，从“国有国营体制”到“现代企业制度”，从“国家定价、集中管理的价格体制”到“建立统一开放、竞争有序的现代市场经济体系”，从“指令性计划”到“以预期性和约束性指标为基础的国家宏观调控体系”，从“平均主义分配方式”到“按劳分配为主体，多种分配方式并存、生产要素参与分配的收入分配制度”，从“封闭半封闭”到“全方位开放”。改革开放以来，邓小平同志和中央其他主要领导以及中央有关文件，始终强调既不搞“一大二公”单一的公有制，又不搞私有化，后来又先后提出两个“坚定不移”和两个“毫不动摇”，即坚定不移地或毫不动摇地发展公有制经济，坚定不移地或毫不动摇地发展非公有制经济。

四　在社会管理体制改革方面，形成了“一个格局、三个互动、四个机制”的制度，即健全党委领导、政府负责、社会协同、公众参与的社会基层管理体制

社会主义制度文化建设的发展，要以改善民生为重点的经济建设为基础，要以彰显社会公平正义为重点的制度建设为内核，要以促进社会的公平正义为提高我们党执政能力的关键因素。当前，中国进入结构转型加快期。要顺应这种转折性变化，必须创建新型社会管理制度。我国经济结构将由“生产型社会”转向“消费型社会”，社会阶层结构将从“哑铃型”转向“橄榄型”，今后要主动加快改革步伐，建立一个与之相配套的现代社会管理制度和政治经济架构。要树立以人为本、服务为先的理念，以改善民生为重点，寓管理于服务之中，努力实现管理与服务的有机统一；要树立多方参与、共同治理的理念，坚持党委领导、政府主导，发挥好社会力量在社会管理中的协同、自治、自律、他律、互律作用，形成社会管理合力；树立统筹兼顾、协商协调的理念，正确反映和协调各种利益诉求，综合运用经济、行政、道德、科技等手段进行社会管理。李屏南、陈湘洲认为，解决民生问题是政府的首要责任，提供社会性公共服务是其重要职责。

随着传统政府由管制型、全能型向现代政府转换，社会性公共服务缺失日益凸显。我国公共投入优先顺序颠倒、公共服务分配严重失衡、公共服务存在“公益性”缺失。今后，在党的领导下，积极推动建立政府调控机制同社会协调机制互联、政府行政功能同社会自治功能互补、政府管理力量同社会调节力量互动的社会管理网络，形成科学有效的利益协调机制、诉求表达机制、矛盾调处机制、权益保障机制。我们必须加快推进社会建设，改革和创新社会管理体制，提高社会管理水平。重塑政府形象要更加突出政府社会公共服务的公共性、公平性、公益性，加强政府社会公共服务领域的制度建设①。黄宗良教授认为，发展民主以改善民生，十七大报告说明了我党对自身的根本任务、根本目标，对什么是社会主义的认识，又深入了一个层次。民主与民生并不相互排斥，民主促进民生，民生需要民主。它们之间也是一种相辅相成、互为促进的关系。中共十八大既突出强调民生，在改善民生和创新管理中加强社会建设；又高度重视民主，人民民主是我们党始终高扬的光辉旗帜，把人民民主视作社会主义的生命。既不能将这两者割裂开来，更不能将它们对立起来。不能认为重视民主就势必忽视民生，或相反，强调民生就势必轻视民主。民生的改善必须有政治保证，这个“政治保证”就是人民民主。缺乏人民民主，民生的改善就可能成为一句空话。

改革开放以来，我国经济社会各领域都发生了深刻变化，原有的权力高度集中、政府统管一切的社会管理方式也发生了很大变化。然而，现有的社会管理体制仍难以适应快速而深刻的社会变迁的需要，今后要把加强和创新社会管理置于更加突出的位置，积极推进社会管理体制机制制度创新。如果没有社会管理体制的重大变革和创新，我们的现代化建设、和谐社会建设都是一句空话。21 世纪以来创新社会管理是我国改革的新任务，这就要求我们应深入研究社会管理规律，更新社会管理观念，整合社会管理资源，创新社会管理体制机制，构建社会管理新格局。目前，尤其需要深化对城乡管理体制、社区管理体制、社会组织管理体制、公共资源投入管理体制的改革。更新社会管理的理念，完善与新型社会管理体制相适应的道德秩序、诚信体系和行为规范。特别是以解决影响社会和谐稳定突出问题为突破口，提高社会管理科学化水平，维护人民群众权益，促进社会

---

① 李屏南、陈湘洲：《论以民生为重点的社会管理改革》，《深圳大学学报》2008 年第 3 期。

公平正义，保持社会良好秩序，建设中国特色社会主义社会管理体系。现代社会公共服务体制是现代社会三大组成部分即民主政治、市场经济与公民社会在社会公共服务领域里的聚合，其基本要素与基本价值来自这三大领域，并有机、合理地组合起来，形成特定的体制框架与结构，以实现有效地满足社会公共服务需求的体制目标。在社会政治领域，俞可平认为，一切有利于公平正义的社会管理体制改革都值得尝试和实验，也应当大力推进。如建立覆盖全民的社会保障制度，推行户籍制度改革，实现基本公共服务的均等化，扩大党内民主和基层民主，培育和引导社会组织，推进社会自治，改革农村治理结构，建设生态文明，促进城乡统筹发展等，都需要制度创新。公共服务制度包括义务教育制度、社会保障与社会福利制度、公共医疗卫生制度、科技补贴制度、公共基础设施建设制度、公共收入与公共支出制度、公共服务参与制度、社会合作制度等内容①。社会保障机制直接涉及民生问题的实现和保障，间接影响社会稳定。要改变在城乡之间和不同阶层之间公共服务产品分配方面的不公平现象，必须逐步提高社会救助、社会保险和社会福利的覆盖率，为农民和城市弱势群体提供基本的医疗、教育、就业、养老等方面的公共服务。我国近几年城乡养老、医疗和最低生活保障制度建设取得突破性进展。今后，特别是要提高居民收入在国民收入分配中的比重，提高劳动报酬在初次分配中的比重，加快形成合理的收入分配格局。当前建立普惠化、均等化基本养老保障制度是构建和谐社会的当务之急。构建普惠化、均等化的社会保障体系，是保障个体生命生存与发展的重要社会保障机制。

改革开放以来，我国开始进入“制度建设主导型政治发展”的新时期，政治人本化、社会化、公平化和法治化取得新的制度化发展。政治文明可以划分为政治制度文明、政治意识文明和政治行为文明，其中政治制度文明是核心②。所谓“体制改革主导型政治发展”，则是用局部的、渐进的改革（或改良）的手段破除旧的体制、制度机制，以谋求政治发展的方式，实现“良序民主和法治下的文明秩序”。有的学者反思了我国改革开放以来政治人本化、社会化、公平化和法治化的发展历程和经验③。学者俞可平提

① 李屏南，陈湘洲：《论以民生为重点的社会管理改革》，《深圳大学学报》2008 年第 3 期。

② 虞崇胜：《政治文明论》，武汉大学出版社，2003，第 123 页。

③ 人民网理论频道，2009－01－05。

出了“增量民主”和“存量民主”的分析框架。他指出中国制度文明发展主要有八个新观念：以人为本、人权、私有财产、法治、公民社会、和谐社会、政治文明和全球化。俞可平认为，新中国政治变迁的趋势，即从革命到改革，从斗争到和谐，从专政到民主，从人治到法治，从集权到分权，从国家到社会[①]。中国特色社会主义政制文明建设既要推动以民主、自由、法治、参与、人权为目标的民主治理，也要推动以分权、效率、透明、责任和服务为目标的理念塑造。

中国30多年的制度文化变迁创造了具有鲜明中国特色的制度模式，即所谓的中国政治制度模式。党内民主的发展是中国政治模式的关键，人民当家作主是中国特色社会主义所坚持和提倡的新型制度文明与民主模式。从基本政治制度看，人民代表大会制度、政治协商制度、民族区域自治制度和基层居民自治制度构成了中国特色的民主政治框架。我们正在实行的是中国特色的社会主义民主，它与西方国家的民主既有共同的地方，又有实质性的区别。有学者指出，“中国模式”要实现三大创新：创造比“西式民主”更好的“中国式民主”奇迹；创造比“福利国家”更公平的“财富分配”奇迹；创造比“多党竞争”更有效的“长治久廉”奇迹[②]。西方的“三权分立”和“多党政治”是他们的历史、文化和国情的产物，与中国国情有区别。当代中国面临的世情、国情和党情，决定了我国民主制度选择的可能性空间。“中国式民主”的成长空间，具体表现在作为民主的制度环境的自由空间的拓展、民主观念的达成、民主形式的生长以及支撑民主政治的制度安排的成长。这个空间要求我国的民主必须是有边界的，必须具有中国特色，必须能够真实有效地实现大多数人的共同利益和保障大多数人的共同权利。这个空间就要求中国的政治制度必须是民主的，必须能够充分调动和发挥广大人民群众建设家园、追求幸福美好生活的积极性、主动性和创造性。我们要建设法治国家，实行民主选举，加强权力监督，扩大公民参与。我们的法治、选举、监督、参与等都带有明显的中国特色。我国实行的人民代表大会制度，就是坚持议行合一原则、体现社会主义国家民主集中制的一种民主的实现形式。为了扩大公民有序的政治参与，就

① 俞可平：《中华人民共和国六十年政治发展的逻辑》，《马克思主义与现实》2010年第1期。

② 刘明福：《中国梦：后美国时代的大国思维与战略定位》，中国友谊出版公司，2010，第298～302页。

必须坚持人大制度，就应当逐步用足这一“制度空间”，使其不断转化成为现实的“制度功效”。西方的“三权分立”和“多党政治”是他们的历史、文化和国情的产物，与中国国情有着区别。必须进一步认识我国人民代表大会与西方议会、人大和“一府两院”与西方国家国家机关、人大代表与西方议员的本质区别。郑永年在2008年1月15日的《环球时报》上发表《先有制度基础，后有民主政治》一文指出，民主政治具有多种形式，发展民主政治的途径也是多样化的，这就是为什么中国一而再、再而三地拒绝西方民主，但同时又积极努力根据实际情况来发展中国民主的原因。他的结论是中国不拒绝民主，但也不简单地输入民主，这是中国有序民主的希望。2008年2月7日德国《新德意志报》文章说：“目前中国正在进行当代最伟大的社会实践……中国定将实现一种特殊的民主，这种民主将考虑到这个大国的社会、文化和经济特点。这种亚洲‘社会主义民主’所涉及的是史无前例的继续思考，不是抽象的复制西方资产阶级民主。”我们要划清中国特色社会主义民主同西方资本主义民主的界限，对于诸如“民主万能论”“民主永恒论”“民主普世论”等错误认识，必须予以澄清和纠正。

第四章　中国特色社会主义的制度文化意义

第一节　传统社会主义观的历史突破

传统社会主义观，主要指苏联模式（“斯大林模式”）。当代中国正是在照抄照搬“苏联模式”的深刻教训和“以苏为鉴”的反思下走出了“中国特色社会主义道路”，探索出“中国模式”。苏联模式是苏联在长期的社会主义实践中形成的制度、体制以及建设社会主义的方针、政策。这个模式形成于斯大林时期，并不断得到强化和固化，延续至20世纪80年代中期。在社会主义的本质特征这一层次上，中国特色社会主义与苏联模式有相同相近之处，而在社会主义本质特征的具体实现形式层次上，中国特色社会主义与苏联模式是两种不同的模式。按照“苏联模式”的公式：社会主义=单一公有制+指令性计划经济+高度集权的无产阶级专政+一元化意识形态。苏联社会主义模式的内容是，把国家所有制、指令性计划、统一调拨产品、轻视市场经济等，作为社会主义经济体制的内在要求；把党和国家领导职务的终身制、党政不分、以党代政、高度集权等，作为社会主义政治体制的内在要求；把对科技、文艺等领域的行政干预和对文化教育的高度集中管理，作为社会主义文化体制的内在要求。这种体制的弊端在于：决策方式的垂直集权，信息传输方式的迟滞、失真，各种运行机制的缺乏监督、制衡；民主法制观念的淡漠；干部任命的等级制、终身制。这种日益僵化的体制，必然损害党的民主集中制原则和集体领导，阻碍社会主义民主化进程。

苏联模式是在苏联建立之初极为复杂与困难的国内外形势下逐步形成确立的，在许多方面有其历史必然性。作为世界上第一个社会主义国家，“斯大林模式”的社会主义一度成为社会主义的“样板”，对国际共产主义运动产生了深远影响。因此，必须把这一模式放到其形成的具体的、特定的历史条件下去加以分析。我们应该将“斯大林模式”作为人类历史上把社会主义理想变为现实的第一个试验来对待。这个模式，既有对科学社会主义的正确理解、合理发挥和创造性运用，也有对马恩个别论断的教条主义的曲解、附加和形而上学的片面性。20 世纪 80 年代中后期至 90 年代初，社会主义在苏联、东欧等国家遭遇了挫折。传统社会主义道路之所以遇到了挫折，从根本上说，与独立发展社会主义计划经济的“斯大林模式”密切相关。“斯大林模式”的实质是一种僵化的社会主义模式。在实践中这种背离国情、不顾民众利益、冷冰冰的社会主义，根本无法满足人们日益增长的和物质文化需要。苏联出现的政局演变、社会制度演变，根本原因是苏联社会主义制度存在的弊病和错误，社会主义搞得不好，所以被颠覆了，它证明苏联社会主义模式是失败的。20 世纪 80 年代以来苏联东欧社会主义的失败不是社会主义道路本身的失败，而是“斯大林模式”的失败。苏联的危机实际上是斯大林体制的危机。问题的症结是：如何认识社会主义，什么是社会主义，如何建设社会主义。

邓小平同志进行改革思考和设计时，从一开始就着眼于苏联模式属于“僵化了”的、“落后的东西”，从中国和苏联的体制、模式和制度的层面上反思现实着眼改革。以明确的宏大历史背景和现代化诉求对我国发展道路的再思考，是我国进入改革开放新时期进行历史性反思并进行体制改革的突出特点。20 世纪 80 年代初，邓小平同志开始探索这个问题，指出：社会主义是一个很好的制度，但是如果不能采取正确政策，就体现不出社会主义的本质。他强调指出，“领导制度、组织制度问题更带有根本性、全局性、稳定性和长期性。这种制度问题，关系到党和国家是否改变颜色，必须引起全党的高度重视”①。邓小平同志说得很明白：“社会主义究竟是个什么样子，苏联搞了很多年，也没有完全搞清楚。”又说，对于“什么叫社会主义的问题，我们现在才解决。”② 过去苏联模式和斯大林体制的公式是：社会主义 = 生产资料单一公有制 + 计划经济 + 无产阶级专政。现在的社会主义不是这样的了。邓小平指出贫穷不是社会主义，提出社会主义的本质是解放生产力，发展生产力，消灭剥削，消除两极分化，最终达到共同富裕。江泽民提出人的自由全面发展及胡锦涛提倡“社会和谐是中国特色社

① 《邓小平文选》第 2 卷，人民出版社，1994，第 333 页。

② 《邓小平文选》第 3 卷，人民出版社，1993，第 139 页。

会主义的本质属性”等，标志着中国共产党对社会主义建设规律把握得更加主动、成熟。中国特色社会主义是一种同传统马克思主义不同的新的社会主义观，从“走俄国人的路”到“走自己的路”，这是一个历史的转折和超越，是对马克思主义的创造性发展。

中国特色的社会主义实际上是东方社会发展道路的一种典型体现。马克思曾反复强调，他之所以主张俄国要跨越资本主义制度卡夫丁峡谷，是为了使俄国人民“不经受资本主义制度的苦难”，“不经受资本主义生产的可怕的波折”。中国特色社会主义理论体系拓展了马克思“晚年设想”的内涵，突破了传统的社会主义观。“中国模式”正是从“苏联模式”的历史阴影中走出来的，并且在和平发展的新时代超越“苏联模式”而独树一帜。中国在“东欧剧变、苏联解体”中，处变不惊并迅速进行了反思，坚决不走苏俄、东欧那种“休克式”“激进式”的改革道路，而坚持走中国特色的“渐进式”改革道路。党的十一届三中全会后，我们开始真正摆脱苏联模式的束缚和影响，开始独立自主地探索自己的发展道路，提出了建设中国特色社会主义的思想。正是在中国特色社会主义理论体系的指导下，我国革命、建设、改革取得了巨大成就，实现了从以阶级斗争为纲到以经济建设为中心、从计划经济到市场经济、从封闭到开放的历史性跨越，走自己的路，创新了社会主义的理论内涵和实践模式。中国特色社会主义是马克思主义基本原理与中国具体实际相结合的产物，是植根中国大地、反映中国人民愿望、适应中国发展进步要求的社会主义。邓小平同志曾经指出：马克思主义必须是同中国实际相结合的马克思主义，社会主义必须是切合中国实际的有中国特色的社会主义①。这一科学论断是对中国特色社会主义最精辟的概括，深刻揭示了中国特色社会主义的本质属性和基本特征，揭示了中国特色社会主义能够引领中国发展进步的根本原因。改革开放（动力）论、社会主义初级阶段论、社会主义市场经济论、社会主义本质论、一国两制论、资本主义和社会主义关系论（姓“社”姓“资”）、防“左”反右论等，是对苏联模式阶级斗争扩大化、超阶段论、计划经济论、赶超战略、资本主义社会主义对立论等观念的突破。

很显然，我们讲改革开放和中国特色社会主义是对苏联模式和斯大林体制的“突破”，就是在坚持马列主义、毛泽东思想，坚持社会主义道路前

① 《邓小平文选》第3卷，人民出版社，1993，第213页。

提下对苏联模式和斯大林体制的突破。“走自己的路”意味着：中国的道路是中国共产党独立自主探索出来的，不是移植别人的路或者别人强加给我们的路；中国的道路是立足于国情、符合人民利益和要求的道路，走自己的路就是走人民利益最大化的路。中国特色社会主义对当代社会主义运动的引领，与苏联曾经对社会主义运动的引领极为不同的一点，就是对苏联模式垄断模式的抛弃和对特色道路、实事求是的追求。可以说，中国特色社会主义的“特”，主要是同苏联模式，特别是同十一届三中全会以前搞的社会主义（即中国传统模式的社会主义）相比较而言。国家发改委主办的《中国改革》杂志发表的华东师范大学教授沈志华、中共中央党校教授左凤荣两人撰写的文章指出，中国改革就是去苏联化，革除苏联社会主义模式的弊端，比如解决干部监督、所有制多元化、对外开放等；中国仍然处于从苏联模式向中国特色社会主义模式转变的过程当中，结果如何，取决于抛弃苏联模式的彻底程度，取决于是否真正实现让人民当家作主，取决于社会是否真正实现公平和正义①。如果说传统社会主义观是唯苏联马首是瞻的话，那么今天在中国特色社会主义旗帜下的当代社会主义运动，高举的就是民族特色社会主义的旗帜和马克思主义本土化的旗帜。2008 年资本主义金融危机的爆发，使我们进一步加深了对资本主义和社会主义的历史发展趋势的理解，这对于推动社会主义理想与现实相结合，建设中国特色社会主义，促进世界社会主义思潮和运动的复兴，将起到良好的促进作用。其他社会主义国家如果能够吸取苏联解体的教训，并把马克思主义与本国的具体实践相结合，相信社会主义就可以逐步实现伟大的复兴。中国特色社会主义制度模式的形成，将推动社会主义运动进入多样化探索的新时期，实现社会主义运动的伟大升华。

苏东剧变以后，一些西方学者和政治家借此机会大肆宣扬“自由主义万能论”“历史终结论”“不战而胜”“大失败”等社会主义“灭亡”和资本主义“胜利”的言论，美国学者弗朗西斯·福山甚至断言，自由民主制度也许是“人类意识形态发展的终点”和“人类最后一种统治形式”，并因此构成“历史的终结”②。苏东剧变标志世界社会主义运动陷入低潮。与此

---

① 沈志华、左凤荣：《改革就是去苏联化》，《中国改革》2011 年第 1、2 期合刊。

② 弗朗西斯·福山：《历史的终结及最后之人（代序）》，中国社会科学出版社，2003，第 1 页。

形成鲜明对照的是，资本主义通过自我调整和完善显示出较强的生机和活力。国际上流行“历史终结论”思潮，宣扬资本主义是人类最后的社会形态，任何试图替代资本主义的方案最终都会成为极权主义的祭品。西方曾有人如此断言，“20世纪将以社会主义的失败和资本主义的胜利而告终”，“21世纪不会有社会主义的一席之地，世界将是资本主义的一统天下”，“社会主义是20世纪的产物，也必将终结于20世纪”。西方媒体甚至预言，“脱离社会主义的世界潮流不久将淹没亚洲的社会主义”。毫无疑问，中国特色社会主义道路不仅全面突破了传统社会主义模式，也破除了意识形态和社会制度的“西方神话”，是人类发展进程中的历史性创举。“中国道路”“中国模式”“中国经验”显示了世界对于人类社会发展规律的再认识，是对于我国政治、经济、社会制度选择的再认识。改革开放30多年，正是我国从苏联模式走向中国特色社会主义模式的过程，中国改革所取得的成就，很多都和我们吸取苏联剧变的教训有密切联系。从传统模式的社会主义转到中国特色社会主义，是深刻的革命。中国以史无前例的全方位实践和巨大发展成就，充分证明了社会主义制度的优越性，回应了“社会主义是20世纪的产物，也必将终结于20世纪”的所谓“预言”。但近年来国内学术界却有人不顾历史事实，竭力颂扬、美化斯大林模式，把斯大林体制看作社会主义唯一的、正确的模式；有人说，斯大林模式是“假命题”；甚至有人还制造了俄罗斯重新评价斯大林、大多数俄罗斯人向往回到苏联的“神话传说”。这都是完全错误的。

第二节　中国特色现代化的模式设计

人类制度文化变迁的规律表明，文明是多样的，世界上没有放之四海而皆准的发展道路和模式。目标的普世性和道路的独特性是现代化发展的一般规律。自启蒙运动以来，现代性诉求伴随着世界现代化潮流的兴起，把现代化与社会主义、现代性与文化传统融汇起来，成为一种必然的选择。中国式现代化不能脱离自己的民族特性和文化传统，中国的现代性无论从制度还是文化层面，都有可能有必要探索一条不同于西方的新的制度建构和文化选择。中国走出了一条迥异于西方路标的现代化道路，一条充满中国特色、适合中国实际的“中国道路”。中国特色社会主义是普世性和特殊性、一元和多维、继承与创新的统一，体现了现代性的普世性和“另类现代性”的探索。

中国的现代化是后发型现代化，是政府主导型、外源型的现代化。实现现代化是中国人民百年梦寻的理想，自从1982年邓小平这位中国改革开放和现代化建设的总设计师提出“走自己的路，建设有中国特色的社会主义”这个制度设计以来，“中国作风和中国气派”的现代化模式日渐清晰地呈现在人们面前。中国共产党以大手笔对中国制度现代化的道路、目标、动力、过程、关系等方面进行了一系列创新，扬弃并反思了西方资本主义现代化、发展中国家现代化、传统的僵化的社会主义模式，从而形成了一套逻辑严密、体系完整的关于中国现代化的理论架构，实现了现代化的制度设计之“中国特色”理论升华。中国共产党的历史功绩之一就是把现代化、社会主义和中国特色统一起来并融为一体，从而拓展出一条中国式的现代化道路，为“九死一生”的中国现代化开辟了一条新路，社会主义从此将在现代化的基础上再造辉煌。

美国社会现代化研究专家塔尔科特·帕森斯在《现代社会的结构与过程》一书中将社会系统划分为价值、制度和集体三个层次。现代化问题专家布莱克认为，现代化“落脚于不同的土地，就结出不同的果实。唯一可确定的是，现代化后发社会中没有一个会再造出与现代化早发社会相同的现代制度模式”①。中国的历史文化传统决定了中国的现代化必须走自己的路，拓展一条异于西方又超越西方的独特道路。从现代化角度看，中国特色社会主义是一种不同于被奉为主流的资本主义现代化模式的替代物；我国成功地避开了“依附论”“中心－外围”论“西化论”等以资本主义发展模式为中心的理论的影响，逐步探索出了一条既切合中国实际国情，又顺应世界历史发展潮流的有中国特色的社会主义现代化道路。“中国特色现代化模式”从总体上看，就是中国特色社会主义的具体化和模式化。如果说20世纪上半期中国选择和决定了自己的发展道路，那么20世纪下半期中国则选择和决定了自己的发展模式。

马克思恩格斯在《共产党宣言》中所体现出的现代化思想，影响着中国特色社会主义理论体系的形成和发展。中国特色社会主义理论体系践行了马克思所提倡的“为探寻非资本主义现代化道路提供理论指针”之理念。可以说，“中国特色社会主义”凝结了几代中国共产党人带领人民不懈探索

① 布莱克：《现代化的动力》，浙江人民出版社，1989，第50页。

实践的智慧和心血，是被实践证明了的关于建设和发展中国特色社会主义现代化的正确的理论原则和经验总结。它既是中国共产党探索制度文化现代化经验的深刻总结，也是丰富和发展社会主义现代化建设指导思想的新探索，标志着我党对社会主义现代化规律认识的深化，现代性超越的历史诉求获得了肯定和回答。不管如何定义“中国现代化模式”的内涵，在全球化的横向坐标和中国现代化进程的纵向坐标中，其本质内涵在于，在坚持社会主义基本原则的前提下，通过不断推进改革开放和科学发展，走自己的路，同时吸纳他国一切有利于中国现代化的要素，包括先进技术、市场经济、民主政治、先进文化等。

在人类制度现代化的历史长河中，中国特色社会主义道路改变了现代化的“单向趋同”，拓宽了民族国家走向现代化的途径，丰富了人类对于社会发展规律和道路的认识，促进了全球化时代人类文明的多样性发展。中国特色社会主义深化了对社会主义建设规律、共产党执政规律和人类社会发展规律的认识，从而把对社会主义现代化的认识提高到一个新的科学水平。中国特色社会主义是符合中国国情的现代化道路，是一百多年来中国一代又一代志士仁人探索的民族复兴之路。中国特色社会主义蕴涵了对资本主义和苏联现代化双重超越的问题，即改革开放的首要目的在于摆脱苏联模式的影响，探寻适合中国国情的现代化模式。新中国成立 60 多年特别是改革开放 30 多年以来，由“以俄为师，走俄国人的路”到“以苏为戒，少走弯路”，由“走自己的道路”到开辟中国特色社会主义道路，“中国道路”已经成为全面发展中国特色社会主义实践创新的“道路体系”。

在中国特色社会主义现代化道路的探索中，我们不但要永远铭记毛泽东同志的筚路蓝缕之功，还要永远铭记邓小平同志的开创奠基之功。我们也要永远铭记以江泽民同志为核心的中共第三代中央领导集体将中国特色社会主义事业成功推向新世纪的继往开来之功。2012 年，以胡锦涛同志为总书记的党中央着力推动科学发展、促进社会和谐，在全面建设小康社会实践中，把中国特色社会主义现代化道路继续推向前进。科学发展观的提出标志着我们党对中国特色社会主义发展道路又有了新认识，主要体现在全面发展、协调发展、可持续发展、和谐发展、和平发展等方面，是对中国特色社会主义现代化发展道路、发展模式、发展战略、发展动力和发展目的的认识升华，创立了社会主义发展的新模式，把中国特色社会主义推进到了新的阶段。科学发展观是与时俱进的中国特色社会主义的发展观。

2012年，以习近平为总书记的新一代中央领导集体成功在新的历史起点上坚持和发展了中国特色社会主义道路。中国特色社会主义现代化道路，涵盖了党的基本理论、基本路线、基本纲领和基本经验，是中国特色社会主义实践的全面而系统的总结，是我们党治国理政的一系列方针政策的系统化。中国共产党制度现代化设计的“中国特色”，具体表现为以下几点。

第一，在道路设计上，实现中国现代化与其社会主义主体性之统一。社会主义现代化成为中国发展的方向，但在社会主义制度下如何实现现代化的问题并没有解决好。邓小平总结中外历史经验，提出了既不能走“西路”，又不能走“老路”，而应走“新路”——一个中心、两个基本点的中国式现代化道路的制度思考。中国式现代化，又到了一个攸关未来的路口，期待着我们新的破解之道。党的十七大把这种新的发展思路明确概括为三句话：科学发展，和谐发展，和平发展。深入贯彻十八大精神，落实科学发展观，加快经济发展方式转变，是关系改革开放和社会主义现代化建设全局的战略举措，是决定中国现代化命运的又一次重要抉择，是发展理念上的一次革命性变革。主要体现在：从物本主义发展观到以人为本发展观；从唯经济发展观到社会全面发展观；从自发发展观到协调发展观；从不可持续发展观到可持续发展观。

第二，在目标设计上，设计中国现代化目标的立体框架。中国特色社会主义坚持社会全面发展，在建设高度物质文明的同时，不断向高度的政治文明、精神文明、和谐社会以及生态文明协调发展的目标迈进。中国现代化的复杂性决定了中国现代化目标的多维性。就中国现代化而言，既要实现经济社会发展，又要实现社会主义的价值目标；既要在短期内完成西方国家几百年才能完成的现代化任务，又要避免落入“现代化的陷阱”；既要同世界流行的现代化目标接轨，又要考虑中国的社会基础和现实可行性。中国特色社会主义的创新之处就在于针对中国现代化的不同规定性，从不同角度对中国现代化目标进行多维、立体构架，从而使中国现代化目标避免了片面化和单向性，而呈现整体性和系统性。从“三步走”到“小康社会”、从“中等发达国家”到“和谐社会”，这表明中国共产党认识的进一步深化。我们党据此把中国特色社会主义事业总体布局由原来的三位一体扩展为经济建设、政治建设、文化建设、社会建设四位一体，把我国社会主义现代化建设的奋斗目标由原来的三位一体扩展为富强、民主、文明、和谐四位一体，最近，我们又提出生态文明的治理目标。这样，经济建设、政治建设、文化建设、社会建设和生态文明建设五位一体的有中国特色的社会主义现代化总体布局已经形成轮廓。实现和维持社会的公平正义是社会主义式现代化的根本目的，也是我国的现代化独特品格之所在。

第三，在动力设计上，提出中国现代化的"双轮驱动"。根据世界现代化发展的一般规律，现代化的动力主要有两个方面：制度创新与科技进步。正确认识和处理发展生产力与巩固和完善社会主义的关系应该是完善"中国模式"的理论主轴，为此要坚持"两个不能动摇"。从根本上说，发展和完善社会主义制度最终要靠生产力和科学技术的巨大发展，这一点是不能动摇的。在中国现代化的动力创新问题上，邓小平主要理顺了改革和科学技术这两个动力之间的关系。一方面，改革是现代化的启动力，另一方面，科技是中国现代化的原动力，通过制度创新的间接推动和技术进步的直接推动可以实现现代化的快速、持续、健康发展。作为启动力的改革和作为原动力的科学技术如车之双轮，鸟之两翼，缺一不可。江泽民提出"科教兴国"战略，胡锦涛倡导"自主创新"战略，习近平提出创新驱动发展战略，这标志着"中国制造"向"中国创造"的历史性跨越。

第四，在过程设计上，规划中国现代化的多重制度考量。中国特色社会主义不是一个空泛概念，它包括一系列基本规定。具体来说，就是中共十七大概括的"十个结合"。这"十个结合"，是针对中国在现代化进程中无法回避的十对矛盾提出的一整套解决方案。党的十七大对中国特色社会主义道路进行深刻的总结，并以充实的内容构建了中国特色社会主义"道路体系"，包含科学发展道路、共同富裕道路、文明发展道路、中国特色自主创新道路等。此外还包括：稳定、协调、渐进发展战略；跳跃和重点发展战略；可持续发展战略；科技兴国战略；人才强国战略；协同创新战略；新型工业化战略等。为此，在过程设计上，邓小平提出"三步走"的波浪式发展理论；江泽民提出全面建设小康社会的宏伟目标；以胡锦涛同志为总书记的党中央，在新世纪、新阶段我国既面临发展机遇又面对凸显矛盾的新的历史起点上，提出以人为本、全面协调可持续发展的科学发展观和构建社会主义和谐社会的理论。中国的发展，对内是科学发展、和谐发展、协调发展，对外是和平发展、开放发展、合作发展。

第五，在内外关系上，处理好中国现代化与西方现代化之关系。近代以来，中国人向西方学习经历了器物现代化—制度现代化—人的现代化的多重反思。从以阶级斗争为纲，认为世界分为无产阶级和资产阶级两大阵营你死我活的斗争，到认为资本主义也是人类文明的成果，可以认真学习借鉴、和谐相处，这是一个历史性的重大转变。邓小平总结了过去封闭观念和社会主义与资本主义截然对立的观念之教训，提出了现代的世界是开放的世界，中国的现代化不等于西方化，要重新认识资本主义等理论观点，为中国对外开放奠定了理论基础，从而形成了全方位、多层次、宽领域的对外开放格局。胡锦涛创造性地提出21世纪新的文明形态及其理念——和谐世界理论。中国和平崛起发展道路的本质，是在同经济全球化相联系而不是相脱离的进程中独立自主地建设中国特色社会主义。它是对我党和平发展思想的新阐释，有力地回应了国际舆论中的“中国威胁论”和“中国崩溃论”。我们是在一个与世界互动的全新基础上重新发现和审视世界，建立国际政治经济新秩序，这对于中国的和平崛起和人类文明的未来发展都具有非凡的意义。

第三节　人类制度文明理论的创新发展

文明是人类在处理与大自然关系的实践中所形成的理念、观点、政策、法规、道德、文化、行为等及其结果的总称。社会主义是在资本主义基础上产生的一种新的社会制度，是人类制度文明发展的继承超越和综合体现。从农业文明到工业文明，从乡村文明到城市文明，从资本主义文明到社会主义文明，从高碳文明到低碳文明……人类不断地追求社会革命、经济转型、国家进步的文明脚步。中国特色社会主义体现了普遍性和特殊性、现代性和民族性、继承性和创新性、自主性和全球性的统一。中国特色社会主义道路是以马克思主义为指导的发展道路，马克思主义的特性决定了中国特色社会主义道路离不开人类文明发展的大道，是参与经济全球化并对人类文明有巨大贡献的道路①。中国特色社会主义实现了西方文明成果与中华文化传统的有机整合，通过创新和重构最终展现了对资本主义模式的超越，体现了社会主义文明观的创新，而且这一道路代表了人类文明的发展趋势和前进方向，是具有光明未来的道路。

我国制度变迁的历史表明，制度文明在中国的发展中起到了即使不是决定性的起码也是最重要的作用。中国特色社会主义制度，是当代中国发

① 辛向阳：《中国特色社会主义道路与世界文明发展》，《北京社会科学》2009年第5期。

展进步的根本制度保障，集中体现了中国特色社会主义的特点和优势。中国之所以能够创造一个又一个奇迹，主要是依靠集中力量办大事的制度优势。“中国模式”从被质疑到被全球广泛承认，中国特色社会主义道路显示的巨大制度优势和制度活力必然引发全球对其成功原因的研究。海外学者张维为在《中国震撼》一书中认为，中国的崛起是一个5000年文明与现代国家重叠的“文明型国家”的崛起，是一种新的发展模式的崛起，体现了“文明型国家”视角下的中国制度文化变迁。他在这里讲的是“文明型”，而不是“文明”。按照他的解释，所谓“文明型国家”，就是摆脱了西方学者把“民族国家”与“文明国家”对立起来的思维方法，能够把这两类国家的长处结合在一起的国家。这是他的创见。他认为，“今天的中国已经是一个把‘民族国家’与‘文明国家’融为一体的‘文明型国家’”。国内研究者也认为，中国制度文明的比较优势是重要成因，它既吸收了中国传统政治文化的精华和人类政治文明的有益成果，又克服了其中的弊病和不足，邓小平关于社会主义制度优势的思想是我们建设中国特色社会主义的思想基础。关于社会主义优越性的论述，是邓小平理论的重要内容。邓小平指出，社会主义比资本主义在发展生产力方面具有更大的优势；社会主义最大的优越性是共同富裕；社会主义制度使我国人民能有共同的政治经济社会理想、共同的道德标准，有利于形成社会共识；社会主义制度的优越性必须表现为在政治上创造比资本主义国家的民主更高更切实的民主；社会主义具有促进人民团结合作和社会和谐的制度优势①。房宁指出，中国体制擅长于“集中力量办大事”，中国的制度模式有利于调动两个积极性：一个是市场的积极性，实际上也就是人民群众的主动性、创造性；另一个是政权的积极性，也就是政府的主观努力、科学规划、合理安排和坚持执行。中共中央党校教授辛鸣指出，中国具有明显的政治优势：政党宗旨的优秀、制度立场的鲜明、社会民众的认可。我国能够顶住严重冲击，社会主义风景这边独好，并成为世界经济复苏的重要引擎，具有多重因素，但根本上是坚持了党的领导制度、中国特色社会主义制度文明，社会主义制度发挥了独特优势和重大作用。

中国特色社会主义是一种批判性、革命性、创造性的制度文明，“中国

① 齐卫平：《邓小平关于社会主义制度优势的思想》，《毛泽东邓小平理论研究》2009年第10期。

模式”开辟了一条新路。中国特色社会主义坚持以人为本，坚持以实现人民大众的根本利益为价值目标，实现共同富裕，促进和保障社会公平与正义，这就可以消除资本主义制度下贫富不均和人的畸形发展现象，为社会成员自由而全面发展提供有力的制度保证。现代制度文明是从资本主义开始的，与奴隶社会和封建社会孕育的古典文明成果相比，资本主义创造出了较高的物质文明、精神文明和政治文明形态，一定程度上利用和调动了民主政治的合法性资源。但资本主义政党始终维护资产阶级统治，代表的是某个或某些所谓社会精英群体的利益，本质是特殊的利益集团代表。资本主义的基本矛盾决定了其必将为社会主义、共产主义所取代，资本主义政党也必将没落直至消亡。社会主义、共产主义作为最先进的人类社会政治学说，构建的是一种没有压迫、特权、贫富、贵贱、倾轧等社会现象的高度文明的人类社会运行机制，是充满和谐、良序、合作、共生等先进理念的社会政治生活。中国共产党领导和支持人民当家作主，最广泛地动员和组织人民群众依法管理国家和社会事务，管理经济和文化事业，维护和实现人民群众的根本利益，通过推进政治文明建设促进物质文明和精神文明的发展，符合人类社会文明发展的要求，是人类社会制度文明进程的引领者和推进者。

人类已经进入全球化时代，但全球化并非属于某一种发展道路或单一制度模式。中国制度模式丰富和发展了世界发展模式，也必将为人类制度文明建设不断地走向繁荣与发展作出自己的贡献。新加坡《联合早报》2008 年 11 月 25 日刊登了新加坡国立大学东亚研究所所长郑永年题为“中国改革开放对世界意味着什么”的文章。文章讲到，“中国道路”或者“中国模式”从一开始就具有国际意义，“中国模式既具有世界性，也具有中国性。因此，在讨论中国模式时，光强调国际性或者光强调地方性（中国特色）都不是很科学的。具有国际性，表明中国的发展无论对发展中国家还是对发达国家都具有参照意义；而中国性则表明各国只能根据自己的情况来参照中国模式。”中国特色社会主义制度文明是具有现代性的，经过“五四”新文化运动洗礼、新民主主义革命锤炼、改革开放熔铸的现代中华制度文明。新制度文明兼容了传统的社会主义文明、西方文明、中华传统文明的优秀成果，又有所不同。新制度文明是马克思主义、西方制度文明和中国传统儒教文明等的一元为主、多元和谐共生结构。“中国模式”坚定不移地走和平发展和开放兼容的道路，学习和借鉴世界各国的优秀文明成果，深化同各国的互利合作，为人类文明进步事业作出更大贡献。其“创造性”体现在，中国特色社会主义成为当代中国制度文明的主体，新制度文明的核心结构是中国特色社会主义，中国道路是中国特色社会主义的表现形式。有论者指出，“中国模式”的创造性、创新性主要体现在：从社会主义的意义和角度来看，它在解决苏联模式没有解决的问题方面取得了巨大成功；从人类文明发展的角度来看，它也要解决西方模式特别是美国模式没有解决的问题；它还要解决中国科学发展中面临的“瓶颈”问题[①]。总之，中国共产党创立的中国特色社会主义有许多重大制度优势和特色。

在经济建设上，最重要的是要坚持“一个体制、两个制度”。“中国模式”的鲜明特色，就是把社会主义基本制度和市场经济结合起来，建立起社会主义市场经济体制。“一个体制”，就是社会主义市场经济体制。关于社会主义市场经济体制，一方面是“社会主义”，着眼于强调生产关系，另一方面是“市场经济”，着眼于发展生产力，二者有机统一，不可偏废。社会主义市场经济体制是同社会主义基本制度结合在一起的，既有利于发挥社会主义制度的优越性，又有利于发挥市场经济的长处，是我们党的伟大创举。

在政治建设上，中国特色社会主义政治发展道路，简略讲就是中国共产党领导人民实现人民民主的政治模式。发展社会主义民主政治、建设社会主义政治文明，最根本的是要坚持党的领导、人民当家作主和依法治国的有机统一，这是我国社会主义政治文明区别于资本主义政治文明的本质特征，是中国制度文明的重要成果。

第一，以选举民主为标志的人民代表大会制度充分体现了主权在民的原则。它不仅是人民当家作主的政权组织形式，而且是人民利益至上的制度体现。人民民主是社会主义的生命，发展社会主义民主政治是我们党始终不渝的奋斗目标。中国的人民代表大会制度政权运行不同于西方的三权分立或其他相应的模式，这一制度拓宽了反映社情民意和利益诉求的渠道，既尊重多数人的普遍愿望，又照顾少数人的合理要求，从而最大限度地保障了人民民主的实现；既体现了民主的原则，又避免了许多国家民主的低效。

第二，以协商民主为标志的多党合作和政治协商制度，植根于中华民

① 刘明福：《中国梦——后美国时代的大国思维与战略定位》，中国友谊出版公司，2010。

族生存和发展的深厚土壤，产生于中国共产党同各民主党派和无党派人士团结奋斗的风雨征程，发展于建设中国特色社会主义的伟大实践，具有鲜明的中国特色和中国气派，发展了有中国特色的协商式民主制度。中国共产党领导的多党合作和政治协商制度体现了执政党与参政党相互合作、相互监督、相互统一，这种投票式民主和协商式民主相结合的民主形式是中国的一种创举。它以合作、参与、协商为基本精神，以团结、民主、和谐为本质属性，是中国共产党和中国人民在民主形式方面的伟大创造。

第三，以区域民主为标志的民族区域自治制度是富有中国特色的实现民族平等、保障少数民族权利的基本政治制度。中国自主自治与多元一体相结合的民族区域自治制度模式尊重了民族特性与文化传统，在体现差异性的同时彰显了人本意识，显示了文明的多样性，是中国共产党根据中国历史与现实进行的创造。

第四，以直接民主为标志的基层群众自治制度是直接体现人民当家作主的一项重要政治制度。党的十七大首次把“基层群众自治制度”纳入中国特色政治制度范畴，这是我们党不断推进社会主义政治制度自我完善和发展的重要体现。党的十八大提出，完善基层民主制度，扩大公民有序参与。基层群众自治制度实现了最广泛的有序政治参与，提高人民群众的民主素质和民主管理能力，是中国特色社会主义民主直接和具体的体现。

第五，以一体多元为标志的“一国两制”成功地解决了历史遗留问题，也为其他国家树立了典范。和平统一、一国两制、高度自治的方针符合中华民族的根本利益，是党在新形势下治国理政之制度创新，是对马克思主义国家学说的重大发展，是对我国单一制的国家结构形式的突破，是对和平共处五项基本原则的创造性运用。

在社会建设上，社会主义和谐社会理论是体现了中国特色社会主义本质属性的重要理论，促进社会公平正义是中国人民的奋斗目标，也是中国特色社会主义制度先进性的必然要求。社会建设包括社会的制度建设、机制建设和组织建设，就是要通过社会管理体制改革逐步解决目前的城乡二元体制、公共服务差别、制度性歧视等诸多社会不公正问题，最终形成全体公民能够各尽其能、各得其所而又和谐相处的社会局面。社会管理的基本任务包括协调社会关系、规范社会行为、解决社会问题、化解社会矛盾、促进社会公正、应对社会风险、保持社会稳定等方面，促进“管理控制型社会”向“服务治理型社会”模式转变。社会管理制度创新有利于激发社会活力，有利于改善社会治理，有利于扩大民主，改善公共服务，建设和谐社会。

在党的建设上，制度建设的本质在于坚持和完善民主集中制。民主集中制是辩证唯物主义和历史唯物主义在党的组织建设和制度建设上的体现，是我们党的根本组织制度和领导制度，它鲜明地体现了马克思主义政党的先进性。民主集中制是实现决策科学化、民主化必不可少的制度保证，是最便利的制度、最合理的制度。我们必须坚定不移地走制度建设和制度落实的道路。

第四节　中国共产党执政理念的自觉升华

执政理念，是一个执政党在全面认识执政地位和执政环境的基础上，围绕执政主旨、执政方式、执政使命、执政方略而形成的思想观念和指导原则。它集中回答的是“为谁执政、靠谁执政、怎样执政”的问题。改革开放以来中国共产党的执政实践使我们认识到，要为人民执好政、掌好权，最根本的是要深刻认识中国共产党的执政规律，不断从“自在执政”走向“自觉执政”。党坚持执政为民，坚持执政兴国，增强执政意识，改进执政方式，提高执政能力和执政水平等，完全实现了从革命党到执政党的转变，开始了执政理念的创新，推动着中国特色社会主义事业不断向前发展。“科学发展观”和“社会和谐”思想的提出，是我党执政理念的重大突破。科学发展观，核心理念是以人为本。“以人为本”不应简单归之于民生，而是在个人权利基础上达到社会秩序和和谐。把以人为本作为科学发展观的核心，体现了合目的性与合规律性的统一，揭示了发展的根本价值追求。科学发展观的科学性与人本性是辩证统一的。在艰辛探索 90 年，特别是执政 60 年后，从世情、国情、党情的变化出发，中共十八大将“全面提高党的建设科学化水平”作为一个重大战略任务提出来，体现了我们党在执政意识上的历史性进步，也成为我们党始终走在时代前列的鲜明标志。

十一届三中全会以来，开启了中国共产党从革命党向执政党转变的历史飞跃，“三个代表”重要思想的提出是我们党从革命党向执政党转型的重大成果，极大地拓展了党的执政基础和社会基础，而以人为本、执政为民的科学发展观则是党全面和自觉地向执政党转型的明确标志。党中央对我们党的历史方位进行了长期和深入的研究，得出一个重要判断，这就是十六大报告所说的“两个转变”——从革命党转变到执政党，从计划经济条件下执政转变到市场经济条件下执政。“两个转变”论高度概括了我们党90年奋斗的主要成果，集中反映了我们党现在面临的主要考验，它强调的中心思想是执政，这突出表明了我们执政党意识的新觉醒。在1978年以前，过分强调“阶级斗争”重于国计民生，其政治哲学可以理解为“意识形态挂帅”，改革开放后中国共产党将治国理政上升为党的战略，实现了从“革命党向执政党转变”①。我们党是中国工人阶级的先锋队，同时是中国人民和中华民族的先锋队。这个论断十分重要，它是十六大修改的《党章》对我们党的性质的新表述。这里所说的“革命党”和“执政党”，不是就政党的地位而言，而是社会主义国家执政党在执政理念和治国路径上由“革命”思维向“执政”思维的转变，目的是克服其在革命中形成的路径依赖问题。要实现由“革命党”向“执政党”角色的自觉转变，执政党必须实现从以暴力革命为手段破坏一个旧世界到“以经济建设为中心”建设一个新世界的转变，从领导人民群众反对共同敌人到正确处理人民内部矛盾的转变。

党的十一届三中全会以来，中国共产党实现改革开放的执政新思维，对自己的政治理念、执政路线进行改革，即把发展作为硬道理，从“以阶级斗争为纲”转向以经济建设为中心，从领导人民进行“无产阶级专政下的继续革命”，转向领导人民走向共同富裕。马克思说过：“人们奋斗所争取的一切，都同他们的利益有关。”② 恩格斯也指出：“每一个社会的经济关系首先是作为利益表现出来。”③ 马克思甚至指出：“‘思想’一旦离开‘利益’，就一定会使自己出丑。”④ 列宁提出“斗争中心转向经济方面的政治”，晚年毛泽东说，中国太穷了，需要尽快改变生产关系，以实现“免于贫困的自由”。邓小平则说，生产关系要适应生产力水平，需要赶紧发展生产力，“社会主义阶段的最根本的任务就是发展生产力”，要先富带后富，最后达到共同富裕。毛泽东用的是“改变（提升）生产关系脱贫法”，邓小平用的是“发展生产力（通过改革解放生产力）脱贫法”。邓小平同志提出的社会主义的本质就是解放生产力和发展生产力，是真正掌握了马克思主

① 江泽民：《论“三个代表”》，中央文献出版社，2001，第164页。

② 《马克思恩格斯全集》第1卷，人民出版社，1957，第82页。

③ 《马克思恩格斯全集》第2卷，人民出版社，1957，第537页。

④ 《马克思恩格斯全集》第2卷，人民出版社，1957，第103页。

义唯物史观的精髓。实践证明，以“硬道理”抵制“大道理”、以改革开放代替封闭僵化、以利判断义，是创新社会主义的本质要义。中国共产党领导中国人民发展生产力，实现现代化，改变了国家落后面貌，实现了中国的跨越式发展，实现了百年来中国人民期盼的强国之梦，这也得到了中国人民的认同，夯实了执政合法性的基础。

面对世情、国情和党情的深刻变化，以改革创新精神推进中国共产党治国理政和自身建设科学化的发展进程，就是在保持党的基本制度不变的情况下，对党的组织结构和运行机制、领导体制和领导方式、执政战略与执政策略等内容作出的“适应性”调整，是以党内民主为核心价值追求的党内生活的制度设计和制度改革。概括起来就是，从以阶级斗争为纲到以经济建设为中心、坚持四项基本原则和改革开放，中共从封闭状态下管理国家和社会，逐渐走向在市场经济条件下和法治框架内领导政府及社会共同参与国家建设，执政方式也从人治色彩鲜明转向依法执政。

执政观是执政党对国家政权执掌、控制和运用的理念、体制、手段、方法和途径之总和。中国共产党在继承马克思主义执政思想的基础上，形成了“立党为公、执政为民”的执政理念，这极大地丰富和发展了马克思主义关于执政党建设的思想。新时期我们党形成了三个重要的执政观：在执政理念上，要坚持立党为公、执政为民；在执政体制上，要坚持党的领导、人民当家作主和依法治国有机统一起来的政治体制；在执政方式上，要坚持科学执政、民主执政、依法执政。党的十六大提出了改革和完善党的执政方式，十六届四中全会提出了科学执政、民主执政、依法执政。科学执政是基础，民主执政是本质，依法执政是保证。科学执政、民主执政、依法执政，是中国共产党经过半个多世纪执政实践探索得出的科学结论，也是中国共产党必须长期坚持的基本执政方式。这“三个执政”，反映了我们党对共产党执政规律的认识达到了一个新的水平，反映了我们党对所处的历史方位和所承担的历史使命的清醒认识和高度自觉。科学执政、民主执政和依法执政是新时期党的执政方式创新成果。其中，科学执政是基本前提，民主执政是本质所在，依法执政是基本途径。科学执政、民主执政和依法执政是对党的执政方式的精辟概括，是中国共产党执政理念的具体呈现，也构成了改革开放条件下执政方式的基本框架。科学执政、民主执政和依法执政之间辩证统一的关系，体现在党的制度文化变迁中，体现在党的执政本质实现中，体现在党的执政能力建设中。党的十七大提出以改革创新精神全面推进党的建设新的伟大工程，将党的建设总体部署发展成为党的思想建设、组织建设、作风建设、制度建设、反腐倡廉建设，形成了党的建设“五位一体”的总体布局。新时期如何提高中国共产党治国理政与自身建设的科学化水平，进一步为人民执好政、掌好权，关键在于加强党的执政能力建设和先进性建设。

以人为本充分体现了中国共产党人的价值观，既是中国共产党性质和宗旨的集中体现，更成为中国共产党一贯的政治主张和执政理念。恪守以人为本、执政为民的理念体现了中国共产党的历史自觉。党中央提出以人为本的科学发展观，真正把党的宗旨上升到了哲学层面，昭示了党的基本价值取向是人，是人民至上。显然，以人为本的价值理念超越了单纯的政治层面上对人的理解，凸显了对人的尊严、生命和权利的尊重，从而增强了党的价值取向的科学性和现代性。坚持和发展中国特色社会主义本质上就是实现立党为公、执政为民的执政宗旨。实现从“官本位”到“民本位”的转变是新时期的历史性进步。立党为公、执政为民是中国共产党执政的宗旨，明确了为谁执政、靠谁执政的问题。《党章》明确规定，中国共产党是中国工人阶级的先锋队，同时是中国人民和中华民族的先锋队，始终代表最广大人民群众的根本利益，全心全意为人民服务是党的唯一宗旨，实现共产主义是党的最高理想。因此，党员领导干部要树立“全心全意为人民服务”的公仆意识，要增强为人民谋幸福的使命感和责任感，要坚定共产主义信念，扎实工作，把创造符合人民群众根本利益的实绩、赢得人民的拥护，作为党永不衰竭的力量源泉。简单地说，共产党人要把全面推进中国特色社会主义伟大事业作为最崇高的事业；要把按客观规律办事，不断满足人民群众日益增长的物质文化需求作为最重要的工作；要把人民群众满意不满意、答应不答应作为检验政绩的最高标准。这就要求党员领导干部树立和坚持正确的事业观、工作观、政绩观。

科学发展观凸显了我党执政理念和治国理政思想的根本转变：从善于破坏旧世界到善于建设新世界；从“革命为民”到“执政为民”；从把阶级阶层作为“社会甄别机制”到作为“社会激励机制”；从“斗争哲学”到“和谐观念”。以人为本是科学发展观的核心，也是中国特色社会主义的价值追求。以人为本的科学发展观实质就是社会主义社会的科学发展观，以人为本是整个中国特色社会主义理论体系的核心理念和理论基石。郑永年提出了“以人为本的社会主义”与党的第二次转型的思想，认为以人为本的执政理念，是对中国社会主义的重构。社会主义是一种通过人民参与政治过程来达到社会公正，实现以人为本价值的制度。以人为本深刻反映了尊重社会发展规律和尊重人民历史主体地位的一致性，充分体现了我们党立党为公、执政为民的本质要求，是最具统摄性的执政理念。社会主义是实现人的全面发展的社会，以人为本是社会主义本质的内在要求。以人为本是建设中国特色社会主义实践的价值旨归，科学发展、执政为民是发展中国特色社会主义的基本要求，必须坚定不移地加以落实。因此，社会主义制度文明建设必须坚持以人为本，以人为本是社会主义政治文明建设的出发点和最终归宿。党中央提出的以人为本，深刻蕴涵了马克思主义世界观、历史观、方法论及科学社会主义价值观的基本原理，是党把马克思主义和中国传统文化相结合，进行理论创造的结果，是中国特色社会主义理论体系的一项重大发展。科学发展观的核心是以人为本，体现了马克思主义历史唯物论的基本原理，体现了我们党全心全意为人民服务的根本宗旨和我们推动经济社会发展的根本目的。以人为本，作为我们党执政理念的集中体现，主要是指“为人民执政、靠人民执政”，它深刻反映了我们党立党为公、执政为民的根本要求。深刻理解以人为本，才能深刻理解和全面把握科学发展观，切实把科学发展观贯彻落实到制度文化建设各个方面。人民当家作主是社会主义民主政治的本质和核心，以人为本体现了合目的与合规律性的内在统一，体现了科学社会主义的科学精神与人文精神。我们今天强调的以人为本，体现了我们党立党为公、执政为民的执政理念；以人为本是我们党的根本宗旨和执政理念的集中体现，是社会主义制度的本质特征，是全面建设小康社会、实现社会主义现代化的根本要求。

生态文明建设是中国共产党执政理念的重大突破，是建设中国特色社会主义的必由之路，是中国特色社会主义建设的题中应有之义。科学发展观提出由“三个文明”向“四个文明”提升和发展，在大力建设物质文明、精神文明、政治文明的同时，还必须大力建设生态文明。所谓生态文明，是在人类文明发展史上继农业文明、工业文明之后又一个崭新的文明形态，是一种新的文明理念。可以说，生态文明是对农业文明、工业文明的深刻变革，是人类文明质的提升和飞跃，是人类文明史的一个新的里程碑，是人类社会跨入一个新的时代的标志和概念。马克思主义经典作家尽管没有专门阐述过生态观，但在他们的自然观、实践观以及对资本主义生产方式和社会形态的批判性考察中包含着关于生态问题的大量论述，他们的著述中含有丰富的生态思想。生态文明是人类对传统文明形态特别是工业文明进行深刻反思的重要成果，是人类文明发展理念、道路和模式的重大进步。就其基本内容来讲，主要包括生态意识文明、生态行为文明和生态制度文明等。生态文明较之前的几种文明形态，有一个重要的特征，那就是制度建设。制度上的建设是弥补工业文明给人类未来发展埋下隐患的必由之路，是生态文明的一种超越。生态文明的制度建设以彰显整体价值为表征，以和谐、持续可再生为目的，全面推动人与自然和谐共生，推进社会健康有序发展。积极建设生态文明，是贯彻落实科学发展观的重要内容，也是全面建设小康社会的重要保证和推动科学发展、促进社会和谐的必然要求。我们要努力建设资源节约型、环境友好型社会，使整个社会走上生产发展、生活富裕、生态良好的文明发展道路。我们要在全社会牢固树立生态文明理念，倡导生态伦理道德，推行健康文明的生产方式和生活方式，实现人与自然的和谐。党的十八大报告第一次把“建设美丽中国”写到了我们党的旗帜上，提出建设生态文明，推进生态文明建设，实现中华民族永续发展。这是全面建设小康社会的迫切需要，充分表明了党的执政和发展理念的升华，标志着我们党对社会主义现代化建设规律的认识进一步深化。物质文明建设不仅同政治文明建设、精神文明建设相互依存、互为条件，而且同生态文明建设相互依存、互为条件。建设生态文明，不论对于实现以人为本、全面协调可持续发展，还是对于改善生态环境、提高人民生活质量，都是至关重要的。我们一定要深入贯彻落实科学发展观，全面实施生态文明战略，积极倡导生态文明理念，努力建设经济与生态有机共生、人与自然和谐相融、人与人和睦相处的生态文明社会。

第五节　后发展中国家建设的制度文本

未来科学家托夫勒大声疾呼：“人类不只在过渡，而且在转型；我们要面对的不仅是一个新社会，而且是一个崭新文明的再创造。”当前所掀起的技术经济社会变革的第四次浪潮，带给我们的不单有经济与科学技术的飞跃，更涉及文化、体制的变迁。“中国模式”是中国特殊国情的产物，是与中国特殊的社会制度、政策方针、历史条件和文化传统紧密联系在一起的，是中国自己的发明和创造。中国从建设具有自身特色的社会主义经济、政治、文化、社会统一的高度，从改革、发展、稳定的协调统一的要求出发，创立了社会主义发展的新模式。我们立足自身实际，面向世界、面向未来，逐步探索出了一条既切合中国实际国情，又顺应世界历史发展潮流的中国特色社会主义现代化道路，创造性地克服了近代以来中国现代化一个半世纪历程经历过的种种挫折、失误，成功地跨越了当今许多后发展国家普遍面临的种种发展困境，展示了广大发展中国家走向现代化的有益模式。“中国模式”不仅对中国未来的发展具有深远意义，而且对世界的发展尤其是对发展中国家的发展也具有借鉴意义①。当一个历史悠久的文明古国凭借“中国模式”开启现代化征程时，其价值必然超出一个国家的范畴而具有世界意义。

“中国模式”问题的探索，其根本宗旨在于为人类的未来探索新的可能性。中国的成功绝不是所谓适应西方现代化“普适价值”的结果。而离开了本国的特殊性而盲目地进行普遍性的建设，势必会导致发展的依附和最终的失败。“拉美陷阱”的发展结果就是最大的教训。如何跨越“中等收入陷阱”，防止“拉美现象”在我国重演，是摆在我们面前的一个严肃课题。重新审视以“金砖国家”（BRICS）为代表的新兴国家群体崛起背景下的现代化，新兴国家有可能走出超越西方非此即彼和二元对立的简单思维，在传统智慧、现实经验和人类命运共同体的高度寻找多元文明共存繁荣的新答案，并赋予新型现代化以内涵诠释，赋予非西方国家以新的自信。日内瓦外交与国际关系学院教授张维为指出，中国的经验本质上是中国自己国情的产物，其他国家难以模仿。人们看到，“政府主导”作为后发展国家曾经或目前流行的发展模式，确实促成了经济的快速增长；构成“中国模式”之要素的“政府主导”“贤人政治”“举国体制”“运动式管理”“GDP 锦标主义”等，在保证经济增长、社会进步等方面，取得了显著的优势，但也付出了沉重的代价，如贫富悬殊、公共服务均等化不足、社会保障缺失、民生不力、公权滥用等，其可持续性不容乐观。在一个资源环境日益枯竭、现有的工业化—现代化发展道路并不能惠及全体人类的不可持续发展的世界中，“中国模式”“中国道路”应该为人类文明的新形态和新模式开辟出新的道路和方向。

“中国模式”“中国道路”的积极意义不仅在于为世界发展提供了一种可借鉴的制度文本，而且可以为世界发展提供一种更加多元化的路径选择。

① 吴波：《中国模式对世界发展具借鉴意义》，《光明日报》2010 年 12 月 21 日。

《人民日报》近期署名郑青原的评论肯定了中国道路的意义，认为在波澜壮阔的改革开放历程中，中国探寻出了一条生机勃勃的现代化之路，为世界提供了一个新型社会形态、社会制度的发展模式。“中国道路”丰富着世界现代化的路径选择。它不仅丰富了人类发展路径，而且以其所倡导的科学发展、和谐发展、和平发展理念，向世界昭示着一个真理的存在和它无穷的魅力。它基于人类社会的新变化、新动态所作的探索，在一些重要的方面代表了世界政治发展的方向。因此“中国模式”对人类文明的贡献是显而易见的：它使世界更加丰富多彩，促使中国在实现繁荣、民主、文明、和谐目标的道路上又迈出了重要的一步，创造了良好的发展环境与政治环境，丰富了世界制度文明的内涵；在继承人类共同政治文明成果的同时，为固有政治模式难以解决的问题提供了许多具有说服力的答案，使得政治发展可以更加全面、有效和务实；“中国模式”的成功鼓励广大发展中国家积极寻找适合自己国家国情的发展道路和发展模式，破除了发展中国家对西方发达国家发展道路和发展模式的迷信。“中国模式”和“中国道路”创造了“世界奇迹”，是一条社会稳定和快速发展的成功之路，是后发国家现代化探索成功的新型政治生态和文明样式，对发展中国家甚至新兴民主国家“有吸引力”。菲德尔·卡斯特罗主席曾评价道：“‘中国模式’是发展中国家的真正希望。”对世界来说，后一个结果也许比前一个结果更具震撼力。这是因为，开辟这条道路的国家，是一个高举马克思列宁主义旗帜，以中国化的马克思主义为国家意识形态的社会主义国家。这对在当前世界上仍处于强势地位的西方价值体系具有强大的冲击力。

我国 30 多年来的发展，恰恰是制度文明转型在发展中国家的规律在中国的表现。把中国特色社会主义放到人类社会发展大趋势中、放到制度文化转型大背景中、放到社会主义历史进程中加以正确认识和科学定位，是深入揭示中国特色社会主义本质、不断推进中国特色社会主义事业的重要前提。不同的社会制度、不同的发展道路，都在制度变迁的大潮中经受冲击和考验，从而决定自己的发展走向和历史命运。经济全球化条件下各种文明竞争发展的规律和趋势，要求我们在理论与实践上坚持和发展科学社会主义时，必须密切关注经济全球化时代的社会变革与发展，不断推进社会主义制度变迁规律和政治文明进程，把经济全球化时代文明竞争发展的普遍规律与中国发展的特殊规律有机地结合起来。我们要坚持并创新自己的制度文明发展道路，处理好传统与革新、政府与市场、国家与社会、开放与改革、法治与人治、集权与分权、公平与效率等制度文化多维关系。中国的成功证明了存在着超越"资本的逻辑"及探寻不同于西方发达国家的发展模式的可能性。这才是人类正确的发展趋势，也应当成为中国马克思主义全球视野的理论诉求。中国道路有力地证明发展中国家有能力独立自主地在相对较短的时间内大面积地摆脱贫困、创造财富，使人民过上有尊严的生活，并使国家走向富强和实现现代化，其价值主要体现在它拓宽了民族国家走向现代化的途径，丰富了人类对社会发展规律和道路的认识，促进了全球化时代人类文明的多样性发展[①]。邓小平曾言，探索中国特色社会主义道路的意义，绝不仅仅局限于中国自身。他说：我们的改革"如果成功了，可以对世界上的社会主义事业和不发达国家的发展提供某些经验[②]……这不但是给占世界总人口3/4的第三世界国家走出了一条路，更重要的是向人类表明，社会主义是必由之路，社会主义优于资本主义"[③]。列宁曾经说："判断历史的功绩，不是根据历史活动家有没有提供现代所要求的东西，而是根据他们比他们的前辈提供了新的东西。"[④] 中国特色社会主义主要具有两个方面的重大实践意义：一方面是对我国改革开放和社会主义现代化建设的指导作用；另一方面是对世界社会主义运动的重大影响。由此，我们需要将关于中国特色社会主义的研究上升到世界社会主义的高度。尤其是当前世界社会主义运动仍然处于低潮之中，我们更不能主动回避关于"中国特色社会主义"这一全球意义的理论命题。学术界有一个认识："中国特色社会主义是马克思、恩格斯创立的科学社会主义在中国的创造性运用。中国特色社会主义在中国的出现和兴起，首先是因为科学社会主义在实践中碰到了一系列难以回避的问题——如何对待苏联模式的社会主义；如何认识社会主义模式的多样性；如何在经济文化比较落后的国家建设、巩固和发展社会主义；如何开辟符合中国实际的社会主义发展道路等。"[⑤] 其意义不仅在于打破了社会的传统模式，实现了社会主义体制的革新，而且为实践中的社会主义提供了许多重要的启示：彰显社会主义的核心价值及其优越性；证明社会主义模式多样性的原理；弘扬独立探索、勇

① 俞可平：《中国模式和思想解放》，《北京日报》2008年11月17日。

② 《邓小平文选》第3卷，人民出版社，1993，第135页。

③ 《邓小平文选》第3卷，人民出版社，1993，第225页。

④ 《列宁全集》第2卷，人民出版社，1984，第150页。

⑤ 《中国特色社会主义：胜利的旗帜》，《光明日报》2008年12月3日。

于创新、大胆实践的精神。从这个意义上说，中国的崛起也是中国政治软实力的崛起，这将对解决中国自己面临的挑战、发展中国家摆脱贫困、全球问题的有效治理、国际政治和经济秩序未来的演变，产生深远的影响。

可以说，“中国模式”巨大成功带来的不仅是中国的崛起，而且是一种新的思维、新的思路，甚至可能是一种新的范式变化、一种现有的西方理论和话语还无法解释清楚的新模式。中国已经形成自己独特的社会主义现代化发展之路，它不仅创造了辉煌成就，对当代人类社会产生深刻影响，更重要的在于，中国道路并不是任何现存模式的再现，它完全是革命性的开拓和创造。“中国模式”既不同于传统的社会主义模式，也不同于西方发达国家的社会发展模式。“中国模式”增强和丰富了发展的活力和多样性，深化了对人类社会发展规律的认识，对我们这个有十几亿人口的多民族发展中大国来说是具有特别重要的意义，又为解决中国发展上的一些难题和挑战提供了一种制度文本。建设中国特色社会主义采取的是一种先易后难、先农村后城市、先沿海后内地、先经济后政治的渐进式改革的路向选择。实践证明，这种“政府推进型”的渐进式道路是成功的。“中国模式”的成功经验，在于正确处理了改革、发展、稳定的关系，在一个相对稳定的社会环境中确保经济社会持续、快速发展，避免了社会动荡。正是因为采取先易后难、先试验后推广、逐步推进的渐进式改革，坚持统筹兼顾、均衡发展的理念，中国社会发展才得以稳步实现既定目标。传统的稳定以堵为主，现代的稳定以疏为要。亨廷顿曾经指出：“现代性孕育着稳定，而现代化过程却滋生着动乱。”尤其是在实行外源赶超式模式的后发展国家，种种社会失调与危机以更剧烈、更集中的方式表现出来，造成政治发展中的合法性危机、整合危机和参与危机，直接威胁着这些国家的政治稳定。对比起来，苏联改革“休克疗法”的方法步骤失度、失当，进而使社会政治全面失控，成为苏联解体的重要原因。

深圳经济特区应改革开放之需而生、沐改革开放之风而发展，是中国特色社会主义建设的缩影，在实践中不断印证和丰富中国特色社会主义理论，为中国特色社会主义理论体系的形成和发展提供了实践素材，是后发现代化国家制度文化的典范文本。如果说，前 30 年特区为中国贡献了“市场经济”的理论创新和宝贵实践，下一个 30 年特区将为制度文化建设和中国的民主政治探路。深圳模式引来了世人的关注，不断书写着时代华章，这里是建设中国特色社会主义的试验田，是撬动中国改革发展的支点。特区发展也推动了中国共产党社会主义的理论创新。中央文献研究室第五编研部研究员张贺福认为：“历史地看，改革开放以来我们党取得的重大理论创新成果，都与深圳等经济特区有着这样那样的关系。”具体来说，邓小平理论的形成、发展和完善，与深圳有着很大的关系；“三个代表”思想是在广东提出的，其中也凝聚了深圳的探索和经验；而2003年4月中旬胡锦涛在广东考察期间发表的讲话，是科学发展观最初的思想萌芽。中央和广东省提出，广东省要做科学发展观、自主创新的排头兵，深圳市率先建立中国特色社会主义示范市。习近平担任总书记后，最先到广东省深圳市考察，提出改革不停滞，开放不止步。探索中国特色社会主义制度模式，是一条探索创新之路。回顾过去30年的发展，深圳特区作为对外开放的“窗口”，它充当了社会主义制度和资本主义制度的对接点；作为制度创新的实验室，它为整个国家的制度变革提供经验做法和理论启示。深圳等经济特区的实践，充分证明了中国特色社会主义道路是实现中华民族伟大复兴的必由之路、成功之路；充分证明了只有改革开放才能发展中国、发展社会主义、发展马克思主义。深圳靠改革起家，是改革开放的热土。在这里我们能够感受到马克思理论基本原理在吸收了时代元素和中国特色之后迸发出的活力是那么昂扬。胡锦涛说，兴办经济特区是党和国家推进中国改革开放和社会主义现代化做出的一项重大决策，是中国共产党人和中国人民在探索中国特色社会主义道路上进行的一个伟大创举。这里有中国共产党人丰富发展马克思理论最深刻、最大胆的实践，这里有中国人民走向富强、实现“中国梦”最鲜活、最生动的实践。作为率先步入改革深水区的先锋城市，深圳必须加快形成与国际接轨、具有中国特色的体制机制和制度体系。深圳不断提升城市发展的制度竞争力，体制机制创新和改革不断向深度发展，如率先公务员分类制度、社会主义市场经济体制、收入分配制度、户籍制度、住房保障制度等改革，为进一步的科学发展提供体制机制保障。广东省和深圳市在先行先试、科学发展、和谐发展等方面肩负着特殊的使命，深圳的发展成就是中国共产党执政的光辉杰作，是我国改革开放以来实现历史性变革和取得伟大成就的一个精彩缩影与生动反映，也是对党的正确领导和社会主义制度优越性的一个有力印证，它向世界展示了中国特色社会主义的勃勃生机和光明前景。深圳等经济特区要努力当好推动科学发展、促进社会和谐的排头兵，在改革开放和社会主义现代化建设中取得新进展、实现新突破、迈上新台阶，为发展中国特色社会主义创造新鲜经验。如今，

“三十而立”的深圳正面临着成长的烦恼和转型期阵痛，除了自身所面临的土地和发展空间的制约外，作为经济特区原有的一些得天独厚的条件也正逐步丧失，与内地城市之间的竞争也更加激烈。“三十而立”的深圳，必须依靠自身的创新去营造一种新的“特”——这是深圳走科学发展道路的一个动力。前30年，深圳敢于冲破旧的体制，“摸着石头过河”，大胆探索和实践，成就突出，功不可没；现在起，要从“摸着石头过河”到“顶层设计”，走科学发展、制度创新新路子。总之，深圳经济特区的发展变化，是以人为本、全面协调可持续的科学发展观的生动实践，是追求共同富裕和公平正义的中国特色社会主义强大生命力的典型体现，是中国共产党卓越执政能力的生动体现。深圳30多年取得的巨大成就，验证了后发展中国家改革开放政策的正确，验证了中国特色社会主义道路一定能够成功。

第五章　中国特色社会主义制度文化建设的基本经验

坚持和发展中国特色社会主义是一项前无古人的开创性事业，60多年的艰辛探索，30多年的改革开放，我们不断深化对中国特色社会主义规律的认识，不断完善适合我国国情的发展道路和发展模式，成功创造了“中国模式”，胜利开辟了“中国道路”，积累了丰富的“中国经验”，中国特色社会主义道路越走越宽广。这是一条中国共产党团结带领人民探索和实践制度文化现代化，实现中华民族伟大复兴的必由之路。探究中国崛起的制度文化原因和经验，是一个具有重大意义的理论和实践课题。由于中国社会主义现代化成功而取得有目共睹的伟大成就，世界上越来越多的人承认中国崛起的事实，越来越多的人开始关注中国的经验，探寻中国奇迹的制度文化之谜，思考新时期制度文明建设面临之“成长的烦恼”“转型的阵痛”。历史学家费正清说，事实上，中国可能选择的道路，各种事件必须流经的渠道，比我们能够想象到的更窄。历史经验表明：任何一种具有活力、具有生命力、具有生长空间的发展模式，都一方面包含着特定地域、特定国度所特有的历史传统和文化特色；另一方面包含着在应对人类发展难题、解决人类生存、社会进步、社会组织和制度安排等方面所形成的具有普遍性的普世价值和意义。张维为在《中国震撼——一个“文明型国家”的崛起》一书中指出：“一个‘文明型国家’的崛起”，也是一种“发展模式的崛起”，“中国崛起的背后是自己独特的发展模式”。他把中国发展模式概括为八大特点，即“实践理性、强势政府、稳定优先、民生为大、渐进改革、顺序差异、混合经济、对外开放”，这些特点是他对30年我国发展经验的科学总结。坚持中国共产党的领导和推动，走中国特色社会主义制度文化现代化发展路向，以思想解放为条件，以制度创新和改革开放为动力，以创新中国特色社会主义为主题，坚持以人为本、公平正义、社会和谐的本质要求，建设富强、民主、文明、和谐的社会主义目标，走科学发展、和谐发展、和平发展之路，这是中国崛起并进一步发展的根本原因和基本经验。

第一节　创新中国共产党执政文化，建设社会主义政党文明

现代政治的构成一般包括三个要素：公民、政党、公共权力。政党作为沟通民众与公共权力的桥梁工具，在现代政治生活中发挥着重要作用。政党政治的核心内容是政党权利，政党政治过程即政党权利的实现过程。政党权利的表现形式是政党之政，实践形态是政党之治。人类政治文明包括政党文明、制度文明、公民文明三维结构。其中，政党文明是灵魂、制度文明是支撑、公民文明是基础。从一定意义上说，政党文明是制度文明的灵魂和枢纽。王韶兴教授认为，人类政治的历史可分为神意政治、君主政治、政党政治、人民政治四个时代。中国应该重视政党文明建设，将其提高到与社会主义物质文明、政治文明、精神文明、社会文明、生态文明同样的高度①。布莱克在《现代化的动力》一书中曾如此论证："现代化的核心问题，是一个社会将固守于传统系统的政治领导转变为热心于彻底现代化的政治领导的过程。"发展政治学有关研究已经表明，一个强大的政党对于后发现代化国家的稳定和发展至关重要。"政党创造出民主政治，现代民主政体不容置疑地与政党制度互栖共生。"② 后发展国家的政党具有推进政治参与、创造政治合法性、整合国家、政治社会化等功能。对于新时期中国的发展而言，中国特色社会主义是一种"政治驱动型的后发现代化模式"，"政治领导的决定性作用"才是"中国模式"的核心因素。

我国制度文化最根本的性质，是在人民当家作主的制度体系中有中国共产党的领导。中国制度文化转型为政党推动型，中国共产党的政党推动是其主要动力。中国共产党是"中国模式"的塑造者。中国共产党的坚强领导，以及它所确立的社会主义制度文化体系，决定了中国"社会主义现代化"的性质和方向，是现代化建设得以顺利实施的政治前提和制度基础。转型中的中国社会是一个观念和制度冲突与博弈的时代，中国制度文化是

① 王韶兴、刘京希：《政党政治论》，山东人民出版社，2011。

② 迈克尔·罗斯金：《政治科学》，华夏出版社，2001，第216页。

一个古老文明向现代文明转型的过程，这决定了中国现代化历程的艰难性与独特性。“中国特色社会主义”走的是一条“政党缔造国家、国家引领社会、社会再造文明”的独特道路，作为执政精英的中国共产党的政治整合和动员能力非常重要，这也是独特的制度文化遗产。中国共产党的坚强领导和执政能力以及一个强有力的政府权威体系，对于中国这样超大规模的社会治理来说，其意义比一般国家来得更为重要。马克思主义在中国的成功，不仅取决于马克思主义理论的科学性以及对中国实践的有效性，而且还取决于作为马克思主义的组织载体——中国共产党组织的合法性和有效性。中国共产党是中国特色社会主义的领导核心，是中国人民创造社会主义制度新模式、建设幸福新生活的引领者，是建设中国特色社会主义的根本政治保证。办好中国的事情，关键在党。邹东涛认为，我国成功的最基本的经验是强有力的政党及在党领导下的权威政府，以及诱致性制度变迁和渐进式改革。中国取得现代化成就的根本原因和经验就在于中国共产党的敏锐把握、适时推动和及时决断，形成了经济市场化、政治民主化、文化多元化、社会世俗化和人的现代化的良性互动，生成以现代性制度为核心和要求的制度生态。共产党的坚强领导是中国最大的政治优势，是创造“中国奇迹”的政治保证。“中国模式”走向成功，得益于中国共产党始终牢牢坚持并不断发展的执政兴国、以人为本的制度文化理念，即中国特色社会主义的旗帜、道路和理论体系所蕴涵的价值内涵和制度框架，展示出中国特色社会主义所蕴涵的影响力、生命力和创新力。中国共产党坚持社会主义方向，又具有解放思想、实事求是、与时俱进、开拓创新的品格。我们有以人民利益为宗旨，以民族复兴为己任，有着广泛社会基础、组织纪律严整、思想高度统一、社会动员能力强大的中国共产党，这是中国特色社会主义在新时期取得成功的得天独厚条件；始终坚持中国共产党的领导，党努力建设社会主义政党文明，并在实践中不断加强执政党能力建设，不断提高党的建设科学化水平，保持其自身的先进性和纯结性，是中国特色社会主义成功的关键。

西方最早关注政党文化建设的思想家是霍布斯。派伊则在《中国政治的精神》中论及中国政党文明。“能力建设”这个概念是 20 世纪 80 年代国外首先提出来的，国内外学者王沪宁、王绍光、胡鞍钢、王长江、金太军、汪永成等对中国共产党政党文明、执政文化、国家能力、政党现代化、执政能力现代化、政府能力等多有思考。西方政治社会学家米歇尔斯提出了

“寡头统治铁律”[①]。发展政治学的有关研究表明，一个强大的政党对于后发现代化国家的稳定和发展至关重要。中国共产党的坚强领导和执政能力以及强有力的政府权威体系，是中国改革开放和现代化建设得以顺利进行的政治前提和制度基础。邓小平指出，“搞好中国的事情关键在党”。我们要像新加坡一样，需要政治上集中的一党执政，通过一党执政的比较优势，谋求政治的稳定和社会的安定，来顺利地完成我们这个民族和国家的现代化进程。新加坡研究专家、深圳大学吕元礼教授在阐发新加坡一党长期执政何以保持活力、效率、廉洁时注重从文化和制度的双重视角概括：理性执政带来变通力、稳定力；“托管”执政带来公信力、代表力；依法执政带来法治力、权威力；为民执政带来扎根力、竞争力；贤能执政带来领导力、更新力；强人执政带来管制力、约束力。以德倡廉，使人不想贪；以俸养廉，使人不必贪；以规固廉，使人不能贪；以法保廉，使人不敢贪[②]。21世纪的中国在发展模式和体制方面，仍面临着巨大的风险和挑战，处在现代化道路的十字路口上，更加需要政治上坚持中国共产党的集中领导，适时地调整发展战略，坚决推行政治和经济社会文化等体制改革，否则，会跌入发展的“中国陷阱”之中。

改革开放以来，中国共产党引领着中华民族踏上伟大复兴的历史征程，也实现了政党文化的转型与创新。政党文化建设的经验告诉我们，执政党必须解决领导国家的制度文化转型问题。在过去空前伟大的30多年社会变革中，中国共产党体现了可贵的制度文化理性和自觉。由邓小平的“不争论”到胡锦涛的“不折腾”，体现我们党制度文化建设方面的历史性进步。胡锦涛同志强调，坚持改革开放要“不动摇、不懈怠、不折腾”。我们不能懈怠，也懈怠不得；不能折腾，也折腾不起；不能动摇，也动摇不了。张定淮、涂春光撰文提出要实现从“革命党”向“执政党”的观念文化转型：理论方法从“阶级分析”向“利益分析”，政治思维从“二元对立”向“务实中和”，政治文化方位从“绝对一元化”向“开明开放”，价值取向由“整体至上”向“个体与集体相调适”，公民政治人格从虚无主义的“公

---

① 〔德〕罗伯特·米歇尔斯：《寡头统治铁律——现代民主制度中的政党社会学》，天津人民出版社，2003，第351页。

② 吕元礼：《新加坡为什么能》，江西人民出版社，2007，第1~3页。

民”向现实主义的“公民”人格，治国方略由“人治”到“法治”转变[①]。吕元礼也指出我国政党文化的转型：政党立场从强调政党的阶级性到注重代表的广泛性；观念意识从强调“人民”意识到强化“公民”意识；变革原则从强调革命到注重改革；政治共识从强调意识形态的共识到注重常识的共识[②]。对于苏联的瓦解，政党文化建设方面有极其深刻的历史教训。邓小平说：“要出问题，还是出在共产党内部。”[③] 苏联解体的原因固然很多，但根本和主要的是苏联共产党自身的蜕化变质[④]。苏共与西方政党不同，西方发达国家都是先立国、制宪，后建党，政党是相对稳定的群体利益的代表；苏联共产党则不同，它通过十月革命夺取政权后逐渐排除其他政党，成为苏联唯一的政党。苏联共产党的根本问题是没有解决领导国家的方式制度文化转型问题，高度集权的计划经济、僵化的政治体制、大一统的意识形态等形成禁锢。苏联共产党成了苏联唯一的执政党，长期党政不分、党国不分。由于没有人民和社会的监督、制约，苏联共产党作为执政党，逐渐脱离了人民群众，思想僵化，特权泛滥，盛行个人崇拜；在国家发展战略上只重强国，不知富民。20 世纪 80 年代末 90 年代初的苏东剧变以及包括台湾国民党、印度国大党、日本自民党等在内的许多大党、老党的分裂、瓦解和丧失执政地位，对处于长期执政地位的中国共产党也提出了严重警示：必须不断加强和改进自身建设，不断提高执政能力，始终保持和发展自身的先进性。

回首鸦片战争后至新中国诞生百余年历史，中国制度文化现代化探索充满迷茫和挫败，其根源就在于未能实现民族独立和国家主权完整，建立集中统一、现代化导向的政党政治；未能通过有效的社会制度变革，建立起一个支撑社会主义现代化变迁的制度框架。最适合本国人民需求的政党文化就是好的制度文化。新时期中国共产党领导中国人民始终坚持解放思想、实事求是、与时俱进，勇于变革、勇于创新，不僵化、不停滞，不为任何风险所惧，不被任何干扰所惑，政党文明创新不断取得新突破，形成领导、公民、制度、文化协调运行的新型政党理念和制度文化。特别是改

① 张定淮，涂春光：《从“革命党”向“执政党”的政治文化转型》，《深圳大学学报》2003 年第 3 期。

② 吕元礼：《论中国共产党执政文化的转型》，《深圳大学学报》2005 年第 1 期。

③ 《邓小平文选》第 3 卷，人民出版社，1993，第 380 页。

④ 李慎明：《居安思危：苏共亡党二十年的思考》，社会科学文献出版社，2011，第 3～4 页。

革开放以来，作为世界上最大的发展中国家的执政党，中国共产党始终把发展作为执政兴国的第一要务，党的执政方式更加科学、民主，党的执政基础更加坚实、巩固，党的胸襟和眼光更加开阔、深邃，成为走在时代前列、保持和发展自身先进性的党，成为中国特色社会主义事业的坚强领导核心。中国共产党的领导是中国特色社会主义道路、中国特色社会主义理论体系的优势和力量所在，是党的先进性与党的执政能力的表现所在。执政能力建设和先进性建设，关系到党的执政基础的稳固，关系中国特色社会主义执政使命的完成。党的十六届四中全会通过了《关于加强党的执政能力建设的决定》，要求全党要具备驾驭社会主义市场经济、发展社会主义民主政治、建设社会主义先进文化、构建社会主义和谐社会以及应对国际局势和处理国际事务的“五种执政能力”，以使党始终成为立党为公、执政为民的执政党，成为科学执政、民主执政、依法执政的执政党，成为永远保持先进性、经得住各种风浪考验的马克思主义执政党。也有人将政党文明建设对执政能力的要求概括为：维护主流意识形态的能力、维护政治秩序和政治稳定的能力、依法执政的能力、政治领导协调整合能力、反腐败危机管理能力等①。世情、国情、党情的深刻变化，考验着党的执政能力和先进性，检验着全党同志贯彻落实科学发展观的本领。我国正进入改革的攻坚阶段，随着四个“深刻变化”，利益冲突和社会矛盾凸显出来，公共事件高发，对我党执政能力提出了新的要求。面对自然灾害、经济危机、文化冲突、宗教矛盾、外交事件等诸多挑战，能否变压力为动力、化风险为机遇，保持经济平稳较快发展和社会和谐稳定，是对我们党执政能力的考验。在社会转型与经济调整时期，党和国家事业发展面临复杂环境，可以预见和难以预见的风险增多，必须把如何规避执政风险作为推进党的执政能力建设的一个重大课题来研究。规避执政风险，实质上就是有效地整合社会关系，化解社会矛盾，保持社会稳定，消解统治危机，巩固党的执政地位。坚持和发展中国特色社会主义，奋力开拓中国特色社会主义更为广阔的发展前景，是当代中国共产党人的庄严使命和神圣职责。我们要坚持以执政能力建设和先进性建设为主线，在贯彻落实科学发展观中不断提高党领导发展的能力，努力使党员特别是党员干部成为实践社会主义核心价值体系的模范，成为共产主义远大理想和中国特色社会主义共同理想的坚

① 刘杰等：《执政党与政治文明》，时事出版社，2006，第34～39页。

定信仰者、科学发展观的忠实执行者、社会主义荣辱观的自觉实践者、社会和谐的积极促进者。

在建设中国特色社会主义的过程中，党始终坚持并强调，中国的现代化要适合中国国情，必须坚持非资本主义的方向，在涉及国家根本制度的政治方向等重大原则问题上不动摇。坚持中国特色社会主义不动摇，坚持制度文化建设的社会主义方向，必须划清“四个界限”。秦宣认为，在理解中国特色社会主义时，希望能够把握以下几点。第一，理解什么叫做特色。第二，理解中国特色社会主义的参照系是什么。第三，必须反对四种认识上的倾向：其一，反对以中国特色来掩盖中国的落后；其二，反对借中国特色而否定社会主义的倾向；其三，反对借社会主义而否定中国特色的倾向；其四，反对借中国特色而拒绝学习外国①。因此要科学地回答“什么是社会主义”，就必须科学地对待马克思主义，用马克思主义的立场、观点、方法分析社会主义的本质与特征；必须坚定地站在马克思主义执政党的立场上，而站在任何别的政党立场上来看待社会主义，必然会背离社会主义的本质；必须紧密结合本国的基本国情，从实际出发而不是从条条框框出发来确定社会主义的内涵与实质。因此，自觉划清“四个界限”之一就是马克思主义同反马克思主义的界限，一个根本问题是深刻领会中国特色社会主义这一当代中国马克思主义的科学内涵和精神实质，坚决驳斥各种歪曲、背离中国特色社会主义道路的错误思想观点，不断增强走中国特色社会主义道路的自觉性和坚定性。当前我们要引导党员干部增强政治敏锐性和政治鉴别力，筑牢思想防线，自觉划清“四个界限”：马克思主义同反马克思主义的界限，社会主义公有制为主体、多种所有制经济共同发展的基本经济制度同私有化、单一公有制的界限，中国特色社会主义民主同西方资本主义民主的界限，社会主义思想文化同封建主义、资本主义腐朽思想文化的界限。坚决抵制各种错误思想影响，始终保持立场坚定、头脑清醒。李慎明认为，当年苏共党的主要领导人对马克思主义缺乏真正科学的理解，对自己所一直恪守的马克思主义的立场和信仰产生动摇，以及未能始终如一地贯彻民主集中制的根本组织制度，未能在各方面做出马克思主义政党所要求的实际表现，尤其未能有力地镇守无产阶级的科学的意识形态阵地，最终导致亡党亡国，教训深刻，可资殷鉴。

---

① 秦宣：《反对四种认识上的倾向》，《北京日报》2010年2月22日。

第二节 继续解放思想、与时俱进，推动观念创新、制度创新

社会主义的发展史充分证明，社会主义要体现出生命力，就必须不断解放思想。思想是行动的先导。中国特色社会主义思想的萌芽和道路的形成，一开始就是以解放思想作为鲜明特征和强大动力的。千篇一律的社会主义模式是注定行不通的，社会主义一定要随着实践变化而不断改革。回首新中国成立60多年来特别是改革开放以来不同寻常的30多年，我们取得的一切成绩和进步的根本原因，就在于我们开辟了中国特色社会主义道路，形成了中国特色社会主义理论体系，建立了中国特色社会主义制度。“中国模式”日益凸显。总结我国近年取得的社会进步，可以概括为：观念的突破和制度的变革。建设中国特色社会主义，实现社会和谐和科学发展，制度一定不能缺，观念必须与时俱进，要破除僵化的思想观念、传统的体制机制。改革开放的历史，也就是一部不断解放思想、不断冲破陈旧观念藩篱和僵化体制束缚的历史。中国的制度文化现代化，其艰难并不在于“硬件”的建设，而在于“软件”的设计，在于理念的变革与思维的创新。德国诗人海涅曾说：“思想走在行动之前，就像闪电走在雷鸣之前一样。”思想创新是保持党的先进性和执政地位的决定性因素，是增强我们党的生机与活力的重要思想动力。思想解放意味着观念的碰撞，这就要克服旧观念，树立新观念。只有先进的理念，才能赋予人们正确的思想、崇高的道德和远大的理想；只有在正确思想、崇高道德和远大理想的支配下，人们才会形成良好的社会期待和产生高度的文化自觉。文化是一个国家与民族的心灵和大脑，正确、积极、先进、丰赡的价值导向和精神追求，是最能赋予这心灵和大脑以旺盛创造力的血脉与经络，从而为文化筑起永具活力的生命线和价值链。只有通过思想的统一、思想的引导与整合，才能奠定一个社会的基本秩序，为社会和谐、稳定和发展提供思想基础，就像林毓生先生所说的，“借思想文化来解决问题”。

作为“中国道路”的引领者，中国共产党成功的一个重要原因在于它能够努力做到与时俱进、自省自新，通过理论创新、实践创新和制度创新，始终保持和不断发展先进性。制度文化建设必须与时俱进、大胆创新。车洪波、郑俊田指出，制度文化具有主体化、柔性化、内在化、稳定性的特

点，制度文化是制度土壤，是制度设计的价值取向、执行制度的内心认同、制度创新的意识准备。必须坚持制度文化的原则，创造制度创新的条件，实现由官到仆、由主到从、由特到平、由德到法、由势到能的内容转变[①]。赵穗生认为，“中国模式”是沿着四个方向构建的：一是强调规范性、规则、程序和领导体制的制度化，二是运用多元的方法建立责任制，三是增进公民的宪法权利，四是推进共产党从革命党向执政党转型。这四点将构成“中国模式”未来建构的主要方向和领域。瑞士日内瓦外交与国际关系学院张维为教授在《中国震撼——一个“文明型国家”的崛起》一书中把实事求是、民生为大、整体思维、政府是必要的善、良政善治、得民心者得天下与选贤任能、兼收并蓄与推陈出新、和谐中道与和而不同这些理念总结为中国迅速崛起背后的关键思想。他认为，民主是普世价值，但西方的民主不是普世价值；光说“民主是个好东西”是不够的，应该说“优质民主才是真正的好东西”；比较理想的民主应该是“实质民主”和“程序民主”的结合，强调实质民主就是民主的内容和价值在于实现国家的良好治理和人民高品质的生活。国内有人提出新时期党员干部要与时俱进，树立和坚持正确的政绩观和学习观，解放思想、更新观念。具体来说，要树立以下“九大观念”：科学发展观；和谐社会观；民主观念；法治观念；开放观念；市场观念；科技观念；创新观念；服务观念[②]。还有一则关于当前领导干部应该树立的十个观念概括：发展观、权力观、民主观、改革观、世界观、群众观、监督观、市场观、学习观、文化观等[③]。

解放思想既是中国特色社会主义的历史起点，又是中国特色社会主义的精神动力。解放思想是党的思想路线的本质要求，是发展中国特色社会主义的一大法宝，只有解放思想、实事求是、与时俱进，勇于变革、勇于创新，永不僵化、永不停滞，社会主义才能永葆生机和活力。中国特色社会主义道路，是一条解放思想的道路。党的十七大强调指出：“解放思想是发展中国特色社会主义的一大法宝”。正是由于思想大解放，中国共产党和中国人民以一往无前的进取精神和波澜壮阔的创新实践，开辟了改革开放的历史新时期，开始重新探索中国特色社会主义道路，创立具有中国特色

① 车洪波、郑俊田：《中国当代制度文化建设》，中国商务出版社，2004，第6页。

② 谈宜彦：《领导干部成长八论》，新红旗出版社，2008。

③ 《当前领导干部应该树立的十个观念》，新华网，2008－12－01。

的社会主义理论体系。正是因为开展了关于真理标准问题的大讨论，我们党才从“以阶级斗争为纲”“两个凡是”的泥潭中走出来；正是因为摆脱了姓“资”姓“社”的束缚，建立社会主义市场经济体制的目标才得以确立起来。实践还将证明，发展永无止境，创新永无止境，解放思想也永无止境。从“杀出一条血路”到“走出一条新路”，我们要突破前人，后人也必然要突破我们，这是社会前进的基本规律。凡是不符合、不利于中国特色社会主义和深入落实科学发展观的一切观念、理论、体制、机制、政策和措施，都应当突破，逐步地消除和克服。革命先驱李大钊曾说，一切解放的基础，都在精神解放。观念的突破就是实践的突破，思想的解放就是实践的进步。历史和现实表明，一个政党也好，一个政权也好，思想解放、与时俱进则存则兴，思想僵化、食古不化则衰则亡。解放思想是中国特色社会主义理论体系的创新之源。我们要适应国内外形势的新变化，顺应各族人民过上更好生活的新期待，不断推动理论创新和实践创新，奋力开拓中国特色社会主义更为广阔的发展前景。

改革创新是发展中国特色社会主义的强大动力，必须坚定不移地推进改革创新，以体制和机制改革来巩固和发展中国特色社会主义。中国的发展进步得益于改革开放，中国要实现富强、民主、文明、和谐的现代化目标，仍然要靠改革开放。改革是历史永恒的主题，只有不断地改革，党和国家才会充满生机和活力。政治体制改革、经济体制改革、社会体制改革应该协调推进，不断进行制度文化进步。改革开放是党在新的时代条件下带领人民进行的新的伟大革命。中国特色社会主义的发展道路和发展模式，是深化改革的结果。没有改革，就不可能有这样的道路和模式。要完善这样的道路和模式，也要靠深化改革。我们要继续坚持深化改革，不断完善有利于科学发展的体制机制。只有改革开放，才能解放和发展社会生产力，实现国家现代化，让中国人民富裕起来，振兴伟大的中华民族；才能推动我国社会主义制度自我完善和发展，赋予社会主义新的生机活力，建设和发展中国特色社会主义；才能在引领当代中国发展进步中加强和改进党的建设，保持和发展党的先进性，确保党始终走在时代前列。事实雄辩地证明，改革开放符合党心民心、顺应时代潮流，方向和道路是完全正确的，成效和功绩不容否定，停顿和倒退没有出路。应该看到，建设和发展中国特色社会主义是全新的事业，没有现成的经验可循，出现一些问题是正常的，但这些问题是前进中的问题，只能通过深化改革、加快发展来解决。

改革开放是当代中国的主旋律，是决定当代中国命运的关键抉择，是发展中国特色社会主义、实现中华民族伟大复兴的必由之路；只有社会主义才能救中国，只有改革开放才能发展中国、发展社会主义、发展马克思主义。改革开放是决定当代中国命运的关键抉择。中国特色社会主义之所以具有蓬勃生命力，就在于它是实行改革开放的社会主义。邓小平同志曾坚定地说："不坚持社会主义，不改革开放，不发展经济，不改善人民生活，只能是死路一条。"胡锦涛指出：要通过改革"着力转变不适应、不符合科学发展观要求的思想观念，着力解决影响和制约科学发展的突出问题以及党员干部党性党风党纪方面群众反应强烈的突出问题，着力构建有利于科学发展的体制机制"。马克思主义是建立在实践基础上的科学理论，具有与时俱进的理论品质。改革开放是决定当代中国命运的关键抉择。有的人认为我们在建设和发展中国特色社会主义的过程中产生了许多严重问题，因而借"反思改革"之名，否定我们所走的道路。如果走回头路，就意味着回到封闭僵化、回到停滞落后，结果只能是死路一条。因此，我们既不能走封闭僵化的老路，也不能走改旗易帜的邪路，只能坚定不移地走中国特色社会主义道路。改革开放以来，中国人民的面貌、社会主义中国的面貌、中国共产党的面貌发生了历史性变化。改革开放不仅使中华民族迎来了伟大复兴的光明前景，也为世界其他国家的发展提供了深刻启示。改革开放作为一场广泛而深刻的社会变革，不可能一帆风顺，也不可能一蹴而就。30多年来我国改革开放的任务都还没有完成，各种深层次问题都还需要通过改革开放来解决。我们要推进各方面体制改革创新，争取在一些重要改革上有新的突破，尽快形成充满活力、富有效率、更加开放、有利于科学发展的体制机制，为发展中国特色社会主义提供强大动力和体制保障。我们要通过深化经济体制和政治体制等全面改革，使整个体制更加适应现代经济发展和社会主义民主政治建设的要求，更加有力地推进社会公平正义，更加有利于人的自由和全面发展。我们要实现收入分配的公平，逐步减少分配收入差距扩大的现象，解决教育、医疗等资源分配的不公，让人民共享改革开放的成果。造成收入分配不公的原因很多，主要是制度的因素。特别是要给每个人以受教育的机会，充分发挥人的独立思维和创造精神。温家宝指出，只有人民有积极性，我们的改革和建设才有坚实的基础。要做到所有这些，就必须推进经济体制改革和政治体制改革。今后必须克服各种各样的"改革疲劳症"，继续把改革创新精神贯彻到治国理政的各个环节，凝聚改革共识，坚定改革决心，坚持改革方向，坚持用科学发展和深化改革的办法解决前进中的问题。中国的改革已经到了攻坚阶段，必须以更大决心和勇气全面推进各领域改革：如社会的分层和分化状况加剧，“强势利益集团”形成“社会内部人控制”的现象蔓延，公共权力“私化”没有得到有效的“制度遏制”，人民群众的参与权、知情权、表达权、监督权等“四权”没有有效的“制度平台”来保证，今后政治体制改革中如何走出“周期率”的怪圈，建立新型治理和执政方式；农村体制改革中怎样解决土地产权承包权流转、税费改革中怎样突破“黄宗羲定律”；社会保障户籍制度改革中如何实现国民待遇、城乡协调发展；经济体制改革中如何避免国有资产流失、保护私有财产、建立现代企业制度等。坚持并进一步推进改革开放，中华民族必将在中国特色社会主义的道路上再造辉煌，社会主义必将在中华民族复兴的进程中再造辉煌。

总之，不断在解放思想中谋划发展，在转变观念中改革创新是制度文化建设的重要经验之一。胡锦涛、习近平多次强调要继续深化改革开放，强调推动改革开放、对改革难点攻坚克难的决心和信心。“改革不停滞，开放不止步”；“解放思想永无止境，改革开放永不停歇”。这些话是对改革开放成就的深刻总结。解放思想核心和根本的问题是如何认识社会主义。今后我们要继续解放思想，大胆探索，不断深化改革开放，推进经济体制、政治体制和社会文化体制改革，清除影响经济社会发展和人的全面发展的各种体制障碍，大胆学习借鉴人类社会一切文明成果。停滞和倒退只能窒息中国特色社会主义事业的勃勃生机，最终只会是死路一条。未来要实现中华民族的伟大复兴，仍然要靠解放思想和改革开放。这都需要我们进一步解放思想、大胆探索、实现观念突破和体制创新。

第三节　加强国家制度建设，提高制度执行力和文化软实力

实现社会主义的制度文明，制度建设更具有根本性、全局性、稳定性和长期性。邓小平同志曾一针见血地指出：“我们过去发生的各种错误，固然与某些领导人的思想、作风有关，但是组织制度、工作制度方面的问题更重要。这些方面的制度好可以使坏人无法任意横行，制度不好使好人无

法充分做好事，甚至会走向反面。”① 早在200多年前就已经有人认识到，“一切有权力的人都容易滥用权力，这是万古不易的一条经验。有权力的人们使用权力一直到遇有界限的地方为止”，“要防止滥用权力，就必须以权力制约权力”②，这已经不是什么新的发现了。制度变迁的理论常识告诉我们，理想化的制度安排同现实社会政治生活的差距使得秩序优良的社会总是难以建构。转轨国家中的制度运行的环境总是难以准确评估，这种不确定性和随机性使得计划模式（旧体制）向市场模式（新体制）转轨过渡的进程总是伴随着权力的专断、沟通的阻滞、利益的失衡和效率的缺失。文森特·奥斯特罗姆认为：公共精神作为人类社会构造的思想基础，既来自于利他主义的公益心也来自于利己的个人私利。“当事人是自己利益的最好判断者”，个人之间的互动关系得以使互惠成为制度设计的基本原则，这就是所谓的“麦迪逊原则”。中国转型期的“过渡”形态所呈现的是旧体制（存量）继续维持，新体制（增量）日渐生长的“双轨制”演化形态。改革开放说到底就是制度的变革。从当前改革的现实境遇来看，我们最奢望和稀缺的恰是科学合理的制度安排和系统高效的制度设计。而现行的制度弱化、制度断裂正成为制约中国社会快速发展的最大瓶颈。我们当下要建构一个秩序优良、权力规范、结构合理、运转高效的现代化社会，必须扎扎实实地推进制度的建设和发展，不断优化和提升制度运行的软环境，真正意义上发挥制度的效能，让制度有尊严地切实运转起来。30多年来我们也进行了很多的制度变革与体制创新，并且取得了相当的成绩。但是，制度变革、体制创新是一个系统工程，需要的是方方面面的协调配套，各个环节的有机协同。我们应以更高的价值理念来推进这些制度的转型和制度的创新，以更为优良的制度体系和程序过程来规范个体的自利行为，约束政府公共权力的行使。改革制度设计要更好地体现社会的公平、正义，使社会成员均等享受改革开放的成果，就必须对社会权力的结构进行科学配置。要考虑怎样让政治体制与经济体制更加适应，让民主体制跟法制体制更加配合，让政府与社会、市场与政府、中央与地方、国企与民企的关系更加和谐。总之，制度创新的总体目标是保证制度的公平正义。改革开放后形成的“中国模式”要做重大调整，进行新的制度安排和制度创新。

---

① 《邓小平文选》第2卷，人民出版社，1994，第333页。

② 〔法〕孟德斯鸠：《论法的精神》，张雁深译，商务印书馆，1982，第154页。

制度建设和体制创新是一个永无止境的过程。制度建设未来的方向从总体来说，要更多地从制度要素的建设转向制度体系的建设。制度变革、体制创新是一个系统工程，需要的是方方面面的协调配套，各个环节的有机协同。在今后的改革开放进程中，仍然要注重制度建设和体制创新，构建实现科学发展、社会和谐的制度文化体系。改革开放30多年和新中国60多年的成就，充分显示了中国特色社会主义高效的组织力和动员力、巨大的凝聚力和向心力、卓越的领导力和强大的战斗力。王长江认为，我们缺乏的不是条例、规定、要求，我们缺乏的是具有联动作用的制度体系。制度建设里面最重要的，不是要素建设，而是制度体系的建设。社会公平正义是社会发展和谐稳定的基本条件，制度是社会公平正义与和谐幸福的根本保证。最好的、最合理的制度一定是符合人性的，以人为本，体现制度公正。构建社会主义和谐社会必须进行制度建设，制度能够提供和保证秩序，提供和保障稳定，提供和保证激励；必须加紧建设对保障社会公平正义具有重大作用的制度，保障人民在政治、经济、文化、社会等方面的权利和利益。大力推进制度创新，把中国特色社会主义建设体现在制度之中，实现制度正义，特别是注重顶层设计和总体规划。在政治层面，积极稳妥地推进政治体制改革，加快中国特色民主政治建设，完善宪政制度，确定和保障公民平等的基本权利与自由，实现政治正义，充分体现社会主义民主的优越性，不断强化人民对社会主义的认同感。在经济和社会层面，改革完善利益分配制度，让全民共享改革发展成果，实现分配正义，促进社会和谐。新加坡国立大学的郑永年在2009年2月3日的新加坡《联合早报》上发表《中国在危机中重新寻找发展模式》一文，认为目前的金融危机如果应付得好，的确可以成为千载难逢的国家制度建设的好机会。今后必须大力加强社会主义制度文明建设，建立规范权力运行的长效机制和公平、公正的社会分配体制以及有效的利益诉求和调解机制，让社会各阶层真正共享经济发展的成果，保证人民群众既享受发展带来的物质成果，又充分享有民主权利，充分调动人民群众的积极性，在利益均衡的基础上维护社会稳定，这是实现社会和谐的基础。胡锦涛2010年1月12日在中国共产党第十七届中央纪律检查委员会第五次全体会议上强调，要着力在领导干部特别是高中级干部中树立法律面前人人平等、制度面前没有特权、制度约束没有例外的意识，建立教育引导领导干部带头学习的制度，严格执行制度、自觉维护制度。习近平总书记指出表示，执政党最大的危险在于腐败，而消除腐败的土壤还在于改革制度和体制。“要把权力关进制度的笼子。”国之命在人心，要实现人民的愿望就必须创造条件，就是让人民批评和监督政府。

国家制度建设是当代中国政治体制改革的核心。制度是第一生产力。改革开放说到底就是制度能力的变革，有效的制度能力是制度文化建设的前提条件。从制度文化的层面看，党和政府能力的发挥需一系列有效的制度安排和合理的制度架构。在现代政治运作过程中，制度化的安排水平决定整个政治运作的水平。制度能力以执政的制度化安排为底蕴，一个体制安排的制度化水平的高低，往往代表了制度的建设水平，并相应代表了制度运作的可能状态、规范程度、稳定性质、公正公平、认同情形。制度是社会的“黏合剂”，它能有效地增进社会秩序，引导社会生活有序化、规范化、合理化。正如波兰的社会学者彼得·什托姆普卡在阐释社会变迁过程中民主制度的功效时所指出的，制度能帮助建立规范的确定性、社会组织的透明度、社会秩序的稳定性、权力的责任性、权利和义务的设定、职责和责任的强制性，以及人们个人的尊严、正直与自制。制度的规范与理性和社会的安定与和谐息息相关。现代、有序、有效的制度化模式，可以确保社会的稳定和秩序化转型，实现社会良序化的治理。制度能力的高低，与一个执政党的执政理念、执政基础、执政方略、执政体制、执政方式、执政资源、执政环境诸因素关联在一起。加强国家制度能力建设，包括：开发人力、权力、权利、文化、信息等资源；提升秩序维护、政策创新、政府竞争、危机管理能力；建构政治生态文化、形成路径依赖、实现帕累托最优。研究认为，一个有效的国家应该具备履行几项基本职能的能力，即维护国家安全与公共秩序的能力（强制能力），动员与调度社会资源的能力（汲取能力），培育与巩固国家认同和社会核心价值的能力（濡化能力），维护经济与社会生活秩序的能力（规管能力），确保国家机构内部的控制、监督与协调的能力（统领能力），以及维护社会分配正义的能力（再分配能力）[①]。社会主义制度框架的约束给中国的改革提供了一个制度边界，因此思考中国制度文化改革的趋势和走向，一定不能忽视其动力、理性、机遇和资源等制约性条件。要优化我们原有的制度设计，挖掘原有制度的潜力

---

① 王绍光：《祛魅与超越——反思民主、自由、平等和公民社会》，中信出版社，2010，第174页。

资源并充分利用；根据不断发展的需要实行制度创新，实现原有制度的增量发展。

制度建设的关键在于执行力。制度只有执行才有生命力。制度是公信力的根本保障，制度执行力是公信力的现实体现。从现实情况看，制度的完善固然重要，但制度的执行更为紧迫。提升制度执行力，领导干部必须牢固树立制度意识。制度的效用取决于制度的执行。不抓制度执行，制度就没有效果；不抓制度落实，就等于没有制度。有了制度不执行，就会形同虚设，甚至产生比没有制度更坏的效果。“有制度不执行，比没有制度危害还要大。”300 多年前英国哲人培根的这句话至今发人深省。我们要通过制度安排和设计绘就社会公正的蓝图，并通过有力的执行将社会公平的蓝图落到实处。如何解决制度的虚化、软化、弱化的问题，凸显制度的治本性、长效性、稳定性，是当前提升制度执行力的关键因素。“制度写在纸上、贴在墙上、念在嘴上”，制度执行不严、落实不到位的现象，在一些单位还不同程度地存在，必须强化依法管党治党观念，着力提高制度执行力，切实形成用制度规范工作、用制度管权管人管事、用制度解决问题的局面。现实生活中有两个主要原因影响了制度执行力：一是由于执行的主体不理解或曲解或对抗来解释制度，使制度成为“一纸空文”“形同虚设”，所谓“歪嘴和尚念歪经”；二是一些制度本身、政令本身存在缺陷，先天不足的制度导致执行难。这就是所谓的“良法”“恶法”“善政”“恶政”的问题。在新的历史条件下，如何按照市场经济的要求，通过制度建设，进一步转变政府职能，保证市场对资源配置的基础性作用；如何按照科学发展的要求，建立促进经济发展方式转变的宏观调控体制；如何按照构建社会主义和谐社会的要求，建立保障社会公平正义的体制机制；如何按照统筹城乡发展的要求，建立有利于逐步改变城乡二元结构的体制；如何按照完善基本经济制度和保障公平竞争的要求，进一步加快垄断行业的改革，在毫不动摇地巩固和发展公有制经济的同时，毫不动摇地鼓励、支持、引导非公有制经济发展；如何加快上层建筑领域的改革，实现经济体制、政治体制、文化体制和社会体制改革相协调等，这些都是摆在我们面前迫切需要解决的制度文化建设任务。

一个社会完整的制度体系不仅包括正式制度，而且包括非正式制度。非正式制度主要指社会形成的传统、习俗、观念、思想意识形态等软实力建设。“软实力”的概念一经约瑟夫·奈提出，就立刻引起国际社会的关注。这一概念强调，一个国家的综合国力不仅包括经济、科技、军事等“硬实力”，而且包括文化、教育、意识形态、政治价值观、国民素养等“软实力”。文化软实力的实质就是包含在文化中的社会发展理念、价值观念、民族精神的力量。与“硬实力”的威慑性和强制性相比，“软实力”最重要的特征是非强制性，即通过吸引、感召、同化等获得认同感、亲近感和归属感，从而维护和实现自己的利益。在建设中国特色社会主义中，文化引导社会、教育人民、推动发展的作用越来越重要。如何有效地把文化软实力转化为现实的文化生产力、文化竞争力和文化影响力，让中国文化软实力“硬起来”是当前的主要任务①。软实力，对外包含吸引、感染和影响别人的能力，以及国家高层的洞察力、沟通能力等；对内包括国民的凝聚力、向心力和创造力，以及领导者的感召力、组织能力等。非正式制度建设的主要内容包括社会核心价值体系建设、公民道德和公民文化建设，以及传统道德、习俗的引导和改造。我们要大力宣传社会主义的公平、正义、民主等核心价值观念，使其成为中国特色社会主义题中应有之义，成为社会主义核心价值观，促进社会公平和谐的实现。文化的核心是价值观。文化软实力具有鲜明的意识形态属性。研究中国文化软实力，必须坚持以马克思主义为指导，以社会主义核心价值体系为灵魂和根本。要把建设社会主义核心价值体系作为中国文化软实力研究的根本。文化凝结着全民族共同的价值追求，推进社会主义制度文化建设必须构筑社会主义核心价值体系，价值观本身是否具有吸引力和感召力是决定文化软实力的关键。

社会主义核心价值体系是社会主义意识形态的本质体现，主导着社会价值取向和个人追求方向，突出中国共产党的执政理念，反映我国优秀的文化传统和人类文明的进步成果。社会主义核心价值观是社会主义的灵魂，社会主义核心价值观是社会主义制度的本质体现。社会主义核心价值体系是社会主义制度在价值层面的本质规定，它反映了社会主义制度的本质要求，是社会主义制度的内在精神之魂。建设社会主义核心价值体系是社会主义制度自身的内在要求，也是中国特色社会主义建设的题中之意，它贯穿于中国特色社会主义发展的整个历史进程。从建设和谐社会的角度来看，我们需要建设起一种闪烁人文主义光辉、饱含终极价值关怀的先进文化，加强社会主义先进文化建设，以自强不息的民族文化精神塑造社会主义制

① 张贺：《中国文化软实力如何硬起来》，《人民日报》2010年7月23日。

度文化体系。在当代中国，社会主义先进文化的主要表现就是社会主义核心价值体系。中国文化软实力发展在国际上面临着难得的发展机遇，也面临着严峻的挑战。世界上有众多优秀文明和优秀文化给我们发展文化软实力提供了很好的借鉴，而以美国为首的政治文化团体每时每刻都在以文化软实力的形态对我国进行经济、政治制度、文化及意识形态的渗透。社会主义先进文化是社会主义社会的精神支柱，是我国各族人民团结奋斗的共同思想基础，是占支配地位的主流意识形态。一个党、一个社会、一个国家，是靠其成员普遍认同的价值体系来维系的，而在其中居于核心地位、起主导作用的，则是作为维系社会团结和谐的精神纽带和共同思想基础的核心价值体系。社会主义核心价值体系的认同，就是要形成价值共识和完成价值整合，增强凝聚力、团结力和创造力；就是要积极应对西方的“价值输入”，实现社会主义“价值输出”，以提高影响力、辐射力、亲和力和吸引力，最终提升国家文化软实力。提高国家文化软实力，推动社会主义文化大发展大繁荣，使人民基本文化权益得到更好保障，使社会文化生活更加丰富多彩，使人民精神风貌更加昂扬向上，建设中华民族共有的精神家园，促进社会主义先进文化的蓬勃发展，是中国特色社会主义制度文化建设的重要使命。只有增强社会主义核心价值体系的吸引力和感召力，使马克思主义中国化的最新成果为全体人民所信服和掌握，使中国特色社会主义成为全社会共同的奋斗理想，才能从根本上提高中国文化的软实力。

第四节　坚持以人为本，加强以改善民生为重点的社会制度建设

以人为本、执政为民是我们党的性质和宗旨的集中体现，也是我们党一贯的政治主张和执政理念。最好的、最合理的制度一定要从人性出发，从尊重人、爱护人出发，要坚持“以人为本”的原则。以人为本是执政党制定政策的出发点和落脚点，揭示了发展的根本价值追求。从制度文明建设的角度看，“以人为本”是最具统摄性的执政理念，它是对传统制度文化的“以物为本”和“官本位”的彻底否定。这包括对人的尊重、关注人的多样化需求、公共服务对象化的评判标准等。从毛泽东提出“全心全意为人民服务”到邓小平坚持“人民拥护不拥护、赞成不赞成、高兴不高兴、答应不答应”的判断标准，从江泽民倡导“立党为公、执政为民”，胡锦涛

提出“以人为本、执政为民”理念，到习近平总书记提倡改进工作作风、反对铺张浪费，是一脉相承而又不断发展的，体现了中国共产党对以人为本、执政为民理念的一贯追求。它深刻反映了尊重社会发展规律和尊重人民历史主体地位的一致性，充分体现了我们党立党为公、执政为民的本质要求。

“民生是执政之本”的治国理念成为中国共产党的自觉共识，关注民生是以民为本的执政思想的高度体现。科学发展观阐明我们党执政的核心理念就是坚持以人为本。在改革中最直接的体现就是改善民生。我们党从局部执政到全国执政以来的执政实践，其基本经验是重视民心、民主、民生。关注民生问题、凸显人文关怀、饱含民生情结是中国特色社会主义执政为民理念的具体体现。关注民生是贯彻落实科学发展观、构建社会主义和谐社会的内在要求，也是人民群众的共同期待。我们坚持中国特色社会主义发展道路，就必须坚持以“以人为本”为核心的科学发展观。社会管理要搞好，必须加快推进以保障和改善民生为重点的社会建设。要把保障和改善民生作为加快转变经济发展方式的根本出发点和落脚点，坚定不移地走共同富裕道路，完善保障和改善民生的制度安排。“有福利的增长”，或者“共享式增长”的理念进入政府文本表述，可以说是一种进步。改善民生彰显了中国共产党立党为公、执政为民、求真务实的崇高理念；多谋民生之利，多解民生之忧，努力让人民过上更好的生活，是我们的奋斗目标。解决民生问题是当前落实科学发展观与构建和谐社会的必然要求与关键所在，是发展中国特色社会主义的重要内容。新中国成立 60 多年来我们党执政理念中对民生的重视也产生了一个飞跃，从政策上改善民生，制度上保障民生，到政治上重视民生，执政以民生为本，民生逐渐成为党的主要执政之道。

建设一个民生型政府，这既是政府职能转变的方向，也是当前我们建设和谐社会、更好地推进科学发展的重要手段，也是改革发展的最终目标。关注民生、重视民生、改善民生，已经成为全党全社会面临的重大任务。党提出并引导人们追求一种经济富足、政治民主、思想自由、生态美好、社会公平的和谐社会目标。社会主义和谐社会理论体现了中国特色社会主义本质属性的重要理论，促进了社会公平正义，是中国人民的奋斗目标，也是中国特色社会主义制度先进性的必然要求。如何形成具有中国特色的社会管理理论，创新社会管理体制，构建与发展社会主义市场经济相适应的社会管理新格局，是当前理论界和现实界关注的重要前沿课题。我们应当正视现实，化解矛盾，尤其是要通过加强社会管理制度建设，建立化解社会矛盾、实现科学发展的长效机制。推动建设和谐社会最重要的是以改善民生为重点、促进社会公平正义；在社会主义国家里人民内部矛盾更应该通过和平协商的方法解决，让社会多一些协商、妥协、忍让、友爱、关怀、互利、共赢。中国在改革开放的快速发展中出现了一些必须注意解决的问题，主要表现在贫富差距、道德失范、信用破坏、环境恶化、资源浪费、人与人关系的紧张、人与大自然关系的冲突等。“民生”一词最早出现于《左传·宣公十二年》，“民生在勤，勤则不匮”一句，认为“百姓生存之道在于勤劳，勤劳才能丰衣足食”。民主与民生相辅相成，互为促进，绝不能将两者割裂开来，更不能将它们对立起来。改善民生与发展民主，归根结底是把我国建设成为一个富强、民主、文明、和谐的现代化强国。在改善民生和创新社会管理中，加强社会建设是十八大报告的一部分。报告强调，要顺应人民过上美好生活的新期待，谱写人民美好生活的新篇章，努力使全体人民学有所教、劳有所得、病有所医、老有所养、住有所居。要保障和改善民生、促进社会公平正义体现发展是硬道理的本质要求，就要推动社会管理体制创新，需要培育和引导社会组织、促进城乡统筹发展、实现基本公共服务均等化等。基本公共服务均等化既是一种价值理性，又是一种工具理性。作为一种价值理性，基本公共服务均等化旨在实现社会公平与正义。作为工具理性，基本公共服务均等化就是通过实践的途径确认工具（手段）的有用性，从而追求基本公共服务的最大功效。公共服务制度创新要遵循公平、有效和充分的原则。政府在公共服务方面的作用，主要不是直接提供，而是保证公共服务的提供。我们要加强社会建设，建立健全基本公共服务体系，促进就业和构建和谐的劳动关系，要形成社会保障和基本公共服务与经济增长同步发展的机制，推进基本公共服务均等化，特别值得注意的是，深化收入分配制度的改革问题。初次分配和再分配都要处理好效率和公平的关系，再分配更加注重公平。如果改革和发展的成果不为广大民众所共享，就谈不上社会的公平正义，而离开了社会的公平正义，就谈不上社会主义。

中国共产党是马克思主义政党，以人为本、执政为民是其生命根基和本质要求。“民生为大”，不仅国家的主要任务是改善民生，民主建设也要着眼于在更高、更广的层次上全面提升人民生活的品质，为百姓提供更为优质的服务，让人民过上更安全、更自由、更幸福、更有尊严的生活。尊重和维护人的尊严与人格，乃是社会主义题中应有之义。“体面劳动”与“尊严生活”相呼应，既是中国政府执政为民、以人为本施政理念的全新诠释，也表达着中国高层关于国家发展和民众福祉的理念，可以说，“体面”与“尊严”，是追求社会公平正义的必然诉求，也是和谐社会的应有之义，是我们党和政府在更深的层次上对以人为本要义的新诠释、新视野。“幸福”“幸福感”“幸福指数”俨然已经成为时下中国的流行语，“让人民幸福”也已成为从中央到地方的共识。如何增加社会成员的幸福感，如何把对幸福感的追求与对发展的追求结合起来，也对党和各级政府的执行力和公信力提出了更高要求。就业、社会保障、收入分配、住房、医疗改革等若干民生领域，无一不是近几年来社会矛盾纠结、民意反应强烈的领域，每一个方面都关乎老百姓的幸福。习近平总书记提出，人民对美好幸福生活的期待，就是我们的奋斗目标。温家宝这样诠释“幸福”：让人们生活得舒心、安心、放心，对未来有信心。需要指出的是，民生的实质是民权，不仅包括物质权益，也包括精神权益、政治权益等。我们不仅要加大公共财政的倾斜力度，为百姓的物质权益提供更多保障，同时也要不断丰富、满足百姓的精神文化需求和有序的政治参与需求，关注人们的生活质量、发展潜能和幸福指数，实现公民文化权利。关键还是政府公信力的问题。论及“中国模式”，离开人民的普遍富裕、人民的幸福和尊严，就没有任何实质意义。

第五节 体现公平正义，促进科学发展，保持社会和谐、政治稳定

制度即“集体理性”，坚持公正平等的原则、捍卫公理正义是制度文化建设的另一重要经验。这个“理”包含着公理、道理、理性的含义。社会主义是一种通过人民参与政治过程来达到社会公正，实现以人为本价值的制度。公平正义是社会成员对社会是否“合意”的一种价值评判。在人类思想史上，马克思主义第一次科学阐明了实现社会公平正义的途径，并把社会公正的实现同人的解放和全面发展结合起来，为我们正确认识社会公正问题奠定了坚实的理论基础。温家宝2008年2月26日发表《关于社会主义初级阶段的历史任务和我国对外政策的几个问题》的文章，首度定义我

国社会主义初级阶段的两大任务是实现公平正义和发展生产力。温家宝指出，公平正义比太阳还要有光辉。解放发展生产力和逐步实现社会公平正义，是社会主义初级阶段两个不可相互替代的历史使命。中国的现代化绝不仅仅指经济的发达，它还应该包括社会的公平、正义和道德的力量。我们党在领导人民进行革命、建设和改革的过程中，始终把维护和实现社会公平正义作为崇高的目标。公平正义是我国社会主义制度的重要价值和基本特征。公平正义是社会主义的本质属性，是发展中国特色社会主义的重要目标。公平正义是社会主义和谐社会的主要特征，它直接关系到社会主义社会的本质。维护和实现社会主义公平正义，最根本的就是要实现和维护最广大人民的根本利益。邓小平同志曾明确强调："社会主义的目的就是要全国人民共同富裕，不是两极分化"，"社会主义与资本主义不同的特点就是共同富裕，不搞两极分化"，这是体现社会主义本质的关键所在。"如果导致两极分化，改革就算失败了"。防止两极分化，逐步实现共同富裕，实际上讲的就是社会公平问题。建立公平正义的社会一直是人类追求的理想，维护和实现社会公平正义是构建社会主义和谐社会的重要基石。十六届六中全会《中共中央关于构建社会主义和谐社会若干重大问题的决定》指出：社会公平正义是社会和谐的基本条件。胡锦涛指出，"公平正义"就是社会各方面的利益关系得到妥善协调，人民内部矛盾和其他社会矛盾得到正确处理，社会公平正义得到切实维护和实现。温家宝强调，公平正义是社会主义的本质特征，也是社会稳定的基础。维护社会公平正义体现了我党"执政为民""以人为本"的执政理念，是深入贯彻落实科学发展观的必然要求，是全面建设小康社会的重要内容，是社会主义和谐社会的重要特征。维护和实现公平正义有利于促进和谐社会的建设；有利于全体人民共享改革开放和社会主义现代化建设的成果；有利于调动广大人民群众的积极性、创造性；有利于社会的稳定和长治久安；有利于中华民族的伟大复兴。

公共领域是向天下开放的公共权力之域，也是制度正义的寄身之所。正如罗尔斯所说："没有正义的秩序是不能长久的，没有正义的稳定也是脆弱的稳定。"同样，没有社会的公平正义也不是完整和真正意义的社会主义。促进社会公平正义是执政兴国的"硬道理"，只有让公平正义从"应然"变为"实然"，我们的改革才能达到预期目的，中国特色社会主义的理论和实践价值才能不断彰显。华东理工大学范明英认为，在社会主义现代化的伟大实践中，社会主义的“公平正义”原则必须表现为：社会层面的公平、法律层面的公正、经济领域的公共利益、政治领域的公共意志以及程序上的公开透明。不可否认的是，经济增长的同时，社会发展方面也出现了不少问题，最大的问题是收入分配不公问题，社会公平正义未能得到很好的彰显，公平正义无论从人的思想观念层面，还是在制度的保障方面以及实践举措方面都显得比较薄弱。在经济社会快速转型之中，由于体制机制不健全、不完善引起的社会不公，导致当前我国部门、行业、地区收入差距不断扩大，一些行业凭借垄断地位获取高额利润，个别领导干部利用手中的权力进行寻租，贪污受贿等。虽然当前的社会公正问题是“成长中的烦恼”，但若不能妥善解决，就会极大阻碍经济社会的“成长”。民生问题不仅是重要的经济问题、社会问题，也是重大的政治问题。推进转型期社会建设，应着力保障和改善民生，逐步完善基本公共服务体系；健全党和政府主导的维护群众权益机制，正确反映和兼顾不同方面群众的利益，注重维护社会公平正义；坚持以人为本，加强政府诚信建设，推进制度创新，完善不同群体利益表达机制和矛盾化解机制。没有公共权力作保证，没有完善的制度为保障，社会公正的实现很可能寸步难行。当前，应以科学发展观为指导，对实现社会公正进行顶层设计和总体规划，特别是加强制度建设，不断消除人民参与经济社会发展、分享经济社会发展成果方面的障碍，为实现社会公正提供制度保障。今后要通过改革创新破除制约科学发展的体制性、政策性、观念性障碍，加强管理制度建设，围绕“用制度管权、按制度办事、靠制度管人”的管理目标，建立起完善的制度和运行机制，从源头上规范制度管理规程、管理行为和管理方式。当前大力推进“社会管理体制”改革，这是我们在统观中国社会发展战略全局的基础上，寻求重点突破的、关键性的“改革顶层设计”，这是从制度和价值层面推进社会体制改革，实践社会体制安排，按照“民主、民生、公正、和谐”的“新发展共识”追求当代中国的“现代性”，对“中国发展道路”的深度思考的结果。如我国当前存在“一国两策，二元结构”的现实，打破城乡二元结构依赖于制度障碍的破除，而制度创新将从根本上消除造成城乡二元分化的制度根源。当前，随着我国经济社会的发展，政府的行政能力得以进一步增强，在很多领域的制度建设上，我们也已经取得了较大的进步，但必须看到还有诸多不尽如人意之处：无制度可循、有制度而不能依、制度形同虚设。制度的滞后，不仅考量着制度公正和制度公信力，而且影响了社会主义形象。政府必须不断调整自己适应社会的变化，适应时代的要求，不断创新、不断探索，修改取缔无效率的制度，制定务实有效的制度，完善制度体系，做好制度衔接，避免制度冲突，提高自己的行政能力，为构建和谐社会奠定良好的基础。

科学发展观是一种执政理念、理论信仰、精神力量，也是一种根本的模式再造、思想方法与工作方法创新。科学发展观的提出为解决中国问题提供了科学的指导思想。它表明我党认识到了现实问题产生的主要原因，找到了解决的根本方法，我党在探索市场经济条件下搞社会主义的道路上向前迈了一大步。发展是硬道理，是解决中国所有问题的关键。古往今来，贫困是社会不和谐的主要根源。正如马克思所说，如果没有生产力的充分发展，就只会有极端贫困的普遍化。而在极端贫困的情况下，必然重新开展争夺必需品的斗争，全部陈腐的东西又要死灰复燃。因此，在全面建设小康社会的进程中必须把发展放在首位，牢牢扭住经济建设这个中心，坚持聚精会神搞建设、一心一意谋发展，不断解放和发展社会生产力。发展问题在社会主义建设中至关重要，科学发展观的重大战略思想的提出是我们党执政理念的丰富和发展，是对社会主义现代化建设规律认识的深化，中国特色社会主义必须坚持走科学发展的道路。科学发展观是我们党在新世纪、新阶段的执政理念和执政方略，是巩固党的执政基础、完成党的执政使命的重要保障。科学发展、和谐发展、和平发展被称为发展中国特色社会主义的新三大法宝。“中国模式”的优越之处在于：它不仅开启了社会主义现代化的征程，且其价值超出一个国家的范畴而具有世界意义；不仅丰富了人类发展路径，而且以其所倡导的科学发展、和谐发展、和平发展理念，向世界昭示着一个真理的存在和它无穷的魅力。中国之所以成功是因为中国没有全盘照抄西方模式，而是努力建设符合自身特点的经济政治文化制度，在此基础上开辟可行的发展道路，形成了一种中国特色的发展模式，即“科学发展模式”。“中国模式”明显有别于所有其他模式，既不同于西方模式，也不同于苏联模式，明显区别于西方民主社会主义模式，亦与改革开放前的“中国模式”有很大区别。“中国模式”是一条中国人独辟的前无古人的路径。中国的发展成就不仅促使一个政治强国在崛起，而且意味着一种制度文明之路在开拓。这是继“北欧模式”“拉美模式”“东亚模式”之后，对发展模式的一种创新。

发展是硬道理的本质要求是科学发展。在中国建设中国特色社会主义，必须坚持科学发展，走出片面追求经济增长的物本发展观，走向以人为本的科学发展观。科学发展是在社会发展问题上客观规律性和主体选择性的辩证统一。全面、协调、可持续，是科学发展观的基本要求。对当前中国来说，就是要打破传统思维定势的困扰，切实树立科学理念；打破患得患失的心态，切实树立科学政绩观；打破狭隘视野的限制，切实学会统筹兼顾的科学思路和方法。我们正处在深刻的社会转型期，向科学发展转型，向以人为本转型，向更加公平正义转型。要继续坚持和发展中国特色的社会主义，必须从中国实际出发，继续走科学发展之路。中国共产党人作为发展中国特色社会主义的核心力量，把科学发展、和谐发展、和平发展的根本原则作为指导发展的核心理念，这个核心理念就是科学发展观的要旨。我党在新时期先后提出了“发展是硬道理”“发展是执政兴国的第一要务”“科学发展观第一要义是发展”等科学论断，把中国的发展与实现社会主义现代化、实现中华民族伟大复兴紧密联系在一起，把中国的发展进步与世界的发展进步联系在一起，牢牢抓住经济建设这个中心，聚精会神搞建设，一心一意谋发展，使“中国模式”融入科学发展、和谐发展、和平发展的轨道。

中国特色社会主义道路是与世界文明偕行、与时俱进、参与经济全球化的和平发展之路。中国的发展是世界发展的一个重要组成部分。作为当今世界一种重要的制度选择，中国特色社会主义同经济全球化存在着不可阻隔的内在联系，并以对外开放的胸襟勇于融入世界经济和人类文明大潮之中。中国特色社会主义道路是以马克思主义为指导的发展道路，马克思主义的特性决定了中国特色社会主义道路离不开人类文明发展的大道，应是参与经济全球化并对人类文明有巨大贡献的道路。它是中国共产党在总结自身和苏联等其他社会主义国家执政经验教训、吸收人类文明成果和先进管理经验的基础上开辟的一条适合中国国情的特色道路。我们既要立足于中国实际，又应该有世界眼光和世界胸怀，在中国与世界的双向互动中建设中国特色社会主义。梅荣政指出，当今世界两大历史趋势：经济全球化趋势和社会主义最终必然代替资本主义的趋势，而后一趋势更为根本，经济全球化历程总伴有世界社会主义的发展，“经济全球化的尽头是共产主义的灿烂辉煌”。中国特色社会主义是以马克思主义为指导，对人类文明有巨大贡献，反映人类文明发展方向，人类追求文明进步的道路。它既扬弃了封建制度的痼疾和资本主义的弊病，又走出了超越苏联社会主义制度模式、开辟发展中国家后发赶超的新路。中国的和平发展是中国现代化建设的必然选择，是中国政府和中国人民的郑重选择和庄严承诺。实现和平发展，是中国人民的真诚愿望和不懈追求。邓小平把中国特色社会主义概括为不断发展生产力的社会主义，是主张和平的社会主义。中国高举和平与发展的旗帜，主张走和平发展道路，倡导建立和谐世界。

柏拉图曾说："公正的社会必定是和谐的。"全面推进社会主义经济建设、政治建设、文化建设、社会建设和党的建设，实现和谐发展是建设中国特色社会主义的根本途径。发展是一个综合性的社会目标，全球化背景下的现代化是一个社会全面发展和可持续发展的过程。全面发展、和谐发展，包括物质文明、政治文明、精神文明、社会文明、生态文明的多维和谐统一。经济发展必须与环境保护、生态平衡、人口增长、国民素质、社会安定、文化教育等相协调，最终促进人、社会和自然之间的和谐发展。作为执政理念和总体战略的科学发展观，所要求的正是这样一种社会全面进步或协调发展的战略策略。党的十七大明确了实现全面建设小康社会奋斗目标的新要求，使中国特色社会主义事业总体布局更加明确地发展成为经济建设、政治建设、文化建设、社会建设"四位一体"。党的十八大则明确提出："坚定不移沿着中国特色社会主义道路前进，为全面建成小康社会而奋斗"，"确保到2020年实现全面建成小康社会宏伟目标"。在新形势下，我们要正确认识和妥善处理中国特色社会主义事业中的重大关系，统筹城乡发展、区域发展、经济社会发展、人与自然和谐发展、国内发展和对外开放，统筹中央和地方关系，统筹个人利益和集体利益、局部利益和整体利益、当前利益和长远利益，充分调动各方面积极性。建设中国特色社会主义是一项系统工程，也是一个协调艺术。

保持社会和谐和政治稳定，是建设中国特色社会主义的本质要求。和谐是马克思社会主义观的根本特征，社会和谐是中国特色社会主义的本质属性。使每个人都能够获得解放即成为自由而全面发展的人，是马克思社会主义学说的本质要义，由此决定了社会主义必然以和谐作为基本内涵。和谐是人类追求的一个永恒理想。和谐社会是对人类社会发展进步的一种理想状态的描绘。和谐社会不是一种社会形态，而是一种社会状态。马克思主义社会形态理论是社会主义和谐社会建构的理论基石。构建和谐社会符合马克思主义社会形态理论的本真精神，是马克思主义社会形态理论在当代的一种合理状态。我们所要构建的社会主义和谐社会，既不同于我国历史上一些思想家所向往的“大同世界”和“小康社会”，也不同于空想社会主义者所描绘的“乌托邦”和“千年王国”，而是马克思主义关于社会和谐的思想同当代中国实际相结合的产物。在《共产党宣言》中，马克思和恩格斯充分肯定了批判的空想社会主义和共产主义“关于未来社会的积极的主张”，其中很重要的一条，就是“提倡社会和谐”。社会主义需要社会和谐；社会主义也意味社会和谐的真正实现。科学的、和谐的社会主义既是对空想社会主义目标的超越，也意味着在资本主义文明基础上的人类理想境界的实现。

正确处理人民内部矛盾，是关系改革发展稳定的全局性课题，是促进社会和谐的基础性工作。不断提高正确处理人民内部矛盾的能力和水平，对于推动科学发展、促进社会和谐，巩固我们党执政的群众基础和社会基础具有特别重要的意义。一个和谐的社会，首先应该是一个安定有序的社会。要实现和谐的理想，就必须在践行科学发展观的过程中，努力解决社会冲突、加强社会控制、保持社会稳定。维护稳定是全国人民的共同意志和心声。稳定是福，动乱是祸，没有稳定，什么事情也干不成。胡锦涛指出，中国特色社会主义给我们开辟了通往高度和谐的未来社会现实道路，但是要实现理想的社会主义和谐社会是一个漫长的历史过程，需要我们进行很长时期的艰苦努力，面临“成长的烦恼”“转型的阵痛”。正如贝克在其名著《风险社会》一书中所揭示的，在后工业化时代，人类正步入“风险社会”。在某种意义上，风险是与现代化伴生的一种代价。著名的社会学家达伦多夫认为：人类社会充满着矛盾和冲突，要构建和谐，必须保持稳定。社会稳定是社会良性运行的前提条件。保持社会稳定是经济发展的前提和基础，这是我国现代化建设的一条极其重要的经验。汤森认为：“中国人有强调社会和谐、节制社会冲突的政治传统。”① 邓小平同志曾经指出：“中国的问题，压倒一切的是需要稳定。没有稳定的环境，什么都搞不成，已经取得的成果也会失掉。”经过 30 多年的改革开放，中国的社会面貌发生了巨大变化，综合国力得到了极大提升，社会大局总体是稳定的。但是，由于我国正处于并将长期处于社会主义初级阶段，由于经济体制深刻变革、社会结构深刻变动、利益格局深刻调整、思想观念深刻变化，由于发展不平衡、不协调、不可持续问题短期内难以根本解决，人民内部各种具体利

① 詹姆斯·R. 汤森：《中国政治》，顾速、董方等译，江苏人民出版社，1994，第 67 页。

益矛盾难以避免地会经常地、大量地表现出来。中国的改革开放是一场空前的社会变革，必然会打破原有的社会“均衡”和“稳定”状态，出现新的社会失衡，影响社会和谐。和谐社会出现了一些不和谐的杂音，如一些地方出现地方利益集团，呈现出地方利益政治化、部门利益组织化的趋向。我国政治发展也要防止发生“四大危机”，即体制的合法性危机、政权的公正性危机、法制的权威性危机、文化的共识性危机。我们已经进入了新的“历史机遇期”，当然也同时进入了“矛盾凸显期”，空前的社会变革也积累了一些影响社会稳定与和谐的因素和“抗争性政治”①。我国目前对现有体制形成重大威胁的社会问题主要表现为五个方面，即社会贫富差距持续拉大、三农、腐败、就业、社会信任缺失等，这些问题都需要我们采取对策，加以妥善解决。如何培育全社会的“风险文化”，这将是我国现代化进程中的必解之题，也是科学发展的重要方面。什么样的稳定观才是科学的稳定观呢？一般认为，稳定主要不是为了控制人、限制人、束缚人，而是为了解放人、规范人、发展人，从而建立一种良好的社会运行秩序，使之服务和服从于人的生存与发展这个最根本的目的。

第六节　开放兼容会通，实现现代性制度和民族性文化的统一

人类制度文明包括制度和文化的统一。制度是文化的载体和衍生，文化是制度的濡化和源流，文化和制度相依相生。人类制度文化变迁的规律表明，文明是多样的，世界上没有放之四海而皆准的发展道路和模式。世界文明的多样性、各国各民族发展道路和发展模式的多样性必须得到尊重。各种文明的各种发展道路和发展模式，应该和谐共存，在竞争比较中取长补短，在求同存异中共同进步。

如何认识资本主义和社会主义之间的关系，是制度文化建设的重大课题。马克思、恩格斯在《共产党宣言》中对资产阶级的批判是“历史的批判”与“价值的批判”的统一。《共产党宣言》在阐明资产阶级伟大的“文明作用”的同时，指出了资产阶级的历史局限性的一面。《共产党宣言》启示我们怎样认识资本，利用资本，驾驭资本，超越资本。列宁继承了马

① 于建嵘：《抗争性政治：中国政治社会学基本问题》，人民出版社，2010。

克思的世界历史观，明确提出了把苏维埃俄国的生存同资本主义“世界经济”联系起来的思想，“社会主义共和国不同世界发生联系是不能生存下去的，在目前情况下应当把自己的生存同资本主义的关系联系起来”[①]。在此基础上，列宁形成了社会主义对外开放的思想。在经济文化较不发达的基础上建设社会主义，必须吸取资本主义的一切肯定成果，这是马克思主义创始人的一贯思想；列宁更把吸取资本主义制度的一切肯定成就，看作十月革命以后苏联建设社会主义中面临的一个迫切的现实问题。邓小平总结了过去封闭观念和社会主义与资本主义截然对立的观念之教训，提出了要不断深化和发展对资本主义社会的认识，文明的多样性是人类社会发展的动力以及各种文明应相互借鉴、取长补短、和谐相处的新思想，发展了马克思的“世界历史”理论。我们要打破社会主义和资本主义非此即彼的思维定势，重新认识资本主义，真正弄清什么是资本主义。社会主义和资本主义既有相互矛盾和相互斗争的一面，又有相互联系和协作的一面。一方面，要在共处、竞争中借鉴资本主义；另一方面，要在交流、合作中防范资本主义。

以“普世价值”的讨论为例。改革开放30多年，建立民主、法治、自由、公平、正义的社会，树立人权、平等、博爱、幸福等价值理念，日渐成为我们制度文明中的普遍认同。从一定意义上说，改革开放以来中国共产党所走过的历程，就是不断学习、实践、普及这些人类价值观的过程。科学、理性、自由、平等、民主、法治、公正等这些概念，是资本主义主流文化中的内容构成，但我们不能把它们看成资本主义专有的，而是应当在批判吸取的基础上，将其作为全人类的精神财富。中国要努力汲取人类创造的一切文明成果，参与国际分工，把中国特色同时代、人类的普世文明相结合。邓小平说过：“我们的制度将一天天完善起来，它将吸收我们可以从世界各国吸收的进步因素，成为世界上最好的制度。”[②] 近些年来，一些人盲目崇拜西方，既不懂西方的历史，也不懂中国的国情，鼓吹西方的自由、平等、民主、人权、宪政等价值观念是普适观念，掀起一股浪潮，要求中国照搬照抄西方的政治制度和价值。一些论者认为，西方的民主、自由、人权是“普世价值”，中国也要与其“接轨”。他们认为，所谓“普

---

① 《列宁全集》第41卷，人民出版社，1986，第166～167页。

② 《邓小平文选》第2卷，人民出版社，1994，第337页。

世价值”是人类文明的核心，是人类在长期进化发展中形成的具有普遍世界意义的价值准则，由这些准则所规定的基本制度，是“最高文明境界”，是“任何民族最终的制度进化归宿”。这样的观点是错误的、有害的，是对马克思主义指导地位的挑战。其实，“普世价值”的问题，绝不仅仅是一个学理的问题，不能把西方资本主义的所谓“普世价值”和“历史终结”理论奉为完善发展中国特色社会主义的“灵丹妙药”。抽象的民主、自由、平等、人权是不存在的。这是因为，普世价值并非建立在人性基础上的永恒的、普遍的价值，我们若离开了民族文化传统，离开了社会主义核心价值观，其走向必然与西方制度模式接轨，丧失意识形态领导权。普世的制度理念，如民主、自由、人权，如何落实为一国的实践，要根据这个国家的经济、历史、文化、习俗和现实情况来采取行动。西方一些国家以“普世价值”为旗号推行西方的价值观，以西方价值作为普世价值来重塑世界，无视民主的人民性、民主表达的多样性和世界文化的差异性，推行西方资产阶级的多党轮流坐庄的“多党制”“三权分立”和“竞争性选举”。尽管它总是打着“人类文明”“世界文明”的幌子，但是其目标非常明确，其鼓吹普世价值的实质是从制度上消解中国特色社会主义基本制度文化，从而实现对我国“西化”“分化”的目的。国内思想理论界有人鼓吹政治价值普适性，他们鼓吹普世价值的实质是淡化意识形态，意图实现“非意识形态化”或用资本主义价值观来取代社会主义价值观，用资本主义意识形态取代社会主义意识形态。鼓吹普世价值，最终目的就是确立资本主义不可超越性，把资本主义的核心价值及其制度架构作为历史的终点，从制度上消解中国特色社会主义基本制度，特别是基本政治制度，从而实现对我国的“西化”“分化”。普世价值论通过鼓噪“民主宪政”，从政治体制改革中打开“突破口”，实行“全盘西化”，改行资产阶级多党制，走所谓的“宪政之路”，从而使共产党放弃领导权，颠覆中国社会主义制度。当下有人宣扬西方自由、民主、人权等所谓的“普世价值”，把体现西方民主、自由、人权等价值观念的多党制度、三权分立制度当作“普世价值”，要求在我国全面推行，在我国推行西方多党制、三权分立等。这在理论上是错误的，在实践上将是有害的。西方资本主义民主没有“普世性”，照搬别国模式从来不能成功。其实，任何价值观念及其实现形式都是历史的、具体的，都必须与具体国家的历史传统、现实国情等相适应，不可能只有一种模式。近年来一些国家和地区出现了严重的“民主乱象”，事实证明，那种宣扬西方式民主政治为"普世价值"的观点，受到了普遍的质疑。

马克思、恩格斯创立科学社会主义至今一个半世纪以来，社会主义与资本主义两大力量、两种历史走势生死博弈的风风雨雨，充分印证了马克思主义经典作家关于资本主义必然灭亡、社会主义必然胜利的科学论断是颠扑不破的真理，雄辩地证明了社会主义、马克思主义的旺盛生命力，昭示了社会主义与马克思主义的历史命运。当前这场世界性金融危机，以及我国有效抵御国际金融风险并取得了重大成就，证明了中国特色社会主义道路的必然性和正确性，昭示了中国人民所选择的社会主义与马克思主义的旺盛生命。危机是对制度的最好考验和检验。2008 年的国际金融危机和 2010 年的欧债危机既暴露了资本主义制度工具理性和价值理性内在的深刻矛盾，暴露了国际金融体系的严重问题，同时又展示了中国特色社会主义突出的制度优势。这场危机，说明了凯恩斯主义救不了资本主义，新自由主义也救不了资本主义。外国学者也承认，中国"强调发展的是人民性而不是特权的阶层性"。"'华盛顿共识'的目的是帮助银行家和金融家，而'北京共识'的目标是帮助普通人们，强调以人为本。"苏联解体、东欧剧变并不意味着"历史的终结"①，不是一些西方学者所谓的西方民主价值理念和政治制度的全面胜利。这一点已经被 20 多年来全球化的深入发展所证实，资本的全球扩张正在一步步验证马克思和恩格斯在《共产党宣言》中的科学预见。

"中国特色社会主义"既是一个理论命题，也是一个思想范式和根本方法。当代中国马克思主义者十分重视发掘和批判继承传统儒学思想中的精华，包括实用理性、天人合一、人文精神、民本传统、和合文化等。邓小平提出的小康社会，江泽民提出在建设社会主义市场经济中坚持以德治国、把德治与法治统一起来，胡锦涛同志提出的和谐社会、和谐世界的思想，都来自中国古代传统文化。科学发展观强调的"以人为本"，构建和谐社会体现的"以和为贵"，都渗透着中国文化传统的思想精华，彰显出马克思主义中国化的文化基因。与社会主义的苏联模式相比，中国特色社会主义是一种在经济、政治、文化、社会等方面都具有鲜明中国特色、符合中国国情的社会主义，是中国共产党和中国人民基于中国国情自主探索、创新中

① 〔日〕弗朗西斯·福山：《历史的终结及最后之人》，中国社会科学出版社，2003，代序第 3 页。

国文化的结果。

“中国模式”是一种内生型的制度发展，秉承了中华文化“和”与“共生”的价值理念。西方制度文明又与传统文化根基相结合，形成了具有中国特色的表达，即“以人为本”“和谐社会”。儒家文化的性格特征表现为一种实践理性或实用理性，中国特色社会主义体现了与时偕行的实践理性精神。李光耀说：“儒教并不是一种宗教，而是一套实际和理性的原则，目的是维护世俗人生的秩序和进展。”① 儒教文明具有无与伦比的文化融合力、文化和谐性、包容性和开放性，能有效化解文明冲突，促使文明和谐共生，具有现代性特质。中国传统儒家思想中就有“大道之行，天下为公”的大同理想，大同理想较易与社会主义思想相互会通融合。论者指出，儒家文化既具有超越个人私利的“天下兴亡、匹夫有责”、以国家民族大义为重的理想主义，又具有特有的包容优势：天人合一、知行合一、政教合一，在日常生产生活中寄托理想和追求的现实主义，理想主义和现实主义的统一。儒学具有“天下兴亡、匹夫有责”的家国意识、“天下为公”的社会理想 、“小康社会”的社会模式、“大一统”的国家学说，这些共同构成了中国特色社会主义国家制度文化建设的基本养分。

以人为本，实质是中国传统“民本”思想的发展。我国文化有深厚的民本思想，坚持以人为本的执政理念，既具有中华文明的深厚根基，又体现了与时俱进的时代精神。新时期的以人为本思想具有深厚的“民本”传统底蕴。中华文明历来注重以民为本，尊重人的尊严和价值。《尚书》中所提到的“民为邦本，本固邦宁”，就是民本主义最初的源头。早在春秋时期，我国就有了“天听自我民听，天视自我民视”的观点，而孟子更是鲜明地提出了“民为贵，社稷次之，君为轻”的观念。孟子“民重君轻”的思想，可以说是儒家“民本”思想的集中表达。儒家的这一思想与孙中山的“民生主义”，一脉相承。老子、庄子以道家独特的思维方式所表达的民本思想也甚为可贵，足以与儒家民本思想媲美，道家哲学中所蕴涵的以民本思想为主要内容的民主精神具有重要的历史价值。十六大以来，以胡锦涛同志为总书记的党中央继承中华文化的这一优秀思想传统，坚持以人为本，重视民生，发展为了人民，发展依靠人民，发展成果由人民共享。“以人为本”为灵魂的科学发展观的提出，极大地丰富了中国特色社会主义理

① 《李光耀40年政论选》，现代出版社，1996，第412页。

论体系的内涵。

中国传统本身蕴涵着变革精神和生态智慧，倡导包容和天人合一，这就启迪并促进了中国的改革开放和生态文明建设。《周易》曰："穷则变，变则通，通则久。"《诗经》云："周虽旧邦，其命惟新。"《易经》的"天行健，君子以自强不息"和孟子的"生于忧患，死于安乐"，强调忧患意识与自强意识，倡导"日新又新"和"革故鼎新"的变革精神。又如"与时俱进"一词，即源于中华民族传统文化的奠基作品之一《周易》的"与时偕行""与时消息"。《易经》的"益卦"中有这样一句话："天施地生，其益无方。凡益之道，与时偕行。"江泽民对与时俱进进行了马克思主义的解读。中国传统文化中的天人合一思想和生态伦理智慧，为实现生态文明提供了坚实的文化基础和思想源泉，生态文明正是基于中国传统文化的丰厚营养而探寻出的一条新的文明发展之路。

从致思趋向、思想风格、思维方式看，中国化体现了伦理本位、体用不二、躬行践履的文化精神，中国民族心理结构、致思方式和价值范畴、文化心理积淀，无疑为中国特色社会主义提供了心理图景。中国人致思的方式反映了东方智慧文化理念，中国人比较依赖直观与体会（悟）；中国人观察事物往往重视统摄全面，而不喜欢简单地对局部进行分析；强调"天人合一"，主张"慎独""自省"来提高人的道德修养和意志能力；中国人讲"和谐中道"，讲"国泰民安"；中国人最讲整体观和辩证观，认为不能头痛医头、脚痛医脚，而是要统筹思考、辩证认知、标本兼治。邓小平同志十分强调我党实事求是的思想路线，提出发展社会主义经济要实事求是，要从提高人民生活水平出发。中国特色社会主义中的做事情讲究轻重缓急、讲究先易后难，从文化角度来看，背后都有中国文化底蕴的支撑，这些价值观都在中国特色社会主义理论体系中得到了体现。

第六章 中国特色社会主义制度文化现代性的当代审思

“中国模式”“中国道路”的关键是发展问题，而发展问题的实质是制度创新与思想文化传统的创造性转化问题。中国特色社会主义体现了普遍性和特殊性、现代性和民族性、继承性和创新性、普世性和自主性的统一，实现了西方制度文明成果与中华文化传统的有机整合。“中国模式”是我们走自己的道路，建设中国特色社会主义的产物。中国特色社会主义的提出及其实践，遵循和反映了社会主义制度文化演进的一般规律，又深深地打上了时代特色和民族文化的烙印。中国特色社会主义具有鲜明的特色：一是社会主义，二是中国特色。中国特色社会主义不仅兼容了传统的社会主义文明、西方文明和中华传统文明的所有优秀成果，以及中国马克思主义、西方制度文明、儒教文明等新文明的主流价值理念，而且包含了中国特色、中国意识、中国价值、中国思想等因素。“中国道路”与“中国模式”的魅力不仅在于它已经取得的成功，更在于是否具有可持续性。可持续性是“中国道路”与“中国模式”在当今世界能否真正站稳脚跟并产生广泛和持久影响的关键所在，也是“中国道路”与“中国模式”的生命力之所在。要让“中国道路”与“中国模式”赢得未来，就必须使“中国道路”与“中国模式”可持续发展，进行现代性的理念塑造和制度设计，建构与时俱进的制度文化理念。

第一节 建设中国特色社会主义就是“未完成的现代性”

建设中国特色社会主义，就是一个“未完成的现代性”事业。当今的中国正在经历一场深刻的社会转型。我们所讲的社会转型是现代性社会的构建。现代性社会是相对于传统社会而言的，它的主要标志是以“启蒙价值”，即自由、理性、个人权利为价值支撑的，以市场经济、民主政治、法治社会为制度框架的现代性国家。如果说，改革开放 30 多年我们初步实现了富强之梦，那么“文明的崛起”则是 21 世纪我们制度文化建设的目标。“中国模式”的成功经验，在于坚定地融入世界主流文明，同时探索中国特色的现代化道路。“中国模式”的成功与中国的历史经验和文化传统有着内在必然的精神联系，中国发展模式也必然带有传统的特色，中国文明的一些基本因素，决定了中国有自己独特的道路，中国的发展模式也就不可能离开中国传统文化，而去照搬西方的发展模式。建立在文明传统基础上的发展模式也是不可复制的。

中国特色社会主义之路就是中国的现代性生成过程。俞可平总结概括了新中国 60 年政治发展的内在逻辑和制度模式的变迁——从革命到改革，从斗争到和谐，从专政到民主，从人治到法治，从集权到分权，从国家到社会①。中国崛起，不仅是物质的充裕，也是精神的富足和文明的崛起。这种文明，既包括物质文明，也包括精神文明和政治文明。全世界所观望的不仅仅是中国经济的崛起，更是一个有着核心价值观、有着完整的文化体系、能够让人类对未来看到希望的新文明的崛起。正如《中国震撼》作者张维为所论，中国的崛起不是一个普通国家的崛起，而是一个 5000 年连绵不断的伟大文明的复兴，是一个“文明型国家”的崛起。“文明型国家”崛起的深度、广度和力度都是人类历史上前所未见的。这种“文明型国家”有能力汲取其他文明的一切长处而不失去自我，并对世界文明做出原创性的贡献。与此同时，中国更应该发展出“特色”与“自我”。这种“文明型国家”包含了传统“文明”和现代“国家”的融合。从共同富裕到文明幸福，这是从传统发展观到科学发展观的真正转型，是从单一的经济改革向综合改革的历史转变。以普世文明的胸怀，重建“中国模式”的价值理念，从富强走向文明，代表了中国特色现代性的路向。

中国的现代性转型是指从传统社会向以现代核心价值观（民主、自由、人权、公平、正义、契约、信用、理性、和谐、幸福等）为支撑，以市场经济、民主政制、公民社会和先进文化为基本制度理念的现代文明秩序的转变。哈贝马斯说：“现代性是一项未竟的事业。”鲍曼针对将传统与现代性视为固定阶段和固定模式的二元分裂弊端，提出了“流动现代性”的理

---

① 俞可平：《中华人民共和国六十年政治发展的逻辑》，《马克思主义与现实》2010 年第 1 期。

念。这是反思经典现代性、后现代性的基础上的新探索，是一个尚未完成的方案，是一项需要对现代性价值观和未来模式及路径重新认定的历史使命，其核心是建立现代制度文明秩序。秦晓先生认为，“良序民主和法治下的文明社会”包含整合的市场、良好的法治、政制的民主、和谐的社会、多元的文化、理性的精神等。中国的现代性必须建构制度理性，以“创造公共价值”为旨归。现代性包含着悖论和张力，在悖论中保持平衡和动力，在张力中寻求突破和创新。我国未来制度文化改革的重要路向必须深入制度层面和价值层面，从宏观战略上抓住影响稳定全局的关键性制度理念进行改革，为社会的稳定和谐创造一个良好的“制度环境”和“文化条件”。

第二节　中国特色社会主义是制度文化现代性转型之路

中国特色社会主义之路就是中国的现代性生成过程。现代化是一个历史进程，现代性是一个理念架构。现代化是过程、方法论；现代性是理念、范畴。现代化就是现代性的成长、发育和成熟过程。中国特色社会主义现代化是一个独特的“现代性的实现与超越过程”。简言之，是既实现现代性又超越现代性。中国的发展正处于“现代化”向“现代性”转变的“结点”上，如果说现代化预示着社会的“不稳定性”，现代性则预示着“稳定性”。在改革开放的新时期中，我们已探索和塑造出中国特色社会主义的市场经济体制、民主政治体制、先进文化体制与和谐社会体制，走出了一条有中国特色的社会主义康庄大道。拿破仑说：世界上有两种力量——利剑和思想。从长而论，利剑总是败在思想之下。日本思想家福泽谕吉说过，一个民族要崛起，要改变三个方面：人心，政治制度，器物与经济。现代化首先在于观念和制度的现代化；从制度到文化，再从文化到制度，文化可以推动制度的变革，制度也在不断进行文化选择，现代化就是在这种相互促进中向前发展。现在的中国仍然在“未完成的现代过程”之中，具有“现代性”的制度和价值也正处于初步形成和发育的过程中，以制度和价值支撑的“现代社会结构模式”还处于探索阶段，那些重要的价值如民主、自由、科学、公平、正义等，始终需要在观念层面得到确认，并且在制度层面加以落实。一个国家的现代化，最重要的不是物质层面的现代化，甚至于不仅是制度层面的现代化，最重要的是在于它们的国民有现代化的观念、思想与行为模式。制度文化改革必须具有前瞻性，必须深入价值层面和制度层面，要从战略层面上抓住影响稳定全局的关键性制度进行改革，为社会稳定提供价值和制度上的保证。公正、稳定、和谐、文明、进步的社会制度和政治制度安排是“中国模式”可持续发展的根本因素。“中国道路”，主要由中国特色社会主义理念、中国特色社会主义制度设计和中国特色社会主义基本发展战略等构成。转型中的中国社会是一个观念和制度冲突与博弈的时代，现代性文化价值观念的普遍缺失是一个不争的事实，政治发展中有时难免形成“制度硬肠梗”和“文化软堵塞”现象。必须实现理念塑造与制度创新。理念创新和制度创新体现中国特色社会主义与时俱进的理论品质。任何一个大国、任何一个文明的崛起，一定要有一个有吸引力、有辐射力的思想作为基础，有一套成熟的制度作为保障。在新形势下，我们仍然要继续解放思想，不断推进理念创新和制度创新，不断开拓中国特色社会主义更为广阔的发展前景。

建设有中国特色的社会主义，“包括现代性（制度）和民族性（文化）的双重变奏”。民族性文化和现代性制度的协调互动，成为未来中国社会政治发展的历史图景。一切价值都体现文化的价值，都是以文化形式存在着的价值。马克思主义怎样对待传统的思想文化，也涉及马克思主义本身的本土化即中国化的问题。如何把文化现代性与民族文化资源创新联系起来，关系到社会发展的制度选择和理论创新。制度文化建设则是以维护现存政权为目标，充分利用原有传统文化资源并不断发掘新的政治文化资源，通过不断的制度创新和体制创新，以巩固现存政治体系的合法性基础。“中国特色社会主义”可以发挥其深厚的文化吸纳、包容整合以及再造功能，一切优秀的有价值的文化和制度等要素，只要对中国社会主义制度文化现代化建设有益，都可以为我所用。我们一定要充分发扬祖国的文化传统，同时也要学习和借鉴世界先进的文明。我们要善于把文化传统与时代精神结合起来，把发扬我们国家的文化传统与吸收借鉴外国的先进文明结合起来。制度文化演进的历史证明，任何好的制度移植，若没有本国国情和文化精神作支撑，也难以建设制度文明大厦。一个国家走什么样的政治发展道路，要尊重这个国家最广大人民的意愿和选择，要植根于千百年来积淀的深厚文化土壤。一味羡慕甚至照抄照搬别国的政治发展道路，只能水土不服，这正是“橘生淮南则为橘，生于淮北则为枳”。缺乏文化传统的制度“移植”到中国的做法是注定不成功的。

现代化的多元模式，主要是文化的民族内涵和现代性之间的张力问题。“中国特色社会主义”包含现代性和民族性的内在张力与外在冲突。建设中国特色社会主义，包括民族性和现代性的冲突、融合和会通，这是一个未完成的现代性和民族性的双重变奏。启蒙运动是具有意识形态属性的精神资源，市场经济、民主政体、公民社会都是其具体成果。现代性制度理念，诸如自由、理性、法治、人权、个人尊严，都是启蒙运动的成果所在。儒家伦理与东亚现代性精神有其内在的联系。任何类型的发展道路或民主制度都是普遍性与特殊性的统一。正如胡锦涛同志指出的，世界上没有放之四海而皆准的发展道路和发展模式，也没有一成不变的发展道路和发展模式。现代化与社会主义、现代性与民族性的统一是中国特色社会主义发展的客观要求。民族性与现代性的和谐统一是中国制度模式对世界制度文明的重大贡献。实践证明，这种和谐统一不仅可以创造经济发展的奇迹，也可以创造更加优越和有效的制度文明。以全球视野考察中国特色社会主义，既要反对抽象地站在普遍主义的立场，也要反对抽象地站在特殊主义的立场。文化制约发展，制度创造和谐，这就是中国特色社会主义蕴涵的制度文化精神。我们既看到了探索中国现代化道路过程中的中国道路的特殊性，也承认“中国模式”有某种普遍意义。我们已经走出了制度乌托邦设计的荒原，实现了中国特色社会主义的动态和谐发展。“中国模式”和“中国道路”向世界证明了文化与制度和谐的中国特色社会主义制度模式的价值合理性。中国特色社会主义必将为社会主义在21世纪的复兴展示灿烂前景，为人类制度文明发展指示新方向。“中国存在的唯一模式就是从历史中重生；在中国文化中找到一种可以接受的机制，中国人要与现实抗争，就不得不从历史传统中寻找启迪和力量。”① 张维为指出，中国这种“文明型国家”，如果采用西方政治模式，自己的优势就会消失得无影无踪，最后整个国家就会走向崩溃。“中国模式”的相对成功表明：不管什么政治制度，最后一定要落实到“良政”才行，落实到中国人讲的“以人为本”“励精图治”才行。中国人认为无论是什么制度，最终都必须体现在能够实现良政上，体现在自己人民的满意和认同上，这才是民主的实质。早在1926年，美国行政法学家、曾经担任北洋政府宪法顾问的弗兰克·古德诺著有《解

① 〔英〕马丁·雅克：《当中国统治世界——中国的崛起和西方世界的衰落》，张莉、刘曲译，中信出版社，2010，第162页。

析中国》一书。书中，设专章分析了“中国的未来”。他说：“我们丝毫不用怀疑将来有这么一天——当然没人能准确地说出到底是什么时候——中国人民族性格中那些内在的、最基本的优秀基因又将重新焕发出青春，中国文化又将重领世界的风骚。”“当这一天到来的时候，在世界的面前将奇迹般地出现一个崭新的中国，它将是一个有着良好秩序的国度。这样一个复兴后的中国将不负人们的期待，又将重新担负起在历史上曾多次担负过的任务，向世界其他民族贡献出丰厚的文化积累，以补其他民族的不足。”①

建设中国特色社会主义一定要坚持走自己的路，创新适合本国国情和文化传统的制度文明发展道路。从制度文化传播的机理看，两种异质制度文化在重构过程中势必发生相互冲突和相互渗透。相互冲突来自制度文化间的相互隔阂，影响则表现为制度文化间的相互渗透。在这一传播交流过程中，来自隔阂方面的机制会不断给文化重构造成障碍，来自渗透方面的机制会使落后文化的消极作用反作用于先进文化，这两种情况都会产生误读、扭曲、失真、断裂等现象。因此今后在推进制度文化现代化过程中我们还要克服文化融合过程中所产生的隔阂、疏离的文化心态和文化现代性分裂和制度缺失等消极倾向。邓小平同志说，旧中国留给我们的，封建专制主义传统比较多，民主法制传统比较少。在我国传统的制度文化中，政府至上、权力至上始终占据主导地位，其制度文化的消极面是显而易见的：重治国经验、轻制度设计，重人治、轻法治，重权威、轻民主，重等级、轻平等。中央党校许全兴教授撰文指出，在推进马克思主义中国化时，我们一定要十分警惕中国传统文化中某些消极因素对马克思主义的渗入②。中国传统制度文化中的皇权至上、宗法观念、清官思想、子民心理、权力拜物教、均平思想，以及官本位、等级制、衙门化、人治色彩、集权作风、特权观念和小农意识等政治心理，不时地表现在中国人的政治思想和行为模式中，儒家的这种深层结构对马克思主义中国化产生消极影响③。我国计划体制和“革命传统”也遗留了劣质部分，如王朝政治和朝贡体系的专制主义色彩、无产阶级专政的乌托邦权力话语、激进主义政治的革命戾气和

---

① 〔美〕古德诺：《解析中国》，国际文化出版社，1998，第135页。

② 许全兴：《传统文化与马克思主义中国化》，《党的文献》2009年5月14日。

③ 金观涛：《儒家的深层结构对马克思主义中国化的影响》，新观察网，http：//www.xgc2000.com。

理性独断论的辩证法[①]。如果不彻底根除这些污泥浊水，不可能长出民主、共和、人权之花，民主政体、公民社会也建立不起来。关于制度文化选择的正确方法论，程恩富主张，在“马学为体，西学为用，国学为根”的总体原则下，要“综合创新，推陈出新”“世情为鉴，国情为据，党情为要”。我们要处理好理性与理想、政府与市场、政治与经济、民主与民生、革固与鼎新、国家与社会、自由与秩序、和谐与多元、开放与改革、集权与分权、制衡与效率、普适与自主等多维关系，走出“制度决定论”“文化决定论”“崇尚理想模式”等思想误区。

第三节　中国特色社会主义制度文化现代性的当代建构

一　重建市场伦理

马克斯·韦伯在《新教伦理与资本主义精神》一书中对市场经济与职业道德的关系做过研究，认为个人必须履行他的工作或他所处的地位赋予他的责任和义务，这是他的天职。从发达国家的实践看，两者有着非常紧密的内在联系，或者说如果没有市场经济所要求的职业操守，就不会有市场经济的效率和由此带来的经济发展。1759 年，亚当·斯密出版了他的《道德情操论》，为他在 1776 年出版的《国富论》奠定了伦理学基础。市场经济条件下的职业道德是，在市场经济的架构中社会依据不同个人、单位所处的地位和职业赋予个人、单位的责任和义务。在《道德情操论》中，亚当·斯密阐述了在市场经济下人们人性的自私和贪婪的本性也必须遵守的道德准则，比如借债还钱等。他认为，这是一种美德。这种美德就是正义，人们对于正义准则应当给予最神圣的尊重。他还指出：“不折不扣并且坚定不移地坚持一般正义准则的人，是最值得称赞和信赖的人。”亚当·斯密的观点告诉我们，既然选择了社会主义市场经济，就必须培育与之相适应的价值伦理。比如，承诺和契约、信用和信任等社会资本就是建立制度秩序、构成公共政治合法性的基石。

改革开放前我国实质上是依附权力的命令经济、权力经济、长官经济。

① 高全喜：《现代性和中国的关系》，《读书》2009 年第 7 期，第 28 页。

改革开放最大的一个成就是建立了市场经济体制。这是一个共识。但现在的问题是，这市场经济体制是一个“好的市场经济”还是一个“坏的市场经济”？市场经济是契约经济，契约经济的核心就是信用，所以市场经济也是信用经济。以自由、理性为特征的信用和信任对于现代社会的建构特别重要，没有公共权力和人民主权之间的自由承诺与信任关系，便没有市场经济的合理性与公民社会的合法性。法学家梅因说：“所有进步社会的运动，到此处为止，是一个‘从身份到契约’的运动。”阿玛蒂亚·森认为，只有建立在一定道德伦理基础之上的制度，才能“使达成的契约行之有效”，为经济增长提供充分激励；互信和守诺是确保市场成功的一个非常重要的因素。詹姆斯·科尔曼、加布里埃尔·阿尔蒙德和西德尼·维尔巴、普特南以及福山都认为，要建立民主体制所依赖的社会结构和社会组织，人与人之间的信任是必不可少的。汪丁丁认为，市场经济的实质是一种人类合作的扩展秩序，它所需要的是一个不断扩展的作为其道德基础的关于产权的共识以及信任关系，其次是维护这个道德基础的强有力的政府和法律体系[①]。那么，什么样的市场经济才算是一个“好的市场经济”呢？判断的标准很多，但重要的一条就是有没有建立起一个市场经济条件下的利益均衡机制。就是社会中不同的群体、不同的阶层进行利益博弈时，要有平等的博弈权利。只有这样才能够重新形成改革的共识，重新形成改革的动力。建立市场经济条件下的利益均衡机制，关键是我们首先要承认其合法性，然后把它制度化。这个制度化涉及一系列的制度安排，即权利表达机制、利益协商机制、矛盾解决机制。由这个空间所形成的公民社会“是一种因文明而正派的道德秩序”，这样的社会是所谓的“正派社会”，它所贯通的原则是平等、自由、尊重、宽容等。市场经济呼唤伦理道德、效率原则与公平准则。温家宝说，开发商应流着道德血液。构建和谐社会，良好与公平的经济结构是基础，诚信与平等的思想体系是保证，优美与良性的生态系统是条件，科学与民主的权力制度是关键。正如不可能通过“计划经济”来实现经济和谐一样，一个社会也不可能通过“计划政治”和“计划思想”来实现政治、思想和社会的和谐。何清涟说，公平和正义是评制社会制度的阿基米德支点，需寻求一个最佳结合点。当代社会是不同于传统“熟人社会”的“生人社会”。在生人社会中，依然可以通过制度和交往两

① 汪丁丁：《市场经济与道德基础·序》，上海人民出版社，2007。

个方面来对信任提供保证。当然，这里的制度，不是亲属制度或拟亲属制度，而是信用制度和法律制度。信用与信任是人类合作秩序的基石、社会文明进步的助推器、社会道德与繁荣的创造力量[①]。当所有人通过契约而不是人情，在规定的权利义务的合约中信守承诺，在大家认可的制度面前平等地接受契约的制约，这样就会得到制度为所有人的利益不受侵犯提供的保障。福山教授指出，与美国和日本相比，中国是一个信任度相对较低的国家。在儒家思想的影响下，信任主要是基于小范围的家庭关系和个人关系，更大规模的信任就比较模糊。中国的诚信体系还要花很大的力量才能建设起来，而支撑诚信体系的就是文化[②]。市场自由的边界在哪里，政府干预的边界在哪里？这俨然是制度文化建设中难以抉择的问题。国内学者郑也夫认为，信用具有互动性、契约性、对等性、不确定性和外部性等，是重要的社会资本和无形资产。制度是现代社会最重要的社会信任生成机制。社会信用体系建设是中国制度文化建设的重要方面，信用是一种降低行为不确定性和建立边界规则的制度安排。制度信用建设的关键在于政府信用制度、经济信用制度、法律信用制度、社会制度信用制度等。从一定意义上来说，当前中国社会信任匮乏甚至导致信用危机，信用缺失导致政府效率低下、政府失灵和市场失灵。

公平正义是人类社会进步的价值目标。人类社会是追求公平正义理想的社会。自亚里士多德提出分配正义的命题以来，历代思想家都无法回避人类社会生活中的这一制度安排问题。古希腊思想家亚里士多德所下的定义至今仍很有影响，他把公平正义分为：分配的公平正义和校正的公平正义。古希腊柏拉图在《理想国》中借苏格拉底之口提出了什么是正义的问题。正义的德性有两个重要的特性：正义是同他人的善相关的德性，正义是德性的整体而不是具体的德性。休谟指出，正义是伴随着财产制度的形成而产生的，是财产制度的规则系统。所以，正义是法律、契约和制度的伴随物，而不是在自然状态中就存在的规则。法国著名思想家孟德斯鸠说：产权是道德之神，唯有通过产权制度以及分配制度的改革才能解决做蛋糕（效率）和分蛋糕（公平）之间的矛盾。在当代，具有决定意义的定义是美国哲学家罗尔斯和庞德提出的社会正义，即社会基本结构的正义。罗尔斯

---

① 福山：《信任：社会道德与繁荣的创造》，海南出版社，2001，第30页。

② 陈志武：《金融的逻辑》，国际文化出版公司，2010，第146页。

认为，古代人的中心问题是善，而现代人的中心问题是正义，正义是社会制度的首要美德。他心中的正义，是“公平的正义”[①]。罗尔斯在他的《正义论》开篇就指出：“正义是社会制度的首要价值，正像真理是思想体系的首要价值一样……法律和制度，不管它们是如何有效率和有条理，只要它们不正义，就必须加以改造或废除。”正义是秩序良好的社会的基础，现代社会作为一个合作体系，它的正当性与稳定性就在其基本制度的正义性之中。他认为，从霍布斯、洛克到穆勒主要解决了自由问题，而没有解决平等问题；公平正义是制度的首要价值；分配正义是基础、程序正义是关键、司法正义是保障。诺齐克则坚持认为正义就是正义的持有而不可以是罗尔斯式的分配正义。哈耶克则认为，市场秩序具有自发产生成长和不断扩展的内在动力，只有通过市场竞争才能摆脱奴役之路，走向更高效率[②]。政治哲学社会学者把正义分为实质正义和程序正义。而马克思认为，社会成员在社会地位上和经济福利上平等，即对于共有财产的同等享有的权利，才是最重要的正义；财产制度倾向于使人的实际社会地位与经济福利权利变得不平等，因此应当以对财富的共同占有来取代它。

著名学者阿瑟·奥肯曾说：平等与效率间的抉择是最大的社会经济抉择。“效率”与“公平”难以两全是经济学者、政治社会学家心中永远的“阿喀琉斯之踵”。无论是罗尔斯的“分配正义论”、诺齐克的“过程正义”论，还是布迪尼的公共选择理论，都是为了解决这一难题。维护和实现社会公平正义是社会主义的本质要求，也是中国共产党人的一贯主张，是发展中国特色社会主义的重大任务。从“效率优先，兼顾公平”到“更加注重社会公平”，再到“初次分配和再分配都要处理好效率与公平的关系，再分配更加注重公平”，这一政策变化表明，我们党已认识到，构建社会主义和谐社会，必须注重公平与效率的统一。公平正义是人类社会进步的价值目标。当前我们正在全面建设小康社会，积极构建社会主义和谐社会，坚守公平正义观在建设和谐社会中意义重大。我们正在进入以“公正”“公平”为核心的新启蒙时代，必须把社会主义的基本制度和价值观有机地融入改革开放的全过程。随着我国的改革开放和发展进入一个关键时期，日益凸显的矛盾引发了价值观的碰撞，作为现代社会核心价值观之一的公平

① 〔美〕约翰·罗尔斯：《正义论》，中国社会科学出版社，1998。

② 〔德〕弗·哈耶克：《通向奴役之路》，中国社会科学出版社，1997。

与效率也就成为一个焦点。下一阶段的改革任务和思维需要拓展和提升，需要寻求市场化和社会公正这两个方面的“最佳平衡点”，建立公正、自由、效率、活力和秩序相统一的制度规范体系。

公平正义是社会主义的首要价值，实现公平与效率的统一应当是社会主义的优越性所在。消除社会不公平，维护社会公平正义，是社会主义的本质属性和根本要求。效率与公平之间的关系不是简单的“蛋糕”做大就自然能分好“蛋糕”的问题。实现“社会公正”的难度更大，需要更为复杂的政治社会制度安排。效率要用市场的办法来解决，公正要靠制度来保障。我国目前正处于经济社会转型期，又是矛盾多发期，社会生活一些领域还存在不同程度的不公现象，如贫富差距、城乡差距、区域差距拉大，经济社会发展不协调等，这在一定程度上影响了社会和谐。因此，切实维护和实现社会公平正义，不断增强中华民族的凝聚力、向心力，就成为构建社会主义和谐社会的一项重要任务。我们要推进经济体制改革、政治体制改革以及其他各方面的改革，其根本目的就是要促进生产力的发展，实现社会的公平正义。社会公平正义是现代社会制度安排和制度创新的重要依据。在进行制度安排和制度创新的过程中，只有遵循公平正义原则，合理调节各种不同利益关系，使绝大多数社会成员受益，才能使社会各个阶层在改革发展稳定的根本问题上达成共识，使党和政府提出的各项方针政策和决策部署获得广泛的社会支持。社会的物质财富如果不能合理分配，如果缺少公平正义的共享机制，社会上就会有相当一部分人还在底线为生存权而挣扎，更多的群体会产生被剥夺感。公平正义需要法规的完善，需要在制度层面突破既得利益集团的障碍，还需要凝聚更多的社会共识。当我们沐浴比太阳更光辉的公平正义之光时，拥有尊严才不再是空话，子孙后代才能在公民社会中享受应有的尊严人生。我们尚处于社会主义初级阶段，也就是邓小平所说的“不够格的社会主义”阶段。我们要全面建设小康社会，建设惠及十几亿人口的更高水平的小康社会，必须大力解放和发展生产力，提高效率。当代中国社会的发展，过去、现在和将来都离不开效率。但不可否认，我们这些年在效率优先的过程中，导致不少社会矛盾。过于悬殊的贫富差距不仅不可能产生效率，反而会导致经济的停滞乃至社会的冲突。在这样的背景下，我们做出了更加注重社会公平的政治抉择。

改革开放30多年的经验也表明，处理好“效率与公平”的关系，始终是中国特色社会主义的内在要求和重大课题。我们要使国家成为一个公平的、正义的社会，而且要使每一个人生活都有保障；不仅要把蛋糕做大，而且要把蛋糕分好，要让每一个人都分享改革开放的成果。在“中国模式”下，公平与效率至少应当具有同等的地位和价值。效率和公平都是发展所要追求的价值，从根本上说两者不可偏废。21世纪的中国仍处在由计划经济到市场经济体制转换及其所引发的社会全面转型这一亘古未有的社会大变迁中。社会体制经济形式的多样性和利益群体的多元化是这一社会的突出特点。“实然”与“应然”之间的紧张，大概是人类政治社会生活的基本境遇。社会主义改革是一项庞大的系统工程，它既涉及权力的调整，又涉及利益的分配，直接影响到每一个公民的利益。消除社会不公平，维护社会公平正义，是社会主义的本质属性和根本要求。胡锦涛总书记在纪念中国共产党十一届三中全会召开30周年的讲话中指出：“实现社会公平正义是中国特色社会主义的内在要求，处理好效率和公平的关系是中国特色社会主义的重大课题。”正是在这样的背景下，我们提出了构建和谐社会、关注弱势群体、维护社会公平的发展原则。这样，国家的发展战略逐渐从“效率优先，兼顾公平”转变为“更加注重公平正义”，建设社会主义和谐社会成为我们现阶段的战略目标。景天魁研究员提出的底线公平理论即责任制度伦理就受到学界的广泛关注，并得到政府有关部门的重视①。按照十七大确立的中国特色社会主义小康社会的目标，未来的中国社会应当既是一个富裕、文明的社会，又是一个公正的社会。构建社会主义和谐社会，理应是民主法治、公平正义、诚信友爱、充满活力、安定有序、人与自然和谐相处的社会。社会公平正义是社会稳定的基础。讲求效率才能增添活力，注重公平才能促进和谐，坚持效率和公平有机结合才能更好体现社会主义的本质。这表明当代中国共产党人对效率与公平关系的认识达到了一个新的高度。我们必须以马克思主义的公平与效率统一观为指导，根据十七大报告精神，在实现教育公平、就业机会公平、分配公平、保障公平等方面更加强调公平与效率的有机统一。实现社会公平正义是社会主义政府存在的合法性根源，是我们社会主义国家所追求的价值目标。社会主义本质的定义还体现出在社会主义发展过程中公平和效率的统一，体现出使经济增长和福利增长协调发展。科学发展和谐社会顶层设计和制度安排的本质在于实现分配正义。

---

① 景天魁：《底线公平：和谐社会的基础》，北京师范大学出版社，2009。

实现中国特色社会主义公平与效率的有机统一，是个漫长的历史过程。中国目前面临的矛盾和问题较之以往更加复杂突出，统筹兼顾各方面利益的难度不断加大，这也使社会公正问题更加凸显。效率与公平的关系在当前日益突出，如何处理效率公平的关系仍是当下我们慎重理性的发展选择。在改革初期，为了打破绝对平均主义传统，奉行“效率优先，兼顾公平”的策略有其合理性。改革开放以来，我国通过发展社会主义市场经济促进了生产力的大发展，解决了计划经济下资源配置的低效率及短缺经济问题。凭票供给、排队现象、以产定销已成历史。但是，当发展到一定程度时，政府必须及时调整策略，将效率与平等放在同等地位，对困难群体和落后地区实行必要的政策性倾斜，避免财富和权利在人与人之间造成分化，避免地区之间、城乡之间社会经济发展出现新的不平衡。市场“这只看不见的手”对社会公正却无能为力，现实生活中出现了“劣币驱逐良币”和“逼良为娼”的现象和悖论。贫富差距凸显，“寻租”现象出笼，社会分层加快。人们中出现了“端起碗来吃肉，放下筷子骂娘”的情形。由过渡体制弊端和法治漏洞造成的不公平竞争，由倾斜政策和行政性垄断造成的地区差别和行业差别，以及由财政转移支付功能缺乏导致的社会保障制度缺陷日益突出。我们要确立社会公平正义的理念，当前要特别注意解决贫富差距拉大造成的不公平和权力异化导致的不公平，而权力异化又是导致贫富分化的重要原因。这就要求我们在注重经济建设的同时，应当注重社会公正问题，注重缓解贫富差距扩大的问题，防止两极分化。也就是说，我们的经济工作和社会发展都要更多地关注穷人，关注弱势群体，因为他们在社会中是多数。现在社会上还存在许多不公平的现象，收入分配不公、司法不公，这些应该引起我们的重视，避免改革进程中出现所谓的“拉美现象”。墨西哥革命制度党、印度国大党、苏联共产党的历史得失，前车之鉴，不可不察。新加坡人民行动党注重提高执政绩效，社会和谐公平，充满效率活力。我们要认真研究和吸取执政兴衰的经验教训。贫富差距不仅是一个经济利益问题，还是一个突出的社会问题。当前我国亟待建立阶层利益的整合机制、矛盾冲突的化解机制、社会秩序的稳定机制。面对当前社会转型的“利益调整期”“矛盾凸显期”和“黄金发展期”引发的社会分层、组织变迁、人口流动、区域协调等问题，以及所谓的失衡、失调和失序等问题，我们党提出了“包容性增长”和“共享式发展”之理念，体现公平与效率的内在一致性，其重大创新之处就是重新描述了公平与效率之间相互依存和良性互动的内在包容性，这表明当代中国共产党人对效率与公平关系的认识达到了一个新的高度。对于处于转型期的中国来说，“文化鸿沟”“教育鸿沟”“数字鸿沟”“就业机会鸿沟”等造成了社会发展的桎梏，中国要完成从传统社会向现代社会的转变，避免陷入挫折与断裂充斥的现代化陷阱，培育公平正义理念是关键。

二　建构政制文明

现代性的政制文明是一个以公共利益、公共事务、公共意志为基础，以对事不对人的制度体系为保障，以公民自主表达与自我约束的参与之道和政府公开、透明、包容的公共管制之道为目标的制度成果结晶。现代性政制文明是人类社会创造的最有效的组织单位，是现代社会的核心元素，也是人类共同追求的价值观。其显著特征有：完备的法治体系；规范的民意诉求与公众表达权；有效的参与、平等的投票、充分的知情权；决策的科学化、民主化、程序化；特别是塑造一套既体现现代政治文明又具有中国特色的以人为本、和谐、公平、正义、自由、平等、民主、人权等的观念价值体系。现代性的政制文明一般指一个能够获得政治合法性，行使公共管理权力，恪守政府公信力，提供公共秩序服务，满足公共参与需求，承担公共社会责任，接受公共舆论监督的制度文明。建构“中国模式”，最重要的就是建立起完善的政治体制。正在形成的“中国政治模式”强调“以人为本”，建设和谐社会，坚持社会主义制度，同时逐步降低政府专权，发展带有传统特色的中国式民主，建设有中国特色的法治国家。在这方面，我们目前应该开展的工作内容主要有三项：一是加强党的领导方式和执政方式改革，正确处理好执政党与政权、执政党与参政党、执政党与社会（人民群众）、执政党与法律等的重大关系；二是完善中国式民主治理模式，把发扬民主与促进社会公正、提升治理绩效、增强社会的凝聚力结合起来；三是进一步完善社会主义法治建设，并逐步实现在宪法秩序基础上的党的领导、人民当家作主和依法治国的统一。

作为工人阶级意识形态的科学社会主义，绝不是维护工人阶级一己私利而离开人类文明发展大道的狭隘宗派学说。民主、自由、平等、人权、博爱、法治、分权、制衡、普选是制度文明的基石，虽源于西方文明，但并不是西方发达资本主义国家的专利，它是人类共同的政治文明成果，是人类的共同价值追求，是人类的共同财富。改革开放以来，我们党认真总结发展社会主义民主的正反两方面经验，明确提出没有民主就没有社会主义、就没有社会主义现代化，积极推进政治体制改革，发展社会主义民主政治，使社会主义政制文明展现出更加旺盛的生命力。温家宝同志指出："科学、民主、法制、自由、人权，并非资本主义所独有，而是人类在漫长的历史进程中共同追求的价值观和共同创造的文明成果。只是在不同的历史阶段、不同的国家，它的实现形式和途径各不相同，没有统一的模式。"① 总之，中国特色社会主义制度文明模式植根于具有数千年文化积淀的中华文化中，必然具有许多鲜明的"中国特色"——我们不仅继承了西方文明的核心价值如自由、民主、法治、宪政、人权、监督等，不仅拥有强大创新能力的中国马克思主义，解放思想、实事求是、独立自主、公平正义、和平发展、幸福自由等核心价值，而且继承了具有悠久历史文明的儒教文明的小康、和谐、民本、革新、包容、忧患等核心价值。

民主、自由、法治、人权等是现代性政治制度文明的核心价值理念，是建立在普世伦理基础之上的人类政治现代化过程的一个基本构成部分。当今没有民主和自由，就不可能有良序的市场机制。没有良序的市场运行，也不可能有一个现代意义的和谐社会。从这种意义上，可以认为，民主与自由是一个和谐社会的基础性构件。"民主"一词源于希腊文，本意是"人民的统治"，即人民的权力和多数的统治之义，人民管理国家事务。民主是西方资产阶级民主制度的产物。民主的实质是人民作主，它由一系列的制度要素构成，民主首先是一种制度。制度安排、规则程序、合作参与、责任分担、利益共享、选举权被选举权等都是民主制度的内涵。民主是按照平等的原则和少数服从多数的原则来共同管理国家事务的制度。但民主不仅是一种政治制度，更是一种"身边的政治"；民主既是一种国家形式、一种国家形态，又是一种工作方法、工作作风；它不仅是手段，而且是目的；它不仅是一种制度选择，而且是一种价值信仰、一种生活方式、一种思维方式②。民主不仅是一种人际交往规则，而且是一种利益协调机制；不仅是不同声音和诉求的表达机制，而且应该是遵循民意解决多元利益矛盾的裁决机制。民主不仅要保证少数服从多数，而且要保护少数人的权利。否则

① 温家宝：《关于社会主义初级阶段的历史任务和我国对外政策的几个问题》，《人民日报》2007年2月27日。

② 蔡定剑：《民主是一种现代生活》，社会科学文献出版社，2010，第7~8页。

就会出现“多数人的暴政”。民主不能保证最优，但可以避免最坏。

当下关于民主的论争和“民主”的理解，有下面几种：大众主义（杜威）、精英主义（韦伯、李普曼、熊彼特）、宪政主义（麦迪逊）、多元主义（达尔）、协商民主（罗尔斯、哈贝马斯）等。按照熊彼特和达尔的定义（也是当今学界普遍接受的定义），衡量一个社会是否民主，主要是看其决策者是否通过公平、诚实和定期的选举产生，在这种选举中，候选人可以自由地竞争选票，而且基本上所有的成年人都有选举权。也就是说，民主政治涉及两个维度：一个是竞争的真实性，另一个是参与的广泛性。熊彼特提出了精英民主论的经典定义：“民主方法是为达到政治决定的一种制度上的安排，在这种安排中，某些人通过竞取人民选票而得到作出决定的权力。”20 世纪 70 年代以来，参与式民主理论开始复兴，成为当代西方民主理论的一个新的热点，1970 年帕特曼的《参与和民主理论》成为参与式民主理论兴起的标志。其核心概念是参与，强调公民的政治参与，主张通过公民对公共事务的共同讨论、共同协商、共同行动解决共同体的公共问题。杰弗逊在《独立宣言》中写道：“人人生而平等，都有生命、自由和追求幸福的权利。”托克维尔在《论美国的民主》中剖析了民主的时代性、民族性和进步性①。丘吉尔认为民主是迄今为止最不坏的制度。它不是最好的，但现在没有比较更好的。乔·萨托利就提出质疑并强调，直接民主制正把我们推向灾难性的险境②。

人民民主是社会主义的生命。建设中国特色社会主义民主政治，是中国共产党和中国人民长期的奋斗目标。邓小平同志在改革开放之初就明确指出：“没有民主就没有社会主义，就没有社会主义的现代化。”江泽民同志指出：“发展社会主义民主政治，建设社会主义政治文明，是社会主义现代化建设的重要目标。”胡锦涛同志在党的十七大报告中提出：“社会主义愈发展，民主也愈发展。”同时强调，“深化政治体制改革，必须坚持正确的政治方向，以保证人民当家作主为根本”，“人民民主是社会主义的生命。发展社会主义民主政治是我们党始终不渝的奋斗目标。”我国是人民民主专政的国家，其实质是人民当家作主。民主从来不是抽象的。它在不同的时代、不同的国度有不同的要求。不同国家有不同的民主观念和民主制度。

---

① 〔法〕托克维尔：《论美国的民主》，商务印书馆，1996。

② 乔·萨托利：《民主新论》，东方出版社，1993，第 123～129、253 页。

世界上没有放之四海而皆准的民主发展道路和民主模式，也没有一成不变的民主发展道路和民主模式。社会主义民主政治的发展是一个长期过程，不仅要建立健全相关的体制、机制和制度，而且要下功夫培育民主法治、自由平等、公平正义等理念，不断提高公民依法有序政治参与的能力。中国特色的社会主义民主，最根本的是要把坚持党的领导、人民当家作主和依法治国有机统一起来，保障人民有更多更切实的民主权利。社会主义愈发展，民主也愈发展。改革开放以来，我们党积极稳妥地推进政治体制改革，不断推进社会主义民主政治的制度化、规范化、程序化，使我国社会主义民主政治展现出更加旺盛的生命力。新时期我国在选举民主、协商民主、立法民主、行政民主、司法民主、经济民主、党内民主、基层民主等方面取得了初步的阶段性成果。今后还需深化政治体制改革、坚定不移地发展社会主义民主政治。要坚持国家一切权力属于人民，健全民主制度，丰富民主形式，拓宽民主渠道，扩大公民有序政治参与，保障人民依法实行民主选举、民主决策、民主管理、民主监督的权利。不可否认，民主制度是西方最重要的政治制度安排，民主化也贯穿近代西方历史。随着经济社会的快速发展和转型，中国也必须加快民主化进程。民主化必须推进，但民主化是有限度的，泛民主化并不可取。时代的变化对中国新时期民主的发展路径提出了要求：由过度集权向适度分权、有民作主向由民作主、单向制约向双向制约、由实行人治向厉行法治、以党内民主推动人民民主转型。“协商民主”与“选举民主”的有机融合，将为我国的特色民主政治之路提供有益的探索。

自由更是人们梦寐以求的现代性理念，在西方，自由比民主更能反映西方主流文化的精髓，因为人类的尊严来自思想的自由。西方有“风能进，雨能进，国王不能进”的典故。阿马蒂亚·森指出：“自由不仅是发展的首要目的，也是发展的主要手段。”① 在这里，发展的标准主要不是以GDP指标，而是以自由的程度看待发展的水平，更主要的还是把发展过程视为拓展自由的过程。发展就意味着人的发展，就意味着每一个人都可以“持久生活（不在青春年华就受到夭折）和活着过一个好的生活（而不是一个艰难的、不自由的生活）”。自由和民主是现代性的美好资源，但自由有其限度，民主亦有边界。中国需要民主，而民主必须是渐进的。就是说，问题

① 〔美〕阿马蒂亚·森：《以自由看发展》，中国人民大学出版社，2002，第7页。

不再是要不要民主，而是如何实现民主的问题。民主自由不是一种解决，而是一种寻求解决的方式。除了边界问题，民主自由还有一个体现的形式问题，例如选举、协商、参与等。殷海光辞世前总结道："我近来更痛切地感到任何好的有关人的学说和制度，包括自由民主在内，如果没有道德理想作原动力，如果不受伦理规范的制约，都会被利用的，都是非常危险的，都可以变成它的反面。民主可以变成极权，自由可以成为暴乱。自古以来，柏拉图等大思想家的顾虑，并不是多余的。"①

一个民主的政治制度文明，关键就是要解决好"权力"和"权利"两个问题。个人权利不仅是现代社会的核心价值，而且也成为现代社会制度文化体系的伦理基础。经济、社会、政治、行政体制改革等领域的科学发展，某种角度上讲应是"人与权力的和谐发展"。政治体制改革，尤其在于能否解决我国权力过于集中导致的钱权交易和权力乱用等腐败问题，真正实现党的领导和执政的科学化、民主化和法治化。政治体制改革的核心是权力的运用：一是决策，即如何保持决策的科学化；二是民主化，即民主化是保证决策科学化的一个重要条件。要形成一种民主科学的决策机制，就要对权力机制这个东西加以研究。如何监督权力，历来就是政治家、政治学家们一个经久不衰的话题。在现代政治生活中，一个优良的政治体制必须服从于民意，而公权力也必须受到监督和制衡。有限政府，就是以权利限制权力，就是对私权的保护和对公权的制约。党和政府必须求真务实地推进政治体制改革，创新制度设计，以民主和法制"规范好权力""监督好权力""约束好权力"，克服"道（制度）"高一尺，"魔（腐败）"高一丈的怪现象，实现从"权力"到"权利"监督的历史转型。福山教授承认"中国模式"确是一个强有力的竞争者，但也尖锐地指出了"中国模式"未来发展中存在的两点突出问题，即该模式的"可持续性"和"可问责性"问题。由于缺乏民主基础和监督机制，中国自古以来就没能很好地解决"坏皇帝"的问题。在缺乏民主合法性基础的条件下，当面临大规模的经济衰退时政治体系的合法性能否维系是"中国模式"需要面对的一个重要问题。吴敬琏指出，中国社会存在的种种问题，说到底是改革没有完全到位，权力不但顽固地不肯退出市场，反而强化对市场活动的干预压制；根本解决之道就只能是坚持市场化的经济改革和民主法治化的政治改革，使公共

① 殷夏君璐等：《殷海光学记》，上海三联书店，2004，第144～145页。

权力的行使受到法律的约束和民众的监督。随着社会价值取向和利益诉求的日趋多元化，公众对国家政治和社会生活的参与意识、对权利和利益的保护要求、对自身能力的发挥和自身价值的追求日渐积极活跃，保障公民的选举权、知情权、参与权、表达权、监督权，已经成为民意共识。当前，我们必须加快建立健全能够全面表达、有效平衡、科学调整社会利益的体制机制，更新公众与公共权力行使者之间的关系定位，使公共权力的行使过程更多地反映和代表民意，体现公众的角色、作用和利益。也就是说，公众不应是公共权力的消极接受者，而应是积极的参与者；公共决策和公共管理不应是单向、被动的过程，而应是双向、互动的过程。履行公共管理责任的公权力，基于自身建设和责任强化的内在需求，以人为本，规范权力运行并辅以完善到位的制度体系。“以人为本”，不应简约为一个口号，简化为“民生”，而首要是以个人的权利为本，在此基础上建立文明秩序和社会和谐。

人类政治生活的重心正从“统治”走向“治理”，从“善政”走向“善治”[①]。“善治”是社会主义政制文明一直以来追求的重要目标之一。运用“治理”和“善治”的视角建构社会主义政制文明是学术界的新趋向。国内主要有俞可平、王浦劬、杨雪冬等政治学者；海外有李侃如、张维为等。他们认为，“治理”和“善治”的理念应当引入我国当前政治体制改革和行政机构改革中，建设公共服务型政府已经成为当代中国政治发展的价值追求和理性选择。“善治”就是良好的治理，是政府与公民对社会的合作管理。俞可平说：“在中国，治理改革是政治改革的重要内容，治理体制也是政治体制的重要内容。”中国领导层新提出的“科学发展观”，丰富并包含着“善治”的理念、目标和内容。其特点是：强调法治、参与、稳定、廉洁、公正、合法性、透明性、责任性、回应性、有效性。它强调的是治理，而非统治；是协调，而非控制；是对话，而非命令；是多元，而非一维。善治的关键是善人。善政与善治不仅表现为民主、开拓、创新，而且应当是精简、高效、廉洁。今后改革的重点将很可能主要发生在社会政治领域，党和政府正在积极进行政府治理的改革创新，努力通过构建以民主和法治为特点的治理改革，推进“善政”体系建设，进一步趋向“善治”。中国的改革在很大程度上就是一种“治理改革”：从一元治理到多元治理，

① 杨雪冬：《全球化：西方理论前沿》，社会科学文献出版社，2002，第199页。

从集权到分权，从人治到法治，从管制政府到服务政府，从党内民主到社会民主。治理改革的目标已经十分清楚，这就是：民主、法治、公平、责任、透明、廉洁、高效、和谐。在制度建设上，政府改革是全面改革的核心，政府职能及其运行是贯彻科学发展观的决定性体制性因素和关键。服务型政府与政治文明具有价值同构性，服务型政府有利于克服非制度化、非规则化的倾向，实现政治与行政价值的“制度依赖”，确立人民主权和社会本位理念，使政治文明与服务型政府在制度创新中实现互动。建设服务型政府是坚持党全心全意为人民服务的宗旨的根本要求，是深入贯彻落实科学发展观、构建社会主义和谐社会的必然要求，也是加快行政管理体制改革、加强政府自身建设的重要任务。我们在制度文化建设上必须建立一套权力的“责任机制”“公开机制”“制约机制”，加快政府由管理型向治理型、由管制型向服务型转变。香港廉政公署这一机构从多方举措来治理腐败，不仅设立道德宣传处，通过道德宣传与教育功能，在社会形成良好的反腐文化环境，而且设立制度保护处，注重制度建设，对机关进行制度诊断；还通过执行处来专门查处腐败行为。我们应引入竞争机制，建立责任政府、服务政府、有限政府、法治政府、廉洁政府、效率政府、学习政府、生态政府、电子政府。

法治是人类文明进步的重要标志，法律与人类文明进程相伴。通过法律实现社会正义和公平，是制度文明社会的人应有的理想和追求。法治国家在不同程度上体现了人类所共有的进步的制度价值观念，如主权在民、依法治国、司法公正、人权保障、公平公开公正等。法治是包含立法、执法、司法、守法和法律监督等方面诸多要素在内的系统工程。法治自身是一个系统，包括法律规则的创制、实施以及法律规则意识等。法治现代化不仅包括具象的法律文化、文化意识形态上的法律话语权和法律至上理念，还包括培养一批独立人格的法律职业主体，这是法治社会的中坚和基石。马克思说：“法典是人民自由的圣经。”藤尼斯所谓的“法理社会”、哈耶克和伯尔曼所说的“法治国”，以及富勒理想的“良好法治下的文明秩序”，都是对法治国家的一种描述。

建设社会主义法治国家，是中国人民不懈的奋斗目标。没有民主固然没有社会主义，没有法治，社会主义也搞不好。民主扬帆离不开法治护航。法治的真谛在于民主。法治作为规范和限制政治权力的制度性安排，其内涵远远大于法律和司法，需要与之相匹配且密不可分、相辅相成的民主、人权、自由、宪政等政治法律制度和价值观的支撑与滋养。法治通过对权力的有效制约，达到政治生态的平衡。我们今后要重视用法治来保障科学发展、维护公平正义、促进社会和谐。1978 年，中国共产党在总结历史经验的基础上，明确了一定要靠法治国家的原则。1997 年中共十五大确立了依法治国的基本方略和建设社会主义法治国家的奋斗目标，1999 年将此写入《中华人民共和国宪法》。中共十八大进一步强调，全面推进依法治国，加快建设社会主义法治国家。建设社会主义法治国家，不仅需要形成完备的法律体系，而且需要在全社会树立社会主义法治理念、弘扬法治精神。在一个法治程度较高的社会，法律规则不仅要覆盖民事、经济交往和国家治理的各个方面，还要符合自由、公正、理性等法的内在精神。法治是治国理政的基本方式。法治是和谐社会的重要特征，也是社会和谐的重要保障。在当代社会，法治是实现社会和谐的基石，为社会和谐提供基本的规则保障。其中，民主法治是建设“和谐社会”的首要的、关键的问题。胡锦涛指出：和谐社会是指“民主法治、诚信友爱、充满活力、安定有序、人与自然和谐相处的社会”。法治也是实现社会公平正义的重要基础。和谐社会的重要特征之一是公平正义与诚信友爱。法律体系的形成是一个国家法治成熟和政治文明进步的重要标志。一个立足中国国情和实际、适应改革开放和社会主义现代化建设需要、集中体现党和人民意志的中国特色社会主义法律体系已经形成。中国法治建设重点应从“有法可依”向“有法必依”转移。我们要坚持科学立法、民主立法，完善中国特色社会主义法律体系，维护社会公平正义，维护社会主义法治的统一、尊严和权威。加强重点领域立法，拓展人民有序参与立法途径。

宪法是中国特色社会主义法律体系的核心，是社会主义现代化的法制保证，是中国特色社会主义永葆本色的法制根基。宪法是人权的根本保障书，依法制权之法；又是公民的生活规范，是人类政治文明发展的产物。确立依宪治国的治国理念方略和法律面前人人平等的原则，这无疑是人类制度文明的巨大进步。宪法作为基本法，体现了制度和文化的结合，它不仅是文本、制度意义上的，也是理念、文化上的。哈贝玛斯曾强调，宪法是提供共识最重要的表现形式，是一种抽象化的原则性契约，并称其为“宪法爱国主义”。夏勇把宪法分为革命宪法、改革宪法、宪政宪法。法治的目的是民主，而民主则必须由法治获得公正和秩序；宪法应当既赋予权力，又限制权力；民主的要义是以民决政，宪政的要义是以法治国。蔡定剑呼吁“宪法民主”；吴敬琏、江平、梁治平曾指出：有法律不一定有法治，有宪法不一定有宪政。从依法治国到依宪执政意味着执政党的执政权力既来自宪法的授权，得到宪法的保障，又受到宪法的制约，必须接受宪法的监督。宪法是法制建设和民主政治建设的重要成果，列宁同志说过，宪法是一张写着人民权利的纸。依法执政首先是依宪执政，我们应从政党制度、权力运行模式、国家结构形式、公民权利等视角进行宪政制度文化建设，这包括加强宪法教育，培育宪政文化；倡导宪法思维；健全有关制度和机构等。

尊重和保障人权是发展社会主义民主政治、建设社会主义法治国家的内在要求。所谓人权，是指在一定的社会历史条件下每个人按其本质和尊严享有或应该享有的基本权利。人权作为人类的基本价值，是评价社会进步和发展的综合性标尺，有利于人权的实现是评价一种制度文明先进的尺度。人权思想奠定了现代西方国家权力政治观的基石。中国政府和人民从自己的历史和国情出发，根据马克思主义的基本原理与长时期革命和建设的实践经验，在积极参与国际人权领域中的活动和对外人权斗争中，将人权的普遍性与中国历史、文化和现实的特殊性结合起来，形成了具有中国特色的社会主义人权观。中国特色社会主义人权观是改革开放以来我们党理论创新的一个重大成果，是中国特色社会主义理论体系的重要组成部分。实现充分的人权是人类长期追求的理想，也是中国人民和中国政府长期为之奋斗的目标，中国政府坚定不移地推进中国的人权事业。人权是具体的、相对的，不是抽象的、绝对的，它与一个国家的政治状况、经济发展、历史传统、文化结构和整个社会的发展水平有很大关系。尊重和保障人权的根本途径是经济发展和社会进步。对于中国这样的发展中国家，生存权、发展权是最基本、最重要的人权。1991 年，我国发表了《中国的人权状况》白皮书，白皮书反映了我国在人权认识上实现的重大理论突破，标志着中国特色社会主义人权观的基本形成。1997 年，“尊重和保障人权”被写入党的十五大报告。2004 年 3 月 14 日，十届全国人大二次会议通过了《中华人民共和国宪法修正案》。此次修宪的一个重要特点是体现为以人为本的“人权修宪”或者“人本修宪”，体现了民主执政、执政为民的新执政理念。“国家尊重和保障人权”被写入我国宪法，尊重和保障人权成为国家的法治理念和价值目标。2009 年，我国政府的第一个《国家人权行动计划》颁布。

三 建设公民社会

现代社会的政治文明建设不仅仅是制度建设或制度安排的问题，还涉及公民社会和公民文化的维度问题。博兰尼指出：政治艺术的娴熟程度，在各国都依赖于公众的经验和素养。公民社会本身就体现了一种具有文化意义的公共性和价值秩序。公民社会是市场经济和民主政治的必然产物，是制度文明建设的根基。公民社会是国家或政府之外的所有民间关系的总和，其组成要素是各种非国家或非政府所属的公民组织，大致包括非政府组织、公民的志愿性社团、协会、社会组织、利益团体和公民自发组织起来的运动。从词源上，“公民社会”和城邦、政治共同体、文明社会是一回事。作为自治的政治共同体，也即文明社会的公民社会，出现最早、也是传承最久最广的，如康德的“普遍法治的公民社会”、博兰尼的“自发秩序”、哈耶克的“自生自发秩序”、奥斯特洛姆的“多中心秩序”等，均是这个含义。改革开放推进了国家与社会关系的调整，出现了国家政治领域与私人生活领域的分化，公民社会（或市民社会，Civil Society）和公共领域作为其中介和第三领域，也逐渐生长起来①。探索科学发展的新路，其中一个重要方面，是推动公民社会的成长，形成“小政府，大社会”健康、和谐和可持续的社会形态。它不但是一种现实政治策略，而且是为社会建立一种伦理秩序。让每一个公民更幸福、更有尊严地活着，促进社会公正和谐，是中国公民社会建设的最高目标。所谓“通往有尊严的公共生活”，说到底就是要建构一种良好的社会政治秩序②。国家和社会的分离是现代社会成熟的重要标志。公民社会的政治性成长促进了公民政治主体性的提高，带来公民政治观的逐步确立，政府与人民、官员与民众的关系也发生了深刻变化，并坚持公共政治空间中的每一位公民的介入。中国特色公民社会的兴起，对完善我国市场经济体制，转变政府职能，扩大公民参与，推进基层民主，优化社会服务等发挥着日益重要的作用。

中国改革开放30多年的过程是一个公民权利的崛起和寻找公民权利的过程③。中国正在步入一个公民参与的时代，从而培育着一个公民社会的成

① 邓正来、景跃进：《建构中国的市民社会》，《中国社会科学》1992年第11期创刊号。

② 徐贲：《通往尊严的公共生活——全球正义和公民认同》，新星出版社，2009。

③ 熊培云：《重新发现社会》，新星出版社，2010。

长。有舆论将2008年称之为中国“公民社会元年”。俞可平指出，中国的公民明显区别于西方，而具有中国特色，它是一种“政府引导的公民社会”，具有特殊的制度环境。2009年由北京大学公民社会研究中心主编的首部《中国公民社会发展蓝皮书》发布。这表明中国已经从“单位社会”迈入“公民社会”，人们在实践中传递价值和制度文化，开始关注自己的人格权、名誉权、隐私权、著作权、健康权等问题。但中国的公民社会还远未发展到成熟的阶段[①]。我们应该看到，公民权利的实现还有漫长的路要走，一些地方还存在权利不平衡的现象；复杂环境下生长的民间组织过渡性、不规范性、自主性、志愿性、非政府性等特点，也急需规范均衡。如我国政府的权力边界有没有确立，公民的个人权利有没有得到充分的司法保障，社会自生自发的自治秩序有多大程度的发展，特别是作为公民社会重要载体的公民组织在我国有没有很好地发育成熟起来，都需要探讨；公民精神尚待进一步的培育，公民参与活动“走过场”和“形式主义”的现象还比较普遍；公民社会的培育包括公民组织的建立和完善，公民参与能力的提升，公民权利的守护等，还有很长的路要走。

公民参与是民主政治的核心问题之一，无论对于政治国家，还是对于公民社会，公民参与都是实现善治的必要条件。公民民主参与意识的增长是政治体制改革的动力，也催生着制度建设，催生着制度文化、制度理念的形成与成熟。中国政治学者俞可平指出，公民参与对于政治发展而言，意义极为重大。秦晖指出，“中国模式”是否崛起不重要，最重要的是中国国民要崛起。扩大公民的有序参与，可以推进社会的自治，培育公民的参与能力，激发公民社会的活力。通过公民教育和宣传工作，提高民众的参与意识和能力，培育健全的公民社会。良好的公民社会是抵制国家侵犯个人权利的重要力量。光是“以权力制约权力”还不够，还需要“以社会制约权力”，就是依靠充分发达、发育良好的公民社会，来制约公共权力的腐败，因为“阳光是最好的防腐剂”。公民监督、网络反腐，才能保证干部清正、政府清廉、政治清明。因此，要想实现社会结构的调整和转变，需要充分发育公民社会，提高公民的社会参与水平。我们还要不断完善公民政治参与制度，要不断拓展公民政治参与的场合和强度，保障公民政治参与

① 陈乐民、史傅德：《对话欧洲——公民社会与启蒙精神》，生活·读书·新知三联书店，2009。

的权利和构建科学合理的民主治理机制，以实现国家与公民社会关系的良序化治理。今后要发挥社会组织在扩大群众参与、反映群众诉求方面的积极作用，引导社会公众合理表达意见，有序参与公共事务。没有健全的公民社会组织，就不可能有真正的社会自治。维权是民间意识形态的创新，也是广义国家制度建设的一个重要部分。中国经济的市场化进程，促使了政府职能的转变，放弃了全能式的管理，放权于民间。由此而产生的大量民间组织、中介机构、网络群体为公民参与国家与社会事务提供了平台。近年来，网络公开透明、广聚民意，在各种公共事件中发挥着越来越突出的作用，推动公共事件积极解决；各级党委政府也越来越重视网络表达，“网络政治”“数字民主”“政治博客”成为潮流。如今越来越多的公共管理部门将目光投向网络民意，执政党寻找执政目标与网络民意之间的契合点，不仅有利于疏导网络民意，而且还表明了中共作为执政党的开放和自信。但我们也要警惕出现所谓的“电子法西斯主义”“极端无政府主义”以及“情绪性民主”等问题。

公民意识的重塑对培育提升公民政治文化、建设公民社会很有必要。公民文化既是民主政治的条件，又是民主政治的成就。成熟的公民社会是民主的基石，没有公民社会作为支撑的民主革命必然会昙花一现。公民文化包括法权身份、政治参与和公民人格。公民意识所强调的是：一个人在社会生活中，把自己当作一个公民，自愿承担相应的社会义务，并且意识到对国家、民族所负有的责任，同时勇于承担这一责任，这就是所谓主体性精神。公民意识觉醒是公民社会兴起的重要标志，它包括公民权利意识、公民义务意识和公民责任意识等。近年来一系列政治经济社会的变革，“从各个层次、各个领域扩大公民有序政治参与”，以人为本、重视民意、尊重人权、集中民智，为中国公民意识的成长提供了生根的政治土壤。总结发达国家现代化成功的关键，其中最没有争议的应该就是对公民教育的高度重视。美国人应该认识到公民教育是支撑该国民主政治的根本。美国公民教育始终不渝的理念是，“没有什么比培养一个有知识的、有能力的、负责任的公民更重要”。加强公民意识教育的内涵非常丰富，我国当前的一个重点就是通过公民意识教育，使广大人民群众树立社会主义民主法治、自由平等、公平正义理念。我国社会主义市场经济的不断发展和社会结构的深刻变革，使公民意识教育更好地为社会主义民主政治发展服务。我们必须积极探索具有中国特色的公民意识教育体系，通过公民意识教育造就一代又一代符合社会主义核心价值体系要求的成熟政治公民，推动人民群众公民人格的成长和精神素质的提升，促进人的全面发展。这既是我国社会主义民主政治发展的当务之急，也是贯彻落实科学发展观的题中应有之义。我国曾长期处于小农经济社会，依赖“贤人政治”的社会心理还根深蒂固，民主政治生存的文化土壤还比较缺乏，市场经济发展的时间还很有限，公民人格的教育和培养就显得更为迫切和重要。当前我国的公民意识教育还比较滞后，尤其是公民的社会主义民主法治、自由平等、公平正义理念亟待加强。今后要塑造现代人格精神的公民，需致力于公民意识与社会成员整体素质提高。

公民文明也是制度文化建设的重要一环，因为没有合格的公民，没有公民的文明，就不会有制度文明的成功。马丁·路德说：“一个国家的繁荣，不取决于它的国库之殷实，不取决于它的城堡之坚固，也不取决于它的公共设施之华丽；而在于它的公民的文明素养，即在于人们所受的教育、人们的远见卓识和品格的高下。这才是真正的厉害所在、真正的力量所在。”因此，要努力塑造现代公民的理性精神、科学精神、法治精神；求真品格、宽容精神、健全人格、社会关怀、认知思维；效率意识、效益意识、成本意识、节约意识等。公共理性精神是现代公民的重要内涵和基本价值。公民社会的基础不仅是理性，而且应是道德的理性、公共的理性。新时期我国公民文化经历了从封闭到开放，从单一到多元，从对立到和谐，从崇圣到理性的变迁。从赤贫如洗到物质丰富，从精神苍白到思想丰盈，从价值观单一选择到日趋多元化，公民文化伴随着社会转型和体制转轨，伴随着各种社会思潮的涌动和人们思想观念的转变，理性精神逐步成长，宽容、忧患意识日渐成熟。从官本位到民本位、从斗争到和谐转型，成为新时期公民文化理性成熟的标志。正如有的学者所言：“人们的政治认知由封闭型转向开放型，政治情感由情绪化转向理性化，政治意识由行政主导转向法律主导，政治信仰由单一维度转向多样维度，政治价值取向由整体性转向个体性，政治评价由理想主义转向现实主义。”① 改革开放深刻地改变了我们的社会，也改变了中国人民的思想观念。理性是人类认知客观社会的一种能力，公共理性是经长期积淀形成的具有正义规范的公共取向和社会政治价值。公共理性的核心在于公共性，本质在于公共的善或社会的正义，

---

① 曹丽：《改革三十年国民政治心态的嬗变》，《理论参考》2008 年第 12 期。

目的在于寻求公共利益。哈贝马斯的交往理性和行为理论认为，现代化的道路导致了社会生活中的伦理缺位和新形态的价值冲突。伦理教育的缺失导致公民道德水平的下降，消费主义和享乐主义横行。哈贝马斯告诉我们，现代人要学会如何批判地审视自己，以便进入理性的协商程序[①]。国家和社会的分化、现代民族国家和共和政体的建立、社会共同体和利益集团的分化、现代知识体系的建立和公共论域的形成、知识的理性和自主性……所有这一切被韦伯称为“理性化”过程。现代化的关键在于人的现代化。韦伯说：“中国还不是现代意义上的民族国家。”中国是一个善于遗忘的民族，在思想上反映为“思维的碎片化”。有人把中国近代社会概括为“理性缺位的启蒙”[②]。新中国成立60多年来经历了从革命创业型、乌托邦型的非理性主义向改革发展型、创新型的政治理性人格嬗变。从“不争论”到“不折腾”，反映了当代中国现代性公共理性建构的迫切性和艰巨性。如果像西方学者经常用建构理性主义和演进理性主义来划分两种制度设计形态的话，那么中国特色社会主义的制度设计模式可以说是在演进中建构的理性主义，执政党通过自身的理性自觉和关怀社会的责任意识，在既有的制度结构中稳步推进国家的制度变迁[③]。由于历史和社会的原因，皇权主义、平均主义、蒙昧主义、权力崇拜、民粹主义、历史虚无主义、文化激进主义和以情代理、急于求成等思想影响深远，因此今后包括启蒙思想家在内的思维方式的革命，在启蒙运动和社会运动的双重制度文化建构中根除非理性主义的残余，进行现代化的新理性建构，还有很长的路要走。一个成熟、文明的民族，应该有建设性的心态。当下急需培育自尊自信、奋发进取、理性平和、开放包容的社会心态，需要弘扬科学精神和人文关怀，倡导深入思考和独立判断，强化规则意识、程序意识、包容心态。中国共产党的治理模式是理性化和制度化，执政特点是稳定性、试错性和渐进性。“中国模式”是非常积极稳健的、合乎中国实情的。一个有希望的国家的公民既要有激情，有理性，又要互相包容。其公共理性与科学精神已经体现在中国特色社会主义的思想嬗变中，国家在拓宽社情民意表达渠道的动态过程中实现社会稳定。

---

① 徐贲：《知识分子——我的思想和我们的行动》，华东师范大学出版社，2005，第22页。

② 姜义华：《理性缺位的启蒙》，上海三联书店，2000。

③ 徐湘林：《寻求渐进政治体制改革的理性》，中国物资出版社，2009。

四 发展先进文化

文化是民族的灵魂、文明的基石。文化既是一种社会生活方式，又是一种精神价值体系。文化是民族精神存在的基本方式，是一个民族的精神和灵魂，文化是民族凝聚力和创造力的重要源泉，是综合国力竞争的重要因素，是经济社会发展的重要支撑。它创造核心价值、凝聚民族精神、创造和谐社会、促进科学发展、引导公平竞争、满足精神需求①。文化是一个政党、一个国家的精神旗帜，它体现着一个民族最深层的精神积淀，反映着一个政党的理想追求。当今时代，文化越来越成为民族凝聚力和创造力的重要源泉，意识形态等软实力因素在国际竞争和斗争中的作用越来越突出。所谓综合国力的竞争，本质上是文化的竞争。党的十七届五中全会再次强调，要“提升国家文化软实力”。文化是综合国力的一个组成部分，不仅因为它是渗透、贯穿和连接综合国力各要素的关键；而且因为离开了文化的支撑，经济、军事等硬实力就难以发挥作用。未来学家托夫勒曾预言：“我们正进入一个文化比任何时候都更重要的时期。”

文化软实力是一个国家的文化体现出来的凝聚力、吸引力和影响力。在当今这个全球文化交流、交融、交锋日益深入的时代，一个大国的软实力主要表现在其政治价值观、政治理念、政治制度和政治理论是否具有合理性和共享性。有人提出“文化力”的概念（高占祥），文化力是软实力的核心，是推动社会进步的永恒动力。文化和经济发展、民生幸福、社会和谐等息息相关。联合国教科文组织提出：“发展最终应以文化概念来定义，文化的繁荣是发展的最高目标。”恩格斯说过：“文化上的每一进步，都是迈向自由的一步。”胡锦涛在中国文联第八次全国代表大会、中国作协第七次全国代表大会上指出：“人类社会的每一次跃进，人类文明的每一次升华，无不镌刻着文化进步的烙印。”温家宝铿锵的话语发人深省：“国家发展，民族振兴，不仅需要强大的经济力量，更需要强大的文化力量；没有先进文化的发展，没有全民族文明素质的提高，就不可能真正实现现代化；中华民族不仅能够创造经济奇迹，也一定能够创造新的文化辉煌。”改革开放以来，我们党总是以思想文化上的觉醒和觉悟，来把握前进方向、凝聚奋斗力量、推动社会进步，把文化建设作为现代化建设总体布局的重要组

① 高占祥：《文化力》，北京大学出版社，2007，第1~5页。

成部分，摆在更加突出的位置，强调发展社会主义先进文化是提高党的执政能力的重要方面，建设和谐文化是构建社会主义和谐社会的重要任务，从而为中国特色社会主义事业的发展提供了强有力的思想保证、舆论支持、精神动力和文化条件。

在建设中国特色社会主义中，文化引导社会、教育人民、推动发展的作用越来越重要。我们党历来重视先进文化的建设与发展。从邓小平提出“两手抓，两手都要硬”的“两手论”，到江泽民作出“发展先进文化”、建设社会主义政治文明的重要论断，再到党的十七大提出“建设社会主义核心价值体系，增强社会主义意识形态的吸引力和凝聚力”，以最大限度地形成社会思想共识，我们党的理性价值观在把握时代脉搏和探索总结历史实践经验中与时俱进，一脉相承。进入新世纪、新阶段，世情、国情继续发生深刻变化，我国发展呈现一系列新的阶段性特征，对发展社会主义先进文化提出了更高要求。坚持和发展马克思主义，就是要面对经济成分多样化、社会思想价值观念多样化以及经济全球化、世界多极化、文化多元化的挑战，坚决反对指导思想的多元化，坚持马克思主义在意识形态领域的指导地位，坚持中国特色社会主义理论体系不动摇。这就必须与新自由主义、社会民主主义、历史虚无主义和所谓的“普世价值”等各种错误思潮划清界限，在复杂多变的国际国内的实践中坚持和发展马克思主义。

马克思主义是人类思想文化史上最伟大的成果，是社会主义文化的灵魂，推进社会主义文化建设必须以马克思主义为指导，始终坚持先进文化前进方向。以胡锦涛同志为总书记的党中央，在总结历史经验的基础上，创造性地提出了社会主义核心价值体系。在错综复杂的国内外形势下，建设社会主义核心价值体系十分重要而紧迫。党的十八大报告进一步强调，社会主义核心价值体系是兴国之魂，决定着中国特色主义的发展方向。社会主义核心价值体系是建设中国特色社会主义的思想基础，是根本推进和谐文化建设的重大战略思想，它丰富了马克思主义关于社会主义意识形态建设的理论。四位一体的价值体系和价值追求，包括理论层面的坚持马克思主义的指导地位，理想层面的坚持中国特色社会主义共同理想，精神层面的坚持以爱国主义为核心的民族精神和以改革创新为核心的时代精神，以及道德层面的坚持社会主义荣辱观，共同形成了相互联系、有机配合的价值系统。恩格斯说得很明确："每个社会集团都有它自己的荣辱观。"[①] 我们要倡导富强、民主、文明、和谐，倡导自由、平等、公正、法治，倡导爱国、敬业、诚信、友善，积极培育和践行社会主义核心价值观。价值整合的过程也是增强中国特色社会主义的感召力、亲和力的过程。中国特色社会主义的共同理想是社会主义核心价值体系的主题。中国特色社会主义共同理想作为社会主义核心价值体系的主题，解决的是走什么道路、实现什么样的目标的问题，起着价值凝聚性作用。社会主义核心价值体系的提出，目的就是通过价值整合，不断提升全社会的价值共识水平，凝聚社会认同资源，共同维护社会稳定，谋求科学发展和社会和谐。我们必须坚持社会主义意识形态主导地位，坚持马克思主义指导思想，坚持以社会主义核心价值体系引领社会思潮的价值共识。

文化是人类文明的历史积淀，我们的社会主义先进文化必然体现我们的民族对文化发展的自觉、自信与自强，即以客观的姿态对自身优秀文化的肯定和坚守，以开放的胸怀对外来优秀文化的吸纳。在当代中国，就是在马克思主义指导下，在中华民族的长期文化交流、融合、传播和相互学习、相互借鉴的过程中，既吸收中国传统文化中的精华，也吸取世界文明的成果所形成的具有普遍性、民族性、时代性和先导性的价值共识和先进文化。中华民族优秀传统文化蕴涵着民族发展的核心理念和思想基因，积淀着中华民族最深层的精神追求，内核中修身养性、诚信仁爱、和谐中庸、崇尚正义、注重民本等思想，不仅为中华民族的伟大复兴、发展壮大提供了丰厚滋养，也为人类文明进步贡献了智慧和力量，因而成为中华民族安身立命、生生不息的精神根基。我们也要以科学的态度、开阔的视野、宽广的胸怀对待西方文化，积极参与世界文化的对话与交流，大胆吸收借鉴一切反映人类文明发展规律的、有利于我国文化繁荣发展的优秀成果。

让社会主义文化"软实力"服务于中国特色社会主义发展的"硬道理"，这是我国文化建设面临的根本任务。在文化建设上，中国特色社会主义制度激发了先进文化的蓬勃发展。最重要的是把握"一个方向"，就是牢牢把握社会主义先进文化前进方向；建设"一个体系"，就是大力推进社会主义核心价值体系建设；坚持"两手抓"，就是一手抓公益性文化事业，一手抓经营性文化产业；达到"三个更加"的目标，就是兴起文化建设新高

① 《马克思恩格斯全集》第 39 卷，人民出版社，1974，第 251 页。

潮，提高国家文化软实力，推动社会主义文化大发展大繁荣，使人民基本文化权益得到更好的保障，使社会文化生活更加丰富多彩，使人民精神风貌更加昂扬向上。培育文明风尚，大力弘扬中华文化，建设中华民族共有精神家园。60 多年来，社会主义核心价值体系深入人心，民族精神和时代精神得到大力弘扬，和谐文化建设成绩斐然。新时期我国国民的主体意识、自由意识、平等意识、竞争意识、法治意识、开放意识等不断得到陶铸和强化。人们的思想观念从封闭、僵化的状态中走出来，逐步形成了求真务实、勇于变革、开拓创新的良好氛围；人们的文化观从泛政治化、排斥否定抵制西方及外来文化，转变为自信、开放、包容，文化竞争力、文化软实力空前增强；人们的价值观向多元多样转变，科学、民主、文明、生态、公平等先进文化理念成为社会主流思想和价值尺度。健康的国民心态，是促进个人、社会、国家发展进步的重要心理基础，是国家文化软实力的重要组成部分。论者指出，培育健康的国民心态是一项复杂的系统工程，自尊自信、理性科学、务实进取、开放宽容等是不可或缺的几个方面。

改革创新是推进文化建设的强大动力。我们要坚持社会主义先进文化的前进方向，以满足人民群众日益增长的精神文化需求为根本目标，以建设社会主义核心价值体系为根本要求，以构建有利于文化科学发展的体制机制为主攻方向，进一步深化文化体制改革，解放和发展文化生产力，推动社会主义文化大发展大繁荣，充分发挥文化引导社会、教育人民、推动发展的重要作用。我们必须坚持以马克思主义为指导，继承我国各民族优秀文化，吸收世界先进文明成果，弘扬以爱国主义为核心的民族精神和以改革创新为核心的时代精神，大力发展社会主义先进文化，建设社会主义核心价值体系。著名学者费孝通先生对文化发展有精辟的概括，即“各美其美，美人之美，美美与共，天下大同”。具体到先进文化而言，就是要弘扬优秀传统文化，吸收世界先进文化，建设社会主义先进文化，努力做到文化自觉、文化自信和文化自强。

五　树立和谐理念

从“斗争”走向“和谐”是中国制度文化变迁的总体趋向。建设社会主义和谐社会是中国共产党人的自觉追求，建设社会主义和谐制度文化是构建社会主义和谐社会的重要任务。制度公正、社会和谐是中国特色社会主义的本质属性，实现社会公平正义是发展中国特色社会主义的重大任务。

制度文化和谐无疑是革命政党在实现自身政治目标的奋斗进程中必须着力营造的政治局面。制度文化和谐恰恰是构建社会主义和谐社会的重要前提，而社会和谐则是科学社会主义的题中应有之义。制度文化和谐的主张并不仅仅是一个理想的价值坐标，而且也是无产阶级政党在政治活动中的实践旨趣。就无产阶级革命的根本任务而言，制度文化和谐又是一个必须以始终不渝地追求为条件的价值目标。马克思主义第一次提出了系统的、科学的和谐社会理论，中国共产党在推进社会发展的进程中，既坚持马克思主义社会发展的基本原理，又没有把自己的思想停留在既有的认识水平上，在作为执政党领导社会向现代化推进的过程中，注重于对发展中的重大问题进行新的探索。

和谐理念是对人类社会矛盾和社会形态的认识和分析，反映了中国共产党人执政理论的与时俱进。构建和谐社会，努力形成全体人民各尽所能、各得其所而又和谐相处的局面，是发展中国特色社会主义的必然要求。2006年10月党的十六届六中全会通过了《中共中央关于构建社会主义和谐社会若干重大问题的决定》，以胡锦涛同志为总书记的中央领导集体提出了构建社会主义和谐社会的重大战略任务，作出“社会和谐是中国特色社会主义本质属性”的重大判断（《光明日报》2006年10月19日）。这一论断进一步明确了建设富强、民主、文明、和谐的社会主义现代化国家的奋斗目标，深化了对中国特色社会主义事业总体布局的认识，丰富了马克思主义关于社会主义社会建设的理论。《人民日报》曾刊发“关注社会心态”系列文章评论认为，执政者应当包容“异质思维”、坚持公平正义、倾听社会各方面的声音，才能培育健康的社会心态，才是社会长治久安的基石。中国共产党60多年来，从自己的国情出发，不断根据国内外环境的不断变化，适时地进行党执政资源开发的转换与拓展，促进社会和谐。在几十年的社会主义建设实践中，中国共产党人将阶级斗争的理念推进到和谐社会建设的理念上，它丰富和完善了马克思主义的社会发展理论，将通过阶级斗争改造和推动社会发展，进一步升华到社会制度改造完成后应该以和谐社会的建设推动社会发展的新认识。

甘阳指出，21世纪的中国人必须树立的第一个新观念就是：中国的“历史文明”是中国“现代国家”的最大资源，而21世纪的中国能开创多大的格局，很大程度上将取决于当代中国人是否能自觉地把中国的“现代国家”置于中国源远流长的“历史文明”之源头活水中。儒家“和”合文化与和谐社会的建构之间在价值取向上存在着内在一致性。中国传统文化倡导包容，强调“和而不同”，提倡“和为贵”，这些中华文化的思想精华，可以说正是拯救现代制度文明根本性缺陷的良方。“和”文化蕴涵着中国传统文化的思想精华，“中和”原则构成了中国文化的最高境界，“和”合理念具有厚重的思想价值和独特魅力。“和”是中华文化中最核心、最重要的元素之一，“和谐”思想是中国传统文化中的核心理念和主要精神，和谐社会是中华民族几千年来孜孜以求的社会理想。它是几千年中国制度文化发展的思想动力，也是我们今天提出构建“和谐社会”理念的思想源泉。改革开放特别是21世纪以来，我们明确提出了构建社会主义和谐社会的目标任务，同时致力于维护世界和平与发展，积极倡导和推动建设和谐世界。当今和谐社会、和平发展与和谐世界的理念，反映了中国人“和而不同”的文化观，即主张和谐而不千篇一律，不同而又不相互冲突，将和谐以共生共长、不同以相辅相成视为人类各种文明协调发展的真谛。中国坚持走科学发展、和谐发展、和平发展道路，是在新时代对中华民族和谐文化的继承和弘扬。

和谐文化是社会主义社会的本质属性和应有之义。中国特色社会主义文化是和谐发展全面进步的社会主义先进文化。社会和谐是中国特色社会主义的本质属性，是中国共产党的奋斗目标。贫穷不是社会主义，富裕也不是社会主义，和谐发展才是社会主义。构建社会主义和谐社会，是中国特色社会主义事业的必然途径，是实现共产主义的发展阶梯，我们党必须始终不渝地把构建社会主义和谐社会，写在自己的旗帜上。党中央提出的“以人为本”“科学发展观”和“和谐社会”一系列理念，特别是“和谐社会”这一极具中国特色的构思很好。科学发展的重要保障是要有和谐的政治生态环境，和谐的政治生态是一个地方政治生活现状以及政治发展环境的集中反映，是党风、政风、社会风气的综合体现，核心是领导干部的党性问题、觉悟问题、作风问题。有的学者曾对“和谐”二字进行“说文解字”:“和”，就是每个人都有饭吃，“口”字旁边一个“禾”嘛；而“谐”呢，是“皆”加一个“言”，让人人都说话。人人有饭吃，人人畅所欲言，就是“和谐”。“和谐”包括天人和谐、人际和谐、身心和谐，就是指人与自然和谐共生，社会中人与人和睦相处，以及个人精神与现实的协调。“和”的思想作为中华民族普遍具有的价值观念和理想追求，对中国人民的生活、工作、交往、处世乃至内政和外交等各个方面都产生了深刻的影响。

在人与自然的和谐关系上，强调“天人调谐”，人是大自然和谐整体的一部分，人必须改造自然又顺应自然，与自然共生共荣，建立生态文明。在国与国之间的文明关系上，倡导“协和万邦”，主张“善解能容”，国家间不能以大欺小、以强凌弱、以富压贫，国际争端要通过协商和平解决，各国之间应在平等相待、互相尊重的基础上发展友好合作关系。在文化和谐上，着眼培育人性化的社会主流价值观，建立以促进经济、政治、文化、社会、人与自然、人的自身和谐发展为取向的社会主义和谐发展观，把人的自由而全面发展作为社会发展的全程目标与终极价值；在经济和谐上，坚持市场经济多元化发展，探索市场经济体制多元化的运作方式，发展多元化的社会公共组织，完善公共权力结构体系，形成多元化的社会治理结构，构建多元化的社会发展格局；在制度和谐上，建立和健全一种动态的、适应发展规律的、动力与平衡相结合的社会运行机制；在政治和谐上，坚持以党的意识形态引领社会主流价值观，以党内正义促进社会正义，以党内民主推进社会民主，以党内和谐带动社会和谐，形成社会对党的高度政治认同，密切党群干群关系，营造人人和谐、时时和谐、处处和谐的社会主义。

结束语 文化、制度、模式：中国特色社会主义的抉择与未来

在中国近现代制度变迁、社会转型和思想演进的发展史上，中国特色社会主义的理论和实践是最为辉煌璀璨的乐章。马克思主义是一个博大精深的科学理论体系。科学社会主义是人类文明成果和行动指南，是人类文明的瑰宝，是我们立党立国的根本指导思想，它的理论品格是革命性、科学性、与时俱进。没有哪一种学说和理论能像科学社会主义这样从根本上影响、决定和支配着中国人民的命运，并由此影响着中华民族伟大复兴的历史进程。社会主义就其性质来说，既是一种理论或学说，又是一个运动和制度。科学社会主义传入中国，与中国实践、民族文化特点相结合，发展成为闪耀着马克思主义真理光辉又具有鲜明中国作风和中国气派的现代思想理论——毛泽东思想和中国特色社会主义理论体系。科学社会主义中国化既是一个动态进程，又是一种理论成果；既是一个博大精深的思想体系，又是辩证的思想方法。科学社会主义赋予中国制度文化变迁以新的意义、新的使命和新的取向。科学社会主义中国化是一个文化主体和客体相互接受重构、整合创新的过程，它为东西方文化转换提供了中介，使马克思主义这一产生于西方文化背景中的理论融入了东方文化的精神智慧，开辟了科学社会主义实践化、大众化、民族化、当代化的道路。科学社会主义中国化具有双重文化意蕴，既实现马克思主义民族化具体化，又代表中国文化现代性的方向。

社会主义在中国迅速传播并中国化是中国近代历史对外来制度文化的必然选择，是中国思想文化合乎逻辑的发展。中国共产党实际上是社会主义在中国实践的主体和组织载体，政党建立国家，政党组织人民，中国共产党塑造了现代化国家和社会的基本政治逻辑。作为社会主义中国化最新理论成果的中国特色社会主义理论体系，是“扎根于当代中国的科学社会

主义”，是马克思主义基本原理和中国国情以及时代特征相结合的产物。在新时期思想和制度变迁中，社会主义市场经济体制由理论变为现实，中国特色的社会主义所有制和分配体制在改革创新中不断完善；中国特色的民主政治体制在改革创新中不断健全；中国特色的先进文化体制在改革创新中不断前进；中国特色的和谐社会体制在改革创新中不断再造；党的建设的伟大工程在制度创新中得以不断推进，党的执政能力明显提高。我们取得的一切成绩和进步，根本原因就在于，建立和巩固了社会主义基本制度，开辟了中国特色社会主义道路，形成了中国特色社会主义理论体系。“走自己的路，建设有中国特色的社会主义。”这是基本结论。

“中国特色社会主义”就是中国模式、中国道路、中国经验。中国共产党的执政史，就是一部上下求索中国特色社会主义道路的历史。新中国60多年特别是改革开放30多年我们取得的一切成就，归根结底是中国特色社会主义制度的产物；中国特色社会主义制度的优越性，是我们战胜一切艰难险阻、夺取全面建设小康社会新胜利的最大政治优势。170多年的慷慨悲歌、凤凰涅槃，一个甲子的筚路蓝缕、艰辛探索，30多年的柳暗花明、沧桑巨变，验证了一个科学的论断，熔铸成一条坚定的信念：只有社会主义才能救中国，只有中国特色社会主义才能发展中国。中国特色社会主义具有无可比拟的制度优越性和强大的生机活力。中国特色社会主义道路是引领中国发展进步的唯一正确道路，只有这条道路而不是别的什么道路可以指引中华民族实现伟大复兴。我们绝不走封闭僵化的老路，也绝不走改旗易帜的邪路，而是坚定不移地走中国特色社会主义新路。

中国特色社会主义道路之所以完全正确、之所以能够引领中国发展进步，关键在于我们既坚持了科学社会主义的基本原则，又根据我国实际和时代特征赋予其鲜明的中国特色。中国特色社会主义具有鲜明的特色：一是社会主义，二是中国特色。学术层面的科学社会主义中国化，其实质就是运用唯物史观的思想方法论来分析“中国问题”，进而从学理上建构当代社会主义的中国形态；政治层面的科学社会主义中国化，其实质就是运用马克思主义的世界观和方法论来分析“中国问题”，进而从政治或意识形态上确立对当代中国发展具有指导地位和作用的中国特色社会主义理论体系。“中国模式”最根本的内涵，在于实事求是的思想路线，在于坚持一切从实际出发，解放思想，与时俱进，不断探索符合中国国情的发展道路。经过30多年的改革开放，中国已经走出了一条具有中国特色、符合中国国情的发展道路，在某种意义上也可以称之为“中国模式”。所谓“中国模式”或“中国道路”，不过是中国人对社会主义认知逻辑发展中的重要一环，是中国特色社会主义的自我肯定形式。中国人试图通过对中国特色社会主义的探索来求证社会主义的真谛。“中国模式”与“中国道路”概念的提出表明我们对社会主义的认识进一步深化了。以中国特色社会主义作为中国马克思主义研究的理论范式，当代中国马克思主义者和共产党人实现了中国马克思主义新的伟大理论创造，形成了中国特色社会主义理论体系，并在这一理论体系的指导下开辟了一条有中国特色的社会主义道路。社会主义中国突破观念和体制的重围，赶超世界现代化的潮流，探寻出一条有中国特色的社会主义现代化的发展道路，为世界提供了一个新型社会形态、社会制度的发展模式。这不只是中国自己的事情，也是对人类文明的贡献，具有世界意义。社会主义制度和社会主义事业在改革开放的浪潮中孕育并迸发出蓬勃的生机和创新的活力，我们已经走出了一条有中国特色的社会主义康庄大道。尽管“中国模式”尚未定型，中国目前面临着诸多前所未有的挑战，但“中国模式”丰富了对社会发展规律和道路的认识，为世界走向现代化拓宽了途径，将会促进全球化时代人类文明的多样性发展。中国特色社会主义就是一种具有强大生机和活力的实践新路和制度模式，是人类制度文明的伟大创新。“中国模式”“中国道路”展现了中国特色社会主义的勃勃生机。

中国特色社会主义是科学社会主义基本原则与中国具体实际和时代特征相结合的社会主义，是扎根于当代中国的科学社会主义，体现了社会主义普遍性和特殊性、现代性和民族性、历时性和当代性的统一。科学社会主义基本原则是各国社会主义实践的理论基础，否定科学社会主义的基本原则，就会背离社会主义的发展道路；但如果忽视本国国情，教条化地对待科学社会主义，又会扼杀科学社会主义的生机与活力。中国特色社会主义必须两面作战，既反对用社会主义的国际性抹杀“中国特色”，又反对用现实社会主义的多样性、民族特色抹杀“社会主义”，必须把两者有机结合起来。科学的态度是把科学社会主义的普遍原则与本国的具体实际相结合，这也是“走自己的路，建设有中国特色的社会主义”的基本内涵。在当代中国，坚持中国特色社会主义道路，就是真正坚持社会主义。科学社会主义为我们提供的是基本原则，而不是固定和现成的模式。从科学社会主义理论与实践的具体和历史的统一看，只有通过革命、建设、改革的实践探索，才能找到和形成适合我国国情的社会主义道路和发展模式。它的实质就是指马克思主义普遍真理与中国实际相结合。正如邓小平指出的“社会主义必须是切合中国实际的有中国特色的社会主义”。

“科学社会主义基本原则” + “时代特色” + “民族特色” + “实践特色”，构成中国特色社会主义的基本特征。所谓“中国化”，讲的是马克思主义的中国化；“中国特色”，讲的是中国特色的社会主义。“中国特色”，就是鲜明的实践特色、民族特色和时代特色。中国特色社会主义，不是从本本上照抄来的社会主义，而是从实践中闯出来的社会主义，是吸取国内外社会主义建设的经验教训、探索社会主义发展新道路的必然抉择，这是其实践特色。中国特色社会主义，不是从他国模式“克隆”出来的社会主义，而是符合中国国情及其发展要求的社会主义，是植根于中华民族优良传统、立足于社会主义初级阶段这一最大实际的自觉选择，这是其民族特色。中国特色社会主义，不是走封闭僵化老路或改旗易帜邪路的社会主义，而是锐意改革、着力发展、坚持开放、以人为本、促进和谐的社会主义，是顺应时代潮流、走在时代前列的客观要求，这是其时代特色。

从经典社会主义的遗憾到传统社会主义的困惑，从照搬“苏联模式”到走出“中国特色”，中国共产党实现了社会主义发展的制度模式创新。20世纪后期，多数社会主义国家都想通过改革探索新的发展模式。然而，“善始者多，善终者寡。”特别是苏东剧变的发生，使国际社会主义事业遭受历史性的挫折。在这个探索和改革过程中，最大的挫折是发生了苏东剧变，最突出的成果是探索形成了中国特色社会主义。虽然世界社会主义处于低潮，中国特色社会主义却能够“风景这边独好”，在世界社会主义运动的“低谷”中奏起了新的凯歌。中国在逆境中奋起，通过改革开放创新完善了社会主义制度，成功开辟了中国特色社会主义道路，创立了中国特色社会主义理论体系，实现了马克思主义中国化的第二次历史性飞跃。中国特色社会主义道路，为社会主义注入了巨大活力，使社会主义的内在优越性和巨大潜力得到充分展示。中国特色社会主义使古老的中国焕发出勃勃生机，中国特色社会主义模式令世人瞩目。

中国特色社会主义蕴涵着如何建立一种新的现代性来代替传统现代性的新探索，科学发展观体现了我党执政理念的与时俱进。中国制度文化变迁需要社会主义；而以中国特色社会主义为旗帜的制度文化创新，它的每一个成功都意味着社会主义在中国的胜利。从邓小平理论到科学发展观，我们党不断深化了对中国特色社会主义的认识。由邓小平的“不争论”到胡锦涛的“不折腾”，体现着我们党制度文化建设方面的进步。在对时代主题和历史潮流的分析判断上，由和平与发展这两大主题拓展为“和平、发展、合作”三大潮流；在社会主义建设的内容布局上，由经济建设、政治建设、文化建设“三位一体”拓展为经济建设、政治建设、文化建设、社会建设、生态文明建设“五位一体”；在社会主义的发展模式和发展理念上，由以经济建设为中心的加快发展拓展为在经济发展基础上的全面协调可持续的科学发展；在社会主义价值目标上，由改善人民生活条件、实现共同富裕拓展为以人为本、促进人的全面发展。所有这些，都使我们党对中国特色社会主义的认识提高到了一个新水平、新境界。我们已探索和塑造出中国特色社会主义的市场经济体制、民主政治体制、先进文化体制与和谐社会体制，走出了一条有中国特色的社会主义康庄大道。这是一条不同于经典社会主义与传统社会主义的新路，“中国模式”和“中国道路”为世界瞩目，证明了文化与制度和谐的中国特色社会主义制度模式的价值合理性。

中国的改革开放是对社会主义的新认识、新探索、新发展。改革开放成为中国特色社会主义最鲜明的特征。改革开放是决定当代中国命运的关键抉择，是发展中国特色社会主义、实现中华民族伟大复兴的必由之路。在这场空前伟大的社会变革中，中国共产党体现了可贵的制度理性和文化自觉。改革开放是科学社会主义发展在当代的一个新形态，其实质是通过体制改革和体制创新，力求完善、巩固和发展社会主义制度。改革开放不是我国社会主义的权宜之计而是其基本存在形式。改革开放的过程，也是中国人对社会主义认识逐步深化的过程。只有社会主义能够救中国，只有改革开放能够发展社会主义。我们要坚定不移地推进改革开放，坚定不移地走中国特色社会主义道路。改革是体制演进的方式，改革也是制度生存的方式。开放是体制变迁的历史发展，开放也是制度创新的时代选择。改革开放的历史，也就是一部不断解放思想、不断冲破陈旧观念藩篱和僵化体制束缚的历史。事实雄辩地说明，中国的改革开放与科学社会主义共命运，只有社会主义能够救中国，只有改革开放能够发展中国、发展社会主义、发展马克思主义。改革开放不是向西方文明的回归，而是为社会主义注入生机活力的人类制度文明发展的新拓展。进一步推进改革开放，中华民族必将在中国特色社会主义的道路上再造辉煌，社会主义必将在中华民族复兴的进程中再造辉煌。

中国特色社会主义是我们党全部理论和实践的主题，也是当代中国发展进步的旗帜，全党全国各族人民团结奋斗的旗帜，实现中华民族伟大复兴、使社会主义充满生机和活力的旗帜。我们党带领广大人民在改革开放进程中开辟的中国特色社会主义道路、形成的中国特色社会主义理论体系，是引领当代中国发展进步的旗帜。建设中国特色社会主义，不是一帆风顺的，在征途上也出现过坎坷起伏，但这条道路是完全正确的。成效和功绩不容否定，停顿和倒退没有出路；在前进的道路上不为任何风险所惧，不被任何干扰所惑。苏联解体、东欧剧变之后，西方思想界一度流行马列主义“过时论”“破产论”，“历史终结论”甚嚣尘上。邓小平同志坚定地说：“我坚信，世界上赞成马克思主义的人会多起来的，因为马克思主义是科学。”“不要认为马克思主义就消失了，没用了，失败了。哪有这回事！”苏联的解体并没有终结也没有改变世界历史发展的必然趋势，不仅没有超越马克思主义经典作家的理论视野，而且符合马克思主义的理论描述和科学预期，他们当年对资本主义发展趋势的预测在今天越发显示其科学的预见性。后危机时代的社会主义运动开始流行马克思主义“复兴论”了，我们急需的是马克思主义的思想智慧。列宁说：“理论就是论证所采取的行动，使人们对行动具有信心。”萨托利在《民主新论》中告诫人们：“理想注定只能是理想。只有不把理想视为现实时，理想才改进现实；只有理想同我们保持一定的距离时，它才会温暖我们的心。”中国特色社会主义伟大实践证明，只有通过继续长期、坚定、有效地树立社会主义伟大理想，坚定社会主义信念，贯彻社会主义基本原则，执行社会主义的路线、方针和政策，才能为中国的发展赢得未来。坚持、创新和发展中国特色社会主义，实现文化传统的现代转换与制度创新，中国巨龙就一定能实现历史的腾飞。我们要自觉认识到科学社会主义胜利的必然趋势，做到不留恋封建主义、不羡慕资本主义、不歪曲社会主义、不怀疑共产主义，自觉捍卫中国特色社会主义伟大旗帜，举旗拓路，擎旗引路，以旗帜铸就共同理想，以旗帜汇聚蓬勃力量，使中国社会主义越来越科学，使中国科学社会主义、特色社会主义道路越走越宽广。

古人说：“求木之长者，必固其根本。”社会主义是立党立国之本。旗帜就是方向，旗帜就是形象。马克思主义和社会主义不能丢。美国社会学家亨廷顿在谈年轻的美国的发展道路时曾说：“不是因为它太年轻，而是因为它太古老。”相应的，中国特色社会主义道路尽管只经历了30多年的风雨历程，但它却是中国几千年发展道路中的一环，具有不可逆转的连续性和必然性。《马克思的幽灵》一书作者、法国著名“解构主义”哲学家雅克·德里达说：所谓“马克思主义死亡”的断言是一种“自相矛盾、破绽百出、违反理性的共识”，对于这种断言“必须予以抵制”。“今天的人，即使是从未读过马克思著作或不知道马克思姓名的人，甚至那些反共产主义者或反马克思主义者，不论他们承认与否，都自觉或不自觉地成为马克思遗产的继承人。”“不继承马克思的遗产，就不能真正地继承莎士比亚、圣经以及诸如此类的遗产。”马克思的《资本论》对资本主义社会矛盾的深刻分析，其基本精神是“今天仍需借鉴的”。“没有马克思，没有对马克思的记忆，也就没有将来；不去阅读而且反复阅读和讨论马克思，将永远都是一个错误。”近年来世界上兴起一波又一波的“马克思热”就是明证。萨特说过一句名言：马克思主义是当代唯一不可超越的哲学，任何超越它的企图，不是重复马克思主义早已说过的东西，就是回到马克思主义以前的陈旧观点上去。东欧剧变和苏联解体所“终结”的只是那种陈旧而僵化的传统社会主义，并不是依然充满生机、蓬勃发展的社会主义。苏联解体后20年的历史进程再次向我们证明马克思主义并没有过时，马克思主义的科学社会主义仍然是解决资本主义现存问题的切实可行的方案。没有社会主义，就没有人类的未来。正是在国际风云变幻中，我们成功地将中国特色社会主义全面带入21世纪，并精心缔造了富有强大生命力的“中国模式”和“中国道路”。十多年前，几十名美国前政要在致国会的一封信中说：“中国注定要在21世纪成为一个伟大的经济和政治强国。”日裔美国学者福山不久前在为他主编的新书《出乎意料》所写的序言中，一改前些年他在《历史的终结和最后的人》一书中提出社会主义“终结”论时的口吻，把“世界将转向中国式社会主义”看成“七大战略意外事件”之一。中国特色社会主义不但是我们的指导理论和发展模式，而且是我们的核心价值和精神支柱。

道路决定命运，历史昭示未来。“中国模式”的未来与社会主义的命运休戚相关。中国特色社会主义价值和意义的讨论，应该置于世界社会主义运动和制度文明变迁的视野之中。世界社会主义运动处于一种新的历史的交会点上。中国特色社会主义不仅以其独创性为人类文明的发展做出了自己的贡献，而且代表了人类文明的发展趋势和前进方向，具有光明的未来。20世纪90年代初期东欧剧变、苏联解体后，有外国观察家指出，以前中国人都说“只有社会主义才能救中国”，如今的事实是“只有中国才能救社会主义”。2008年世界金融海啸发生后，又有外国学者提出了这样的看法：“只有社会主义才能救世界”。苏联解体以来，中国特色社会主义事业蒸蒸日上。改革开放的成功向世界证明：除了西方国家主张的自由资本主义的发展模式之外，还有社会主义的发展模式。改革开放以来，在中国共产党的领导下，我国坚持走中国特色社会主义道路，主张不同的国家应该根据自身的历史、文化和现实发展自己，任何国家都不能强求一致地把自己的价值观念、社会制度、经济模式视为放之四海而皆准的真理而推向别国。30多年来，我们已经开辟了中国特色社会主义发展道路，形成了中国特色社会主义理论体系。中国共产党人在中国特色社会主义伟大实践中创新了马克思主义，赋予马克思主义以新的生命力。只要我们坚定不移地沿着这条道路走下去，就一定能够把中国建设成为富强民主文明和谐的社会主义现代化国家。中国特色社会主义的伟大旗帜，正在指引中华民族实现全面复兴；科学社会主义在中国的伟大胜利，必将鼓舞世界社会主义走向新的辉煌。“中国模式”的探索和完善是一个高扬社会主义的理想性和价值性的过程。2009年，共和国一甲子；2011年，中国共产党成立90周年。共和国的60年，统一于社会主义，中国共产党的90年，走的是中国特色路。共和国给我国人民最宝贵的东西，是社会主义。60年后的共和国，以中国特色社会主义的名义，巍然屹立于世界东方。是中国特色社会主义赋予我们超越资本主义的精神力量和勇气。

我们对未来社会主义发展的图景充满信心，也对中国特色社会主义的历史方位和未来图景有着理性和清醒的认知。我们对中国特色社会主义的道路自信、理论自信和制度自信源于历史逻辑、责任担当和政治智慧。对于国内外对“中国模式”“中国道路”“中国经验”的一些模糊认识甚至曲解，我们必须廓清，明辨是非。中国道路、中国制度的客观性，即建立中国特色社会主义制度，走中国特色社会主义道路，是由中国的具体国情决定的，是历史和人民选择的结果；中国道路、中国制度的实质，即人民当家作主和实行社会主义；中国特色社会主义道路、中国特色社会主义制度不是一劳永逸、一成不变的，而是在继续探索中不断发展、不断完善的。这是中国特色社会主义道路和制度的生命力所在。毛泽东、邓小平、江泽民、胡锦涛、习近平中国共产党几代领导集体多次反复强调增强忧患意识，要居安思危，我们必须警醒起来。我们要实现中华民族伟大复兴，必须找到一条既适合自己国情，又符合时代要求的发展道路。实践证明，马克思主义是认识和解释世界的唯一真理，中国特色社会主义具有无可比拟的制度优越性和强大的生机活力。历史的启迪是，在当代中国，只有中国特色社会主义旗帜能够最大限度地团结和凝聚不同社会阶层、不同利益群体的智慧和力量，只有中国特色社会主义道路能够指引中华民族实现伟大复兴，只有中国特色社会主义理论体系能够引领中国发展进步。90 年来的革命、60 年来的探索、30 年来的走“中国特色社会主义道路”的成功实践表明，中国道路不是对西方模式的“克隆”，而是对西方发展范式的突破与超越。中国特色社会主义实现了西方制度文明与中华文化传统的有机整合，通过创新和重构最终展现了对资本主义模式的超越。正如有学者所认为的，历史经验告诉我们，建设社会主义最重要的不是有没有详尽的蓝图，而是有没有认清社会主义方向的视野，有没有不相信历史已经终结的睿智，有没有不折不挠地迈向社会主义未来的勇气，有没有不断探索实现社会主义理想新途径的胆略。中国特色社会主义取得了伟大成就，中国道路与中国经验，为人类文明的进步开辟了新的发展路径。坚持中国特色社会主义道路，充分发挥中国特色社会主义制度的优越性，更加积极、更加主动、更加充分地利用好这一独特的制度优势，我们就一定能创造更大的辉煌，迎来中华民族伟大复兴的光辉明天。

中华有梦，复兴在望。伟大的“中国梦”已启航，改革开放未有穷期。中国现代崛起的“春天的故事”改写了“历史的终结”的理论叙事，在 21 世纪的世界历史进程中显示了中国道路独特的行进轨迹，在经济全球化趋势中展示了中国现代性生成的思想路径与制度安排。要实现中华民族的伟大复兴，历史已经昭示我们，只有一条科学的道路，那就是中国特色社会主义道路；只有一面光辉的旗帜，那就是中国特色社会主义理论的旗帜；只有一个正确的制度，那就是中国特色社会主义制度。触笔至此，我又想起马克斯·韦伯的话：“我们感到更加沉重的是我们在历史面前的责任。我们这一代人已注定看不见我们所从事的战斗是否会取得胜利，我们也无从知道后人是否会承认我们是先驱者。我们也不可能成功化解历史对我们的诅咒，即我们来生太晚已经赶不上一个消逝的伟大政治时代。我们唯一还能做的或许只能是：为一个更伟大的时代之来临驱马前行！我不知道这是否就是我们这一代在历史上的地位，我能说的只是：催人苍老的并不是岁月，一个人只要时时具有天赋我辈的伟大激情，他就能永葆青春。”

参考文献

[1]《马克思恩格斯全集》，人民出版社，1965－1985。
[2]《马克思恩格斯选集》第1－4卷，人民出版社，1995。
[3] 中共中央编译局编译：马克思恩格斯文集，人民出版社，2009。
[4]《列宁全集》，人民出版社，1984－1990。
[5]《列宁选集》第1－4卷，人民出版社，1995。
[6] 中共中央编译局编译：《列宁专题文集》，人民出版社，2009。
[7]《 斯大林全集》，人民出版社，1953－1956。
[8]《毛泽东选集》第1－4卷，人民出版社，1991。
[9]《毛泽东文集》第1－8卷，人民出版社，1993－1999。
[10] 建国以来毛泽东文稿第1－13卷，中央文献出版社，1987－1998。
[11]《邓小平文选》第1－3卷，人民出版社，1993、1994。
[12]《江泽民文选》，人民出版社，2006。
[13] 江泽民论建设有中国特色社会主义（专题摘编），中央文献出版社，2006。
[14] 江泽民思想年编（1989－2008），中央文献出版社，2010。
[15] 十六大以来重要文献选编（上、中、下），中央文献出版社，2006。
[16] 中国人民大学科学社会主义系：马克思恩格斯列宁斯大林论科学社会主义第1－5卷，中国人民大学出版社，1980。
[17] 中共中央文献研究室：深入学习实践科学发展观活动领导干部学习文件选编，中央文献出版社、党建读物出版社，2008。
[18] 胡锦涛："坚定不移沿着中国特色社会主义道路前进　为全面建成小康社会而奋斗"，人民出版社，2012。
[19] 胡锦涛：《在纪念党的十一届三中全会召开30周年大会上的讲话》，人民出版社，2008。
[20] 中宣部理论局：《六个"为什么"——对几个重大问题的回答》，学习

出版社，2009。
[21] 中宣部理论局：《中国特色社会主义理论体系学习读本》，学习出版社，2009。
[22]《胡绳晚年学术思想研究》，中央党校出版社，2008。
[23]《江流自选集》，学习出版社，2005。
[24]《赵曜讲学录》，红旗出版社，2002。
[25]《高放自选集》，中国人民大学出版社，2007。
[26]《靳辉明文集》，上海辞书出版社，2005。
[27]《徐崇温自选集》，重庆出版社，1999。
[28]《吴江论集》，兰州大学出版社，2004。
[29]《徐勇自选集》，华中师范大学出版社，1999。
[30]《宋镜明自选集》，武汉大学出版社，2007。
[31] 周有光：《朝闻道集》，世界图书出版公司北京公司，2010。
[32] 周有光：《拾贝集》，世界图书出版公司北京公司，2011。
[33] 黄卫平、汪永成：《当代中国政治研究报告（2002－2012）》，社会科学文献出版社。
[34]《毛泽东早期文稿》，湖南出版社，1990。
[35] 薄一波：《若干重大决策和事件的回顾：（上下卷）》，中共中央党校出版社，1993。
[36] 沙健孙、龚书铎：《走什么路：关于中国近代历史上的若干重大是非问题》，山东人民出版社，1997。
[37] 中国社会科学院马克思主义研究学部：《36位著名学者纵论新中国发展60年》，中国社会科学出版社，2009。
[38] 吴振坤：《20世纪共产党执政的经验教训》，中共中央党校出版社，2002。
[39] 林蕴晖：《国史札记（史论篇）》，东方出版中心，2009。
[40] 金一南：《苦难辉煌》，华艺出版社，2010。
[41]〔美〕费正清：《美国和中国》，商务印书馆，1966。
[42]〔美〕费正清：《费正清文集：中国的思想与制度》，郭晓兵等译，世界知识出版社，2008。
[43]〔美〕李侃如：《治理中国：从革命到改革》，胡国成、赵梅译，中国社会科学出版社，2010。
[44] 曹沛霖：《制度纵横谈》，人民出版社，2005。

[45] 曹沛霖、陈明明、唐亚林：《比较政治制度》，高等教育出版社，2005。
[46] 贺培育：《制度学：走向文明与理性的必然审视》，湖南人民出版社，2004。
[47] 陈朝宗：《制度学理论与我国制度创新实践》，中央党校出版社，2008。
[48] 许和隆：《冲突与互动——转型社会政治发展中的制度与文化》，中山大学出版社，2007。
[49] 苏东斌：《制度与人》，中国经济出版社，2006。
[50] 宋增伟：《制度公正与人的全面发展》，人民出版社，2008。
[51] 李景治、熊光清：《当代中国政治发展与制度创新》，中国人民大学出版社，2009。
[52] 潘一禾：《观念与体制——政治文化的比较研究》，学林出版社，2002。
[53] 沈云锁、陈先奎：《中国模式论》，人民出版社，2007。
[54] 刘建武：《中国特色与中国模式》，人民出版社，2006。
[55] 胡伟等：《现代化的模式选择——中国模式与经验》，上海人民出版社，2008。
[56] 邹东涛等：《中国道路与中国模式》，社会科学文献出版社，2009。
[57] 曹天予：《现代化、全球化与中国道路》，社会科学文献出版社，2003。
[58] 秦晓：《当代中国问题：现代化还是现代性》，社会科学文献出版社，2009。
[59] 蔡定剑：《民主是一种现代生活》，社会科学文献出版社，2010。
[60]〔奥〕冯·米塞斯：《社会主义：经济与社会学的分析》，王建民等译，中国社会科学出版社，2008。
[61]〔美〕乔恩·埃尔斯特：《理解马克思》，何怀远等译，中国人民大学出版社，2008。
[62]〔英〕戴维·赫尔德：《民主的模式》，中央编译出版社，1998。
[63]〔英〕佩里·安德森：《思想的谱系》，袁银传等译，社会科学文献出版社，2010。
[64] 高放：《马克思主义与社会主义新论》，黑龙江人民出版社，2007。
[65] 高放：《中国政治体制改革的心声》，重庆出版社，2006。
[66] 黄宗良：《书屋论政——苏联政治体制及其变易》，人民出版社，2005。
[67] 黄宗良、林昭健：《全球化与中国特色社会主义》，北京大学出版社，2005。

[68] 赵明义等：《科学社会主义中国化问题研究》，山东大学出版社，2002。
[69] 梅荣政：《中国特色社会主义基本问题研究》，武汉大学出版社，2007。
[70] 秦宣：《中国特色社会主义史》，高等教育出版社，2009。
[71] 肖枫：《社会主义转折与创新》，当代世界出版社，2003。
[72] 周作翰：《求真思录》，湖南教育出版社，2004。
[73] 李屏南：《选择与创新——科学社会主义观在中国》，人民出版社，2006。
[74] 吴家庆：《科学社会主义的理论和实践》，湖南师范大学出版社，1999。
[75] 许庆朴、李爱华：《中国特色社会主义理论探源》，人民出版社，2002。
[76] 程伟礼、戴雪梅等：《中国特色社会主义思想史》，学林出版社，2009。
[77] 董四代：《科学社会主义中国化的文化解读》，天津人民出版社，2007。
[78] 董四代：《传统理想与社会主义现代化》，安徽人民出版社，2005。
[79] 郑德荣：《国情·道路·现代化》，吉林文史出版社，2001。
[80] 叶庆丰：《中国特色社会主义重大问题深度解析》，人民出版社，2008。
[81] 吴波：《中国特色社会主义若干重大问题研究》，安徽人民出版社，2007。
[82] 罗文东、吴波等：《中国特色社会主义理论体系新论》，人民出版社，2008。
[83] 季正矩等：《当代世界与社会主义前沿学术对话》，重庆出版社，2005。
[84] 杨雪冬：《全球化：西方理论前沿》，社会科学文献出版社，2002。
[85] 袁秉达：《中国特色社会主义理论体系探源》，上海人民出版社，2008。
[86] 王邦佐：《中国政党制度的社会生态分析》，上海人民出版社，2004。
[87] 王韶兴、刘京希：《政党政治论》，山东人民出版社，2011。
[88] 宋镜明等：《毛泽东建党科学体系发展史》，武汉大学出版社，1998。
[89] 李慎明：《历史的风——中国学者论苏联解体和对苏联历史的评价》，人民出版社，2008。
[90] 李慎明主编《2006年：世界社会主义跟踪研究报告》，社会科学文献出版社，2007。
[91] 沈志华等：《一个大国的崛起和崩溃（上中下）》，社会科学文献出版社，2009。
[92] 黄苇町：《苏共亡党十年祭》，江西高校出版社，2002。
[93] 郝宇青：《苏联政治生活中的非制度化现象研究》，华东师范大学出版社，2008。
[94] 赵麟斌：《马克思主义中国化解读》，同济大学出版社，2008。
[95] 何继龄：《马克思主义中国化问题研究》，中国社会科学出版社，2006。

[96] 陈希：《民族复兴之路与马克思主义中国化》，清华大学出版社，2007。
[97]〔英〕安德鲁·海伍德：《政治学核心概念》，吴勇译，天津人民出版社，2008。
[98]〔德〕卡尔·施米特：《政治的概念》，刘宗坤译，上海人民出版社，2003。
[99] 戴维·米勒等：《布莱克维尔政治学百科全书（修订版）》，邓正来等译，中国政法大学出版社，2002。
[100] 张凤阳：《政治哲学关键词》，江苏人民出版社，2006。
[101]〔美〕乔治·霍兰·萨拜因：《政治学说史（上下册）》，盛葵阳等译，商务印书馆，1986。
[102]〔美〕格林斯坦、波尔斯比：《政治学手册精选（上下卷）》，商务印书馆，1996。
[103]〔美〕罗伯特·古丁、汉斯-迪特尔·克林格曼主编《政治科学新手册（上下）》，生活·读书·新知三联书店，2006。
[104]〔美〕迈克尔·罗斯金等：《政治科学》，林震等译，华夏出版社，2001。
[105]〔美〕罗纳德·H.奇尔科特：《比较政治学理论——新范式的探索》，社会科学文献出版社，1998。
[106]〔美〕阿尔蒙德、小鲍威尔：《比较政治学：体系、过程和政策》，上海译文出版社，1987。
[107]〔韩〕宋荣培：《中国社会思想史——儒家思想、儒家式社会与马克思主义的中国化》，中国社会科学出版社，2003。
[108]〔日〕加藤节：《政治与人》，北京大学出版社，2003。
[109] 王沪宁：《比较政治分析》，上海人民出版社，1987。
[110] 林尚立：《当代中国政治形态研究》，天津人民出版社，2000。
[111] 秦德君：《政治设计与政治发展》，商务印书馆，2009。
[112] 杨阳：《文化秩序与政治秩序——儒教中国的政治文化解读》，中国政法大学出版社，2007。
[113] 罗荣渠：《现代化新论》，商务印书馆，2004。
[114] 陈勤、李刚、齐佩芳：《中国现代化史纲：上下卷》，广西人民出版社，1998。
[115] 虞和平：《中国现代化的历程（1-3卷）》，江苏人民出版社，2001。
[116]〔英〕安东尼·吉登斯：《资本主义与现代社会理论——对马克思、涂尔干、韦伯著作的分析》，郭忠华等译，上海译文出版社，2007。

[117]〔美〕亨廷顿：《现代化理论与历史经验的再探讨》，上海译文出版社，1993。
[118]〔英〕迈克尔·欧克肖特：《政治中的理性主义》，张汝伦译，上海译文出版社，2004。
[119] 戴维·奥斯本、特德·盖布勒：《改革政府：企业精神如何改革着公营部门》，上海译文出版社，1996。
[120] 童星：《发展社会学与中国现代化》，社会科学文献出版，2005。
[121] 郭根山：《毛泽东与中国现代化道路——以世界现代化进程为视点》，中央文献出版社，2005。
[122] 陈铁健：《社会发展理论模式研究——兼论邓小平现代化理论》，厦门大学出版社，1999。
[123] 赵剑英：《复兴中国——中国第三代领导集体对现代化的探索》，中国社会科学出版社，2003。
[124] 赵剑英、吴波：《论中国模式（上下）》，中国社会科学出版社，2010。
[125] 何清涟：《现代化的陷阱》，今日中国出版社，1998。
[126] 陈季冰：《下一站：中国》，文汇出版社，2008。
[127] 吕元礼：《政治文化：传统与现代的会通》，人民出版社，2004。
[128] 吕元礼：《亚洲价值观：新加坡政治的诠释》，江西人民出版社，2002。
[129] 吕元礼：《新加坡为什么能（上下）》，江西人民出版社，2007。
[130] 徐宗华：《现代化的政治文化维度》，人民出版社，2007。
[131] 马庆钰：《告别西西弗斯——中国政治文化发展与展望》，中国社会科学出版社，2002。
[132] 车洪波、郑俊田：《中国当代制度文化建设》，中国商务出版社，2004。
[133] 易中天：《帝国的终结——中国古代政治制度批判》，复旦大学出版社，2007。
[134] 赵理富：《政党的灵魂：中国共产党政党文化研究》，武汉大学出版社，2008。
[135] 李慎明：《居安思危：苏共亡党二十年的思考》，社会科学文献出版社，2011。
[136] 李艳丽：《政治亚文化》，武汉大学出版社，2008。
[137] 王文科：《公共行政的伦理精神》，黑龙江人民出版社，2005。
[138] 冯颜利：《全球发展的公正性：问题与解答》，中国社会科学出版

社，2008。
[139] 于建嵘：《抗争性政治：中国政治社会学基本问题》，人民出版社，2010。
[140] 韦森：《文化与制序》，上海人民出版社，2003。
[141] 虞崇胜：《政治文明论》，武汉大学出版社，2003。
[142] 杨海蛟：《政治文明：理论与实践的思考》，中国社会科学出版社，2010。
[143] 张骥等：《文化与当代国际政治》，人民出版社，2003。
[144] 徐湘林：《寻求渐进政治体制改革的理性》，中国物资出版社，2009。
[145] 刘杰等：《执政党与政治文明》，时事出版社，2006。
[146] 李君如：《当代中国政治走向》，福建人民出版社，2007。
[147] 刘明福：《中国梦：后美国时代的大国思维与战略定位》，中国友谊出版公司，2010。
[148] 涂成林等：《国家软实力与文化安全研究》，中央编译出版社，2009。
[149] 资中筠主编：《20世纪的美国系列丛书》，生活·读书·新知三联书店，2007。
[150] 何历宇：《政治知识化与现代知识的成长——现代西方民主政治研究》，天津人民出版社，2008。
[151] 汪永成：《经济全球化与中国政府能力建设》，人民出版社，2006。
[152] 王长江：《中国政治文明视野下的党的执政能力建设》，上海人民出版社，2005。
[153] 黄宗良、黄南平主编：《党的执政能力与政治文明》，上海人民出版社，2008。
[154] 李冉：《中国共产党政党文化研究》，复旦大学出版社，2009。
[155] 何增科等：《中国政治体制改革研究》，中央编译出版社，2008。
[156] 时和兴：《关系、限度、制度：政治发展过程中的国家与社会》，北京大学出版社，1996。
[157] 熊培云：《重新发现社会》，新星出版社，2010。
[158] 陈志武：《金融的逻辑》，国际文化出版公司，2010。
[159] 金观涛、刘青峰：《观念史研究：中国现代重要政治术语的形成》，法律出版社，2009。
[160] 汪丁丁：《盘旋的思想：知识、秩序、自由》，生活·读书·新知三联书店，2009。

[161] 汪丁丁：《串联的叙事：自由、秩序、知识》，生活·读书·新知三联书店，2009。
[162]〔美〕G. A. 阿尔蒙德等：《比较政治学：体系、过程和政策》，曹沛霖等译，上海译文出版社，1987。
[163]〔美〕道格拉斯·C. 诺斯：《制度、制度变迁与经济绩效》，刘守英译，上海三联书店，1994。
[164] 何俊志编译：《新制度主义政治学译文精选》，天津人民出版社，2007。
[165]〔美〕戈登·塔洛克：《官僚体制的政治》，柏克、郑景胜译，商务印书馆，2010。
[166]〔美〕詹姆斯·R. 汤森：《中国政治》，顾速、董方译，江苏人民出版社，2005。
[167]〔美〕斯图尔特·R. 施拉姆：《毛泽东的思想》，田松年等译，中国人民大学出版社，2005。
[168] 布莱克：《现代化的动力》，浙江人民出版社，1989。
[169] S. E. 艾森斯塔德：《现代化：抗拒与变迁》，张旅平等编译，中国人民大学出版社，1988。
[170]〔英〕英格尔斯：《人的现代化》，四川人民出版社，1985。
[171]〔美〕罗兹曼：《中国的现代化》，江苏人民出版社，1988。
[172] 阎健编：《民主是个好东西——俞可平访谈录》，社会科学文献出版社，2007。
[173] 俞可平：《思想解放和政治进步》，社会科学文献出版社，2008。
[174] 俞可平：《让民主造福中国——俞可平访谈录》，中央编译出版社，2009。
[175] 房宁：《民主政治十论》，中国社会科学出版社，2007。
[176] 刘军宁编：《民主二十讲》，中国青年出版社，2008。
[177] 刘瑜：《民主的细节》，上海三联书店，2009。
[178] 王绍光：《民主四讲》，生活·读书·新知三联书店，2008。
[179] 王绍光：《安邦之道——国家转型的目标和途径》，生活·读书·新知三联书店，2007。
[180] 王绍光：《祛魅与超越——反思民主、自由、平等和公民社会》，中信出版社，2010。
[181] 许知远：《醒来——110 年的中国变革》，湖北人民出版社，2009。

[182] 刘军宁：《共和·民主·宪政》，上海三联书店，1998。
[183] 刘军宁：《保守主义》，天津人民出版社，2007。
[184]〔古希腊〕亚里士多德：《政治学》，商务印书馆，1983。
[185]〔古希腊〕柏拉图：《理想国》，郭斌、张竹明译，商务印书馆，1986。
[186]〔英〕大卫·休谟：《人性论》，关文运译，郑之骧校，商务印书馆，1980。
[187]〔德〕恩斯特·卡西尔：《人论》，甘阳译，上海译文出版社，1985。
[188]〔意〕马基雅维利：《君主论》，潘汉典译，商务印书馆，1985。
[189]〔英〕洛克：《政府论（上下篇）》，叶启芳等译，商务印书馆，1997。
[190]〔英〕边沁：《政府片论》，沈叔平译，商务印书馆，1996。
[191]〔法〕孟德斯鸠：《论法的精神（上下册）》，张雁琛译，商务印书馆，1997。
[192]〔德〕马克斯·韦伯：《新教伦理与资本主义精神》，黄晓京、彭强译，四川人民出版社，1986。
[193]〔美〕塞缪尔·亨廷顿、劳伦斯·哈里森主编：《文化的重要作用——价值观如何影响人类进步》，新华出版社，2010。
[194]〔美〕塞缪尔·亨廷顿：《变革社会中的政治秩序》，王冠华等译，生活·读书·新知三联书店，1989。
[195]〔美〕约翰·罗尔斯：《正义论》，何怀宏等译，中国社会科学出版社，1988。
[196]〔美〕塞缪尔·亨廷顿：《文明的冲突与世界秩序的重建》，张立平译，新华出版社，2003。
[197]〔美〕塞缪尔·亨廷顿：《第三波——20世纪后期民主化浪潮》，刘军宁译，上海三联书店，1998。
[198]〔日〕弗朗西斯·福山：《历史的终结及最后之人》，中国社会科学出版社，2003。
[199]〔法〕卢梭：《社会契约论》，何兆武译，商务印书馆，2003。
[200]〔英〕爱德蒙·柏克：《法国革命论》，何兆武等译，商务印书馆，1998。
[201]〔法〕托克维尔：《论美国的民主（上下）》，董果良译，商务印书馆，1988。
[202]〔美〕乔·萨托利：《民主新论》，冯克利译，东方出版社，1993。
[203]〔英〕约翰·密尔：《论自由》，商务印书馆，1996。

[204]〔美〕汉密尔顿等：《联邦党人文集》，商务印书馆，1980。
[205]〔美〕巴林顿·摩尔：《民主和法制的社会起源》，拓夫、张东东等译，华夏出版社，1987。
[206] 林达：《如慧星划过夜空（近距离看美国之四）》，生活·读书·新知三联书店，2006。
[207] 俞可平、黄卫平主编：《全球化的悖论》，中央编译出版社，1998。
[208] 郝侠君、毛磊、石光荣主编：《中西500年比较》，中国工人出版社，1989。
[209] 王逸舟：《当代国际政治析论》，上海人民出版社，1995。
[210] 秦晓鹰、白俭成：《寻找精神家园》，吉林人民出版社，2004。
[211] 张立文：《和合哲学论》，人民出版社，2004。
[212] 赵汀阳：《每个人的政治》，社会科学文献出版社，2010。
[213]《爱因斯坦晚年文集》，北京大学出版社，2008。
[214]《伯特兰·罗素自选文集》，商务印书馆，2006。
[215] 顾准：《顾准文集》，贵州人民出版社，1994。
[216] 陈丰编：《陈乐民文存：给没有收信人的信》，广西师范大学出版社，2010。
[217] 江平：《沉浮与枯荣》，法律出版社，2010。
[218] 汪东林：《梁漱溟问答录》，湖南出版社，1988。
[219]〔美〕艾恺：《最后的儒家》，江苏人民出版社，1996。
[220] 郭齐勇：《文化学概论》，湖北人民出版社，1990。
[221] 庞朴：《文化的民族性和时代性》，中国和平出版社，1988。
[222] 徐贲：《知识分子——我的思想和我们的行动》，华东师范大学出版社，2005。
[223]〔美〕茱迪·史珂拉：《政治思想与政治思想家》，上海人民出版社，2010。
[224]〔瑞士〕雅各布·布克哈特：《历史讲稿》，刘北成等译，生活·读书·新知三联书店，2009。
[225] 刘泽华主编：《中国政治思想史》，浙江人民出版社，1996。
[226] 李泽厚：《中国古代思想史论》，人民出版社，1985。
[227] 李泽厚、刘再复：《告别革命》，香港天地图书有限公司，1995。
[228] 李泽厚：《中国现代思想史论》，东方出版社，1987。
[229] 葛兆光：《中国思想史》，复旦大学出版社，2001。
[230] 葛兆光：《古代中国文化讲义》，复旦大学出版社，2006。

[231] 韦政通：《中国文化概论》，岳麓书社，2003。
[232] 启良：《20世纪中国思想史》，花城出版社，2009。
[233] 许纪霖等编：《丽娃河畔论思想》，华东师范大学出版社，2004。
[234] 许纪霖编：《20世纪西方思想史论：上下卷》，东方出版中心，2000。
[235] 许纪霖、罗岗：《启蒙的自我瓦解》，吉林出版集团，2007。
[236] 黄万盛：《革命不是原罪》，广西师范大学出版社，2007。
[237] 萧功秦：《中国的大转型——从发展政治学看中国变革》，新星出版社，2008。
[238] 李世涛主编《知识分子立场——激进与保守之间的动荡》，时代文艺出版社，2002。
[239] 甘阳：《古今中西之争》，生活·读书·新知三联书店，2006。
[240] 法里德·扎卡里亚：《文化决定命运——李光耀访谈录》，上海三联书店，1997。
[241]〔英〕哈耶克：《通往奴役之路》，王明毅等译，中国社会科学出版社，1997。
[242]〔美〕阿马蒂亚·森：《以自由看发展》，中国人民大学出版社，2002。
[243]〔美〕罗纳德·德沃金：《认真对待权利》，信春鹰等译，中国大百科全书出版社，1998。
[244]〔英〕以赛亚·伯林：《苏联的心灵——共产主义时代的俄国文化》，潘永强、刘北成译，译林出版社，2010。
[245]〔俄〕尼·别尔嘉耶夫：《俄罗斯思想》，生活·读书·新知三联书店，2004。
[246]〔英〕以赛亚·柏林：《俄国思想家》，彭淮栋译，译林出版社，2001。
[247]〔美〕本尼·迪克特：《菊与刀——日本文化诸模式》，商务印书馆，2005。
[248]〔日〕丸山真南：《日本的思想》，区建英、刘岳兵译，生活·读书·新知三联书店，2009。
[249]〔美〕艾伦·布卢姆：《美国精神的封闭》，战旭英译、冯克利校，凤凰出版传媒集团，2007。
[250]〔英〕马丁·雅克：《当中国统治世界：中国的崛起与西方世界的衰落》，张莉、刘曲译，中信出版社，2010。
[251]〔美〕约翰·奈斯比特、〔德〕多丽丝·奈斯比特：《中国大趋势：新

社会的八大支柱》，魏平译，中华工商联合出版社，2009。
[252]〔美〕柯文：《在中国发现历史——中国中心观在美国的兴起（增订本)》，中华书局，2002。
[253] 张维为：《中国震撼——一个“文明型国家”的崛起》，上海人民出版社，2011。
[254]〔德〕马克斯·韦伯：《儒教与道教》，商务印书馆，1995。
[255]〔美〕列文森：《儒教中国及其现代命运》，郑大华译，广西师范大学出版社，2009。
[256]〔美〕格里德尔：《知识分子与现代中国》，单正平译，广西师范大学出版社，2010。
[257]〔美〕格里德：《胡适与中国的文艺复兴》，江苏人民出版社，1996。
[258]〔美〕丹尼尔·贝尔：《资本主义文化矛盾》，生活·读书·新知三联书店，1989。
[259]〔英〕安东尼·吉登斯：《超越左与右——激进政治的未来》，社会科学文献出版社，2000
[260]〔英〕安东尼·吉登斯：《第三条道路》，北京大学出版社，2000。
[261]〔德〕哈贝马斯：《合法化危机》，上海人民出版社，2000。
[262]〔法〕让·夸克：《合法化与政治》，中央编译出版社，2002。
[263]〔德〕韦伯：《经济与社会》，商务印书馆，1997。
[264]〔德〕米歇尔斯：《寡头政治铁律》，天津人民出版，2003。
[265] 公羊编：《思潮：中国新“左”派及其影响》，中国社会科学出版社，2003。
[266] 薛涌：《仇富——当下中国的贫富之争》，凤凰出版传媒集团，2010。
[267] 罗素：《西方哲学史（上下卷)》，商务印书馆，1982。
[268] 冯友兰：《中国哲学简史》，北京大学出版社，1985。
[269]〔英〕汤因比：《历史研究（上下册)》，上海人民出版社，2000。
[270] 杜维明：《现代精神与儒家传统》，生活·读书·新知三联书店，1997。
[271] 殷海光：《中国文化的展望》，上海三联书店，2003。
[272] 金耀基：《从传统到现代》，广州文化出版社，1989。
[273] 金耀基：《金耀基自选集》，上海教育出版社，2002。
[274] 张灏：《张灏自选集》，上海教育出版社，2002。

[275] 林毓生：《中国传统的创造性转化》，生活·读书·新知三联书店，1988。
[276] 孙隆基：《中国文化的深层次结构》，广西师范大学出版社，2004。
[277] 黄仁宇：《万历十五年》，中华书局，1982。
[278] 黄仁宇：《资本主义与二十一世纪》，生活·读书·新知三联书店，1997。
[279] 黄仁宇：《放宽历史的视界》，中国社会科学出版社，1998。
[280] 许倬云：《观世变》，广西师范大学出版社，2008、2009。
[281] 余英时：《中国思想传统的现代诠释》，江苏人民出版社，1989。
[282] 余英时：《士与中国文化》，上海人民出版社，1987。
[283] 蒋梦麟：《西潮、新潮》，岳麓书社，2000。
[284] 牟宗三：《政道与治道》，广西师范大学出版社，2006。
[285] 钱穆：《中国历代政治得失》，生活·读书·新知三联书店，2001。
[286] 王亚南：《中国官僚政治研究》，中国社会科学出版社，1981。
[287] 王毅：《中国皇权制度研究》，北京大学出版社，2007。
[288] 刘泽华：《中国的王权主义》，上海人民出版社，2000。
[289] 阎步克：《士大夫政治演生史稿》，北京大学出版社，1996。
[290] 徐贲：《通往尊严的公共生活——全球正义和公民认同》，新星出版社，2009。
[291] 姜义华：《理性缺位的启蒙》，上海三联书店，2000。
[292] 曹锦清：《黄河边的中国》，上海文艺出版社，2000。
[293] 吴思：《潜规则：中国历史中的真实游戏》，云南人民出版社，2002。
[294] 王海光：《历史运动论》，上海人民出版社，1995。
[295] 孙立平：《断裂——20 世纪 90 年代以来的中国社会》，社会科学文献出版社，2003。
[296] 郑永年：《未竟的革命》，浙江人民出版社，2011。
[297] 黄仁宇：《现代中国的历程》，中华书局，2011。
[298] 马立诚：《当代中国社会八大思潮》，社会科学文献出版社，2012。
[299]〔美〕沈大伟：《中国共产党：收缩与调整》，中央编译出版社，2012。
[300] 萧功秦：《超越左右激进主义——走出中国转型的困境》，浙江大学出版社，2012。
[301] 王绍光：《波兰尼〈大转型〉与中国的大转型》，生活·读书·新知

三联书店，2012。

[302] 张维为：《中国触动：百国视野下的观察与思考》，上海人民出版社，2012。

[303]〔印〕阿玛蒂亚·森：《正义的理念》，中国人民大学出版社，2012。

[304] 金雁：《倒转“红轮”：俄国知识分子的心路回溯》，北京大学出版社，2012。

[305] 郑永年：《为中国辩护》，浙江人民出版社，2012。

[306] 林尚立：《建构民主——中国的理论、战略与议程》，复旦大学出版社，2012。

[307] 张英洪：《农民公民权研究》，九州出版社，2012。

[308] Lucian Pie, *Aspects of Political Development*, Boston: Little Brown Press, 1966.

[309] Ludwig von misses Socialism: *An Economics and Sociological Analysis*, Liberty Fund Indianapolis 1981.

[310] The Free and Prosperous Commonwealth: *An Exploitation of the ideas of Classical Liberalism*, Princeton: Van No strand, 1962.

[311] Hagerman: *The Philosophical Discourse of Modernity*, Massachusetts: Cambridge, The MIT Press, 1985.

[312] Glenn Tinder. Political Thinking: *The Perennial Questions*, World Publishing Corporation.

[313] M. E. Latham. Modernization as Ideology: American social science and nation building in the Kennedy Era.

后　记

生命如舞、岁月如歌，麓山欢歌、湘水含笑。五年前，年届不惑之年的我踏上了求学之旅。吹沙漉金，字斟句酌，度过了许多不眠之夜；求学问道，寻师访友，迈过了多少知识沟壑。

人文岳麓、文化湖湘。学府气象、大学精神。在这里，我有幸结识了德高望重的周作翰师、李屏南师，中年有为的吴家庆师、杨小云师，以及与我一起砥砺奋发的吴克明博士、刘艳博士、吴敏博士。“饮其流者怀其源，学其成时念吾师。”此时此刻，我要特别感谢导师李屏南教授，其言传身教、治学做人、道德文章都给我以启迪和力量；也要感谢我的硕士生导师武汉大学宋镜明教授，我的初中班主任马春岩老师，高中班主任戴之嶽老师，他们教育我们为人修学既要仰望星空又要脚踏实地的生命智慧，既有知识关怀又有社会情怀的人生哲理。麓山闻钟声，湘水听潮音。寒来暑往、春华秋实。多少迷途与困惑、释然与感动、怀想与温情，赋予我生活智慧的圆融，见证一段自我生命的成长。

书山有道，学海无涯。智慧若水，思想成湖。先哲曰：“没有经过思考的人生是不值得留恋的。”而今，我带着浸润湖湘文化的沉甸甸的收获和感动踏上南国归途，这四载的学术之旅已收入我记忆的行囊，一路前行，相伴永远。

学问之道，“如切如磋，如琢如磨”。在我长期工作和学习实践中，我有幸结识了深圳大学当代中国政治研究所所长黄卫平教授、副所长张定淮、吕元礼教授，以及张涛教授、汪永成教授、唐娟副教授、邹树彬副教授、陈家喜副教授、陈文副教授，对他们长期以来对我的工作和事业的支持表示感谢！对他们为深圳大学学术事业的贡献和热情表示敬意！

张西山于深圳大学

2012 年 10 月

图书在版编目（CIP）数据

中国特色社会主义的制度文化分析 / 张西山著. —北京：社会科学文献出版社，2013.3
（深圳大学当代中国政治研究所学术文库）
ISBN 978-7-5097-4290-7

Ⅰ.①中… Ⅱ.①张… Ⅲ.①中国特色社会主义-社会主义制度-研究 Ⅳ.①D621

中国版本图书馆CIP数据核字（2013）第029671号

·深圳大学当代中国政治研究所学术文库·
中国特色社会主义的制度文化分析

著　　者 / 张西山

出 版 人 / 谢寿光
出 版 者 / 社会科学文献出版社
地　　址 / 北京市西城区北三环中路甲29号院3号楼华龙大厦
邮政编码 / 100029

责任部门 / 经济与管理出版中心（010）59367226
电子信箱 / caijingbu@ssap.cn
项目统筹 / 恽　薇
责任编辑 / 林　尧　李松林　蔡莎莎
责任校对 / 李晨光
责任印制 / 岳　阳
经　　销 / 社会科学文献出版社市场营销中心（010）59367081　59367089
读者服务 / 读者服务中心（010）59367028

印　　装 / 北京鹏润伟业印刷有限公司
开　　本 / 787mm×1092mm　1/16
印　　张 / 17
版　　次 / 2013年3月第1版
字　　数 / 283千字
印　　次 / 2013年3月第1次印刷
书　　号 / ISBN 978-7-5097-4290-7
定　　价 / 58.00元